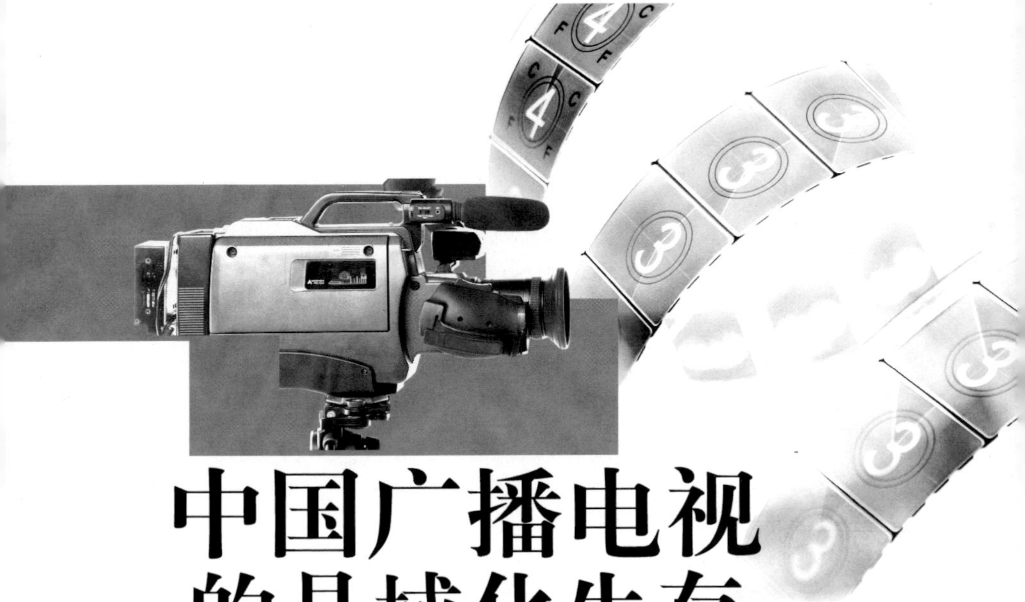

中国广播电视的县域化生存

zhongguo guangbo dianshi de xianyuhua shengcun

毛锦钦　著

暨南大学出版社
JINAN UNIVERSITY PRESS
中国·广州

图书在版编目（CIP）数据

中国广播电视的县域化生存／毛锦钦著. —广州：暨南大学出版社，2010.1

ISBN 978－7－81135－475－1

Ⅰ. ①中…　Ⅱ. ①毛…　Ⅲ. ①县—广播电台—发展—研究—中国②县—电视台—发展—研究—中国　Ⅳ. ①G229.24

中国版本图书馆 CIP 数据核字（2010）第 038401 号

出版发行：暨南大学出版社

地　址：中国广州暨南大学
电　话：总编室（8620）85221601
　　　　营销部（8620）85225284　85228291　85220693（邮购）
传　真：（8620）85221583（办公室）　85223774（营销部）
邮　编：510630
网　址：http：//www.jnupress.com　http：//press.jnu.edu.cn

排　版：暨南大学出版社照排中心
印　刷：广州市怡升印刷有限公司

开　本：890mm×1240mm　1/32
印　张：7.75
字　数：214 千
版　次：2010 年 1 月第 1 版
印　次：2010 年 1 月第 1 次

定　价：20.00 元

作者简介

毛锦钦，广东博罗人，主任记者，高级政工师。哲学、新闻学学士，经济学、新闻学、文学硕士。1972年参加工作，曾任中共博罗县仍图公社党委副书记、博罗县平安镇镇长、中共平安镇党委书记、博罗县广播电视局局长、博罗县广播电视台台长、中共博罗县委宣传部副部长、博罗县文化广电新闻出版局局长等职务。现任中共龙溪镇党委书记、龙溪镇人大主席团主席。

多年来，发表理论文章和文学作品近50万字。出版专著有：《广播电视节目创优》、《当代领导科学概论》、《当代领导科学艺术》、《声视南方——广东广播电视60年》等。

序

本书是毛锦钦同志在他的硕士学位论文的基础上进一步扩展写成的。我记得若干年前，当他即将硕士毕业的时候，他把县级广播电视的生存与发展作为学位论文的研究对象，在开题报告会上引起了极大的争论，有的老师坚决反对该论文的选题。争论的焦点在于如何看待我国的县级广播电视，是进一步发展还是逐步整合？毛锦钦同志当时回答说："我本身就在经营管理着县级的广播电视台，我很清楚县级广播电视面临的问题，也很清楚其发展的路径及方向，学术无禁区。"我于是跟他说："你就做这个研究吧，只要你能在研究过程中摸出道道，从中获益。"

我国有广播电视台两千多座，其中大多数是县级广播电视台。"四级办"广播电视的体制既有历史的原因，同时也有时代的背景，当然有其合理性。新时期以来随着媒介产业化进程的加速以及媒介资源整合力度的加强，现行的广播电视管理体制日益受到人们的关注。"四级办台"导致的资源分散、小而全、小而滥、竞争力低下的问题，已经成了业界及学界探讨的热点。两级电视、三级报纸、四级广播几乎成了人们的共识。毛锦钦同志的《中国广播电视的县域化生存》在这种时代大潮中无疑显得十分"另类"。但是我觉得它很可贵，因为这种声音是来自于实践中的，而不是人云亦云的附和。本书通过对我国四级广播电视管理体制由来的阐述和剖析，分析了新形势下县级广播电视所面临的竞争与挑战，并结合某些县级广播电视台的经营实践，对多媒体竞争背景下的我国县级广播电视的管理体制及经营模式的改革与创新作了积极的探讨，提出了县级广播电视进一步改革与发展的思路及路径。敢于发出自己的声音，理论与实践紧密结合是本书最大的特点。

毛锦钦同志步入新闻学的殿堂纯属偶然。1997 年，我到惠州开办了新闻学专业本科自学考试辅导班，那时毛锦钦同志刚刚从镇党委书记调到县的广播电视局当局长，兼广播电视台台长。他来到了自学考试辅导班参加了学习，他当时已有了哲学专业的本科文凭和经济管理专业的硕士文凭，我问他："你还来干啥呀？"我很深刻地记得他的回答，他说："我不懂新闻，现在我管理着一家广播电视台，我要尽快地使自己变成内行。"于是他参加了学习，一科一科地参加全省的统考，最后取得了新闻学本科的文凭。之后参加了暨南大学新闻学专业的课程进修班，获得了结业证书；而后又参加了硕士生入学考试，经过三年苦读，获得了新闻学硕士学位。与此同时，他所领导的广播电视台的新闻作品在全省的广播电视新闻评比中频频获奖。在他的精心经营下，该县级广播电视台的营业额从不到一百万元增长到三千多万元！

十多年来，我与毛锦钦同志亦师亦友，教学相长，他的勤奋与执著，是值得我学习和感佩的。屈指算来，《中国广播电视的县域化生存》已是他的第五本专著了。我印象中的毛锦钦没有别的爱好，他的爱好就是学习。"这是我的追求"，这是他常说的一句话。

有所追求是人生的最大动力，有所作为是人生的最高境界。我为毛锦钦喝彩！

林如鹏

2010 年春于暨南园

前　言

到目前为止，我国现行的广播电视管理体制仍然是从中央到省、市（地）、县（市）四级办广播电视，四级混合覆盖的条块结合、以块块管理为主的“管办合一”的管理体制。20世纪90年代末，一些专家学者在广播电视的改革中曾一度提出“二”、“三”、“四”级格局的建议，即“两级”（中央、省）办电视，“三级”（中央、省、市）办报纸，“四级”（中央、省、市、县）办广播。对此，一些职能部门也曾实施了改革方案。但由于各种原因，除了“三级”办报纸外，其他的改革都没有实现。因而，我国的绝大多数地区仍然是在原有的“四级办”的框架内寻求改革与发展的出路。

1983年3月31日至4月10日，国家广播电视部在北京召开了第十一次全国广播电视工作会议。会议确定：全国实行中央、省、有条件的省辖市（地、州、盟）和县（旗）“四级办广播，四级办电视，四级混合覆盖”的方针。会后，中央批准了广播电视部根据这次会议形成的《关于广播电视工作的汇报提纲》，并发出1983年37号文件。在中国广播电视发展的历史进程上，该汇报提纲是指导新时期广播电视发展的纲领性文件。“四级办”方针是我国广播电视发展史上一次重要的政策调整，在这个方针的指引下，我国的广播电视事业以前所未有的规模和速度迅猛发展起来。

至此，我国的媒介规模在总体上形成了“三横四纵”的格局，横向是报纸、广播、电视三分天下；纵向是中央、省、市、县（市）四级广电媒体“各自为政”。这种格局一直保留至今。

“四级办”极大地调动了各级大办广播电视的积极性，对促进和繁荣我国广播电视事业起到了巨大的推动作用，同时也为今后的发展奠定了良好的基础，并对上级广播电视的做强、做大发挥了重要作用。一方面，由于基层广播电视发挥了喉舌作用，确保了党和国家的声音传入千家万户；另一方面，由于以块块管理为主，广播电视得以更好地融入当地的经济社会发展之中，广播电视的宣传能较好地贴近实际、贴近生活、贴近群众。另外，基层广播电视特别是县级广播电视成为中国广播电视传输网络的基础，为中国广播电视事业创下了不朽的业绩。因此，“四级办”是我国广播电视事业发展的里程碑。

实行“四级办”方针，虽然推进了我国广播电视业的发展，但是也暴露出其体制模式的局限性、竞争的劣根性和事业发展的无序性。这些弊端对本来就势单力薄的县级广播电视机构造成了前所未有的冲击。进入21世纪后，我国已进入改革发展的关键时期，经济体制深刻变革，社会结构深刻变动，利益格局深刻调整，思想观念深刻变化。这种空前的变革给经济社会的发展带来巨大的活力，同时，也必然带来这样那样的矛盾和问题。近年来，随着媒介产业的加速发展及媒介资源的整合力度的加强，现行的广播电视管理体制日益遭到学术界前所未有的质疑，取消县级广播电视机构的呼声此起彼伏，从未停止过。在这种情况下，县级广播电视的生存与发展危机四伏、举步维艰。

于是乎，作为曾经的基层广播电视人，笔者怀着对社会的责任、对县级广播电视的眷恋和深厚的情感，对县级广播电视面临的压力、困难和问题给予高度的关注和思考，并想为这些问题的探讨奉献自己的绵薄之力。为此，写下了《中国广播电视的县域化生存》一书，以表笔者对县级广播电视事业的一种永思。

本书以建设中国特色社会主义理论和科学发展观为指导，以广播电视发展规律为依托，着重探讨、论证了计划经济时代我国广播电视管理体制的基本特征，阐述了“四级办”的历史背景、形成和发展过程，研究、分析了在市场经济条件下

“四级办”方针的功过是非，并在调查研究的基础上，引用典型案例，结合实际，分析了县级广播电视在新形势下的地位与作用、生存空间和发展潜力。同时，从“创新”的角度，对县级广播电视的管理体制改革和事业发展作了较为深入的研究。

围绕研究课题的主旨，本书对县级广播电视领域的主要方面、基本问题、发展方向进行了专题论述，各章自成体系。但在总体上，各章之间互有内在联系，环环相扣，层层推进。全书有一定的系统性、思想性、理论性、实践性、前瞻性，其中的一些观点和方法，也具有参考性和可操作性。当然，这些不成熟的提法，有待诸位读者特别是各位专家和业内人士的评判。

毛锦钦

2009年10月1日

目　录

我国“四级办”广播电视的体制，中央、省、市（地）、县广播电视交叉覆盖，既有历史的原因，同时也有时代背景的因素。近年来，随着国家经济体制改革的不断深入和社会主义市场经济的逐步建立，随着媒介产业化进程的加速发展及媒介资源整合力度的加强，我国广播电视由过去的纯事业性逐步向产业性方向转变，地方广播电视台，特别是县级广播电视台正遭遇着一场大风浪的考验。面对大风浪的淘洗，这一阶层广播电视媒体所固有的优越的生存环境和稳定的发展优势都已经随着形势的不断变化而出现了前所未有的震荡进而逐步消失，现行的广播电视管理体制的“四级办”日益遭到学术界的质疑。特别是“县级广播电视台到底有没有存在的必要”这一话题已经成为学术界研究的一大热点。

县级广播电视作为最基层的媒体传播机构，在政策宣传、舆论引导、信息传播、科技娱乐方面一直发挥着不可替代的作用，但随着科技进步和社会发展，信息产业和市场经济的强力扩张，加上政策上的“松绑”，媒体之间的竞争愈来愈激烈，势单力薄的县级广播电视正面临着事业、产业的生死考验，危机迫在眉睫。如何打破坚冰，拓展新的生存发展空间，实现新的跨越，已成为不可回避的问题。

因此，探讨在新形势、多媒体竞争的背景下县级广播电视台的生存与发展之道，无疑具有很强的理论创新意义和现实指导作用。

第一章　我国早期的广播电视管理体制及其特征

体制是对国家机关、企事业单位在机构设置、管理权限划分等方面的制度和形式的总称。广播电视体制是按照一定的社会原则而设立的由广播电视所有权及管理权等方面所构成的规范体系。体制为广播电视事业的发展提供了制度框架。任何形式的制度都是由经济制度决定的，同样，广播电视制度是由经济制度决定的，是在一定的历史条件下，由广播电视所有权、基本性质、基本目标、基本要求等方面所构成的规范体系。广播电视制度就是这一规范体系的具体表现形式和实现形式，具体表现为广播电视机构的设置、经营方式、经费来源等内容。体制选择是否得当，直接影响到广播电视事业的发展，当一定的社会生态环境发生变化时，体制的改革就成为广播电视事业发展的关键。

第一节　历史背景及重大决策

研究分析我国早期广播电视管理体制及其特征，首先要分析历史背景、党和国家及广电机构对广播电视的重要决策，以更好地探讨我国早期广播电视管理体制的产生、发展及其基本特征。

一、历史背景

（一）中华人民共和国成立

1949 年 10 月 1 日下午 3 时，北京 30 万军民在天安门广场隆重举行开国大典。毛泽东主席在天安门城楼庄严宣告：“中华人民共和国中央人民政府成立了！”在雄壮的国歌声中，毛泽东亲自按动电钮，第一面五星红旗冉冉升起，54门礼炮齐鸣28响。毛泽东又宣读政府公告，向全世界宣布中华人民共和国的成立。广东的广播事业也随着中华人民共和国的成立而诞生了。

（二）土地改革运动

1950年6月，中央人民政府颁布了由中共中央提出的《中华人民共和国土地改革法》，在占全国人口大多数的新解放区农村开展土地改革运动。从1950年到1952年年底，土地改革基本完成。土地改革在全国范围的完成摧毁了中国封建制度的经济基础，深受压迫的中国农民获得了土地等基本生产资料，摆脱了千百年来封建宗法的人身束缚，极大地解放了生产力。党依靠土地改革中形成的有觉悟有组织的阶级队伍，完成了对旧的乡村基层政权的改造，为中国社会逐渐走向进步奠定了深厚的群众基础，这是近代以来中国人民反封建斗争的一个伟大胜利。

土地改革推进了新民主主义改革的全面展开，在新民主主义改革不断深入的同时，围绕恢复和发展生产这一中心工作，党和政府开展了包括经济、政治、思想、文化等方面的新民主主义建设，并取得了重大胜利，为整个国家从新民主主义转向社会主义奠定了良好的基础。

（三）党在过渡时期的总战线

1952年9月，毛泽东在中共中央书记处会议讲到：我们现在就要开始用10年到15年的时间基本上完成到社会主义的过渡，而不是10年或者更长时间以后才开始过渡。1953年6月，中共中央政治局正式讨论和制定了中国共产党在过渡时期的总路线：“从中华人民共和国成立，到社会主义改造基本完成，这是一个过渡时期。党在这个过渡时期的总路线和总任务，是要在一个相当长的时期内，逐步实现国家的社会主义工业化，并逐步实现国家对农业、手工业和资本主义工商业的社会主义改造。"① 这条总路线体现了发展生产力和变革生产关系的有机统一。这是一条社会主义建设与改造同时并举的路线。

1954 年 9 月 15 日，第一届全国人民代表大会第一次会议在北京隆重召开。大会通过了《中华人民共和国宪法》，以根本大法的形式，把中国共产党过渡时期的总路线作为国家在过渡时期的总任务确定下来。

随着过渡时期总路线的提出，党中央向全党和全国人民进行了广泛的宣传教育工作，这条总路线在党内迅速统一了认识，在全国人民中得到了广泛的拥护，成为团结和动员全国人民共同为建设一个伟大的社会主义新中国而奋斗的新纲领。

（四）社会主义制度的初步建立

随着过渡时期总路线和第一个五年计划的实施，对农业、手工业和资本主义工商业的有系统的社会主义改造也在大力向前推进。

1953 年，党中央先后作出了关于农业生产互助合作社的决议和关于农业生产合作社的决议。在这两个决议的指导下，全国 80% 以上的合作社都增产增收，互助合作社运动得到了广大贫苦农民的欢迎。

随着工业化的发展，商品粮食的需求量扩大了，出现了粮食供应不足、农民待价惜售和私人粮商粮贩操纵市场的局面。1953 年 10 月，党中央作出关于实行粮食的计划收购和计划供应（简称统购统销）的决议。粮食统购统销的实行，初步缓解了粮食供应的紧张状况，保持了市场物价稳定，农村掀起了大办农业社的热潮。

农业互助合作运动和粮食统购统销政策的实行，直接推动了资本主义工商业社会主义改造的进程。1953 年 6 月，中央两次召开政治局扩大会议，确定用国家资本主义改造资本主义工业的方针，随后又决定对私营商业也采取国家资本主义的方针。

---

① 革命的转变和党在过渡时期的总路线．毛泽东文集（第六卷）．北京：人民日报出版社，1999. 316

这些政策体现为对资本主义工商业的“利用、限制、改造”。

1955 年夏季到 1956 年年底，我国加快了对农业、手工业和资本主义工商业社会主义改造的步伐，实现了生产资料所有制的深刻变革，社会主义改造取得了决定性的胜利。全国所有制和劳动群众集体所有制这两种社会主义公有制形式已在整个国民经济中占据绝对优势地位。伴随着社会主义经济基础的建立，我国人民民主专政的国家制度也逐步建立起来。马克思主义在国家政治生活中指导地位的确立，促使社会主义的思想意识和社会道德规范在人民中逐渐树立起来。有了新的社会经济基础，又有依据社会主义的原则进行政治、文化、思想、社会生活等各个方面的建设的成果，这就初步建立了社会主义基本制度。

（五）中国共产党第八次全国代表大会

1956 年，毛泽东《论十大关系》的发表，标志着中国共产党开始走向了建设符合本国国情的社会主义道路的认真探索。接着，1956 年 9 月，中国共产党第八次全国代表大会召开，会议正确分析了社会主义制度确立以后的国内形势，指出“国内主要矛盾已经不再是工人阶级和资产阶级的矛盾，而是人民对于经济文化迅速发展的需要同当前经济文化不能满足人民需要的状况之间的矛盾；全国人民的主要任务是集中力量发展生产力，实现国家工业化，逐步满足人民日益增长的物质和文化需要；虽然还有阶级斗争，还要加强人民民主专政，但其根本任务已经是在新的生产关系下面保持和发展生产力”。大会坚持 1956 年 5 月党中央提出的既反保守又反冒进，即在综合平衡中稳步前进的经济建设方针。大会还着重提出了执政党的建设问题，强调要坚持民主集中制和集体领导制度，反对个人崇拜，发展党内民主和人民民主，加强党和群众的联系。党的“八大”所制定的正确路线、方针，为我国的社会主义建设指明了方向，是社会主义建设胜利前进的根本保证。1957 年之所以能够成为新中国成立以来经济工作效果最好的年份之一，正是认真执行党的“八大”正确方针的结果。

（六）整风运动

1957 年，根据毛泽东提出的关于正确处理人民内部矛盾的理论，中国共产党开展了整风运动，发动群众向党提出批评建议，这是发扬社会主义民主的正确步骤，是符合党的“八大”精神的，因而整风运动得到了广大人民群众、知识分子和民主爱国人士的热烈拥护和响应，但也为极少数敌视社会主义的人借机发难提供了机会。为了迎击敌人的进攻，中共中央于 6 月 8 日下发了《关于组织力量准备反击右派分子进攻的指示》。此后，全国整风运动迅速转变为“反右”斗争，并一直持续到 1958 年夏天才结束。由于对阶级斗争形势估计过于严重，“反右”斗争犯了严重扩大化的错误，全国被划为“右派分子”的达 55 万多人，误伤了一大批同志和朋友，使国家和党内的政治生活遭到严重损害，造成不幸的后果。“反右”斗争的扩大化，歪曲了党的“八大”关于我国社会主义主要矛盾的论断，成为后来党在阶级斗争问题上屡犯错误的根源。

（七）“三面红旗”

“三面红旗”是中国共产党于 1958 年提出的一个施政口号，即“总路线、大跃进、人民公社”。

1958 年 5 月 5 日至 23 日，中国共产党第八次全国代表大会第二次会议召开，会议通过了“鼓足干劲，力争上游，多、快、好、省地建设社会主义”的总路线。这条总路线正确的一面是反映了广大人民群众迫切要求改变我国经济文化落后状况的愿望，缺点是违背了客观的经济规律。在这条路线的指引下，全党和全国人民在生产建设中发挥了高度的积极性和创造性，取得了一定的成果。但是，由于对建设社会主义的经验不足，对中国经济情况和经济发展规律认识不足，加上毛泽东等一些中央领导同志在胜利面前滋长了骄傲自满、急于求成的情绪，夸大了主观能动作用，就在总路线提出后轻率地发动了“人有多大胆，地有多大产”的“大跃进”运动和“共产主义是天堂，人民公社是桥梁”的人民公社运动，使得以瞎指挥、高指标、浮夸风和“共产风”为主要标志的“左倾”错误严重地泛滥起来。

我国的国民经济在1959—1961年发生了严重困难，党和人民的事业遭受到了巨大牺牲和损失，这一方面是由于自然灾害和苏联政府背信弃义地大批撕毁合同，另一方面主要是由于“大跃进”和“人民公社”运动。

（八）“八字方针”

1960年冬，党中央和毛泽东开始纠正农村工作中的“左倾”错误，并对国家经济实行“调整、巩固、充实、提高”八字方针，制订了一系列正确的政策和果断的措施，这是个历史性的重要转变。1962年1月11日至2月7日，中共中央在北京召开了扩大工作会议，即历史上著名的“七千人大会”。这次会议是党的“八大”以后我党历史上一次重要的会议，它对统一全党思想、纠正“大跃进”以来经济工作中“左”的错误，进一步动员全党和全国人民克服经济困难起到了积极的作用。“调整、巩固、充实、提高”八字方针的贯彻执行，为“反右倾”运动中部分被错误批评的同志平反，以及给划错的“右派分子”摘帽等经济和政治措施的实施，对促进国民经济的恢复和发展起到了重大作用，农业生产从1962年开始恢复，工业生产从1963年开始恢复。调整时期，国家还对一些关系国计民生的工业部门进行了充实，国民经济的主要比例趋于协调，市场供应情况显著好转，物价渐趋稳定，财政收支平衡略有节余，文化教育和体育卫生事业有了新的发展，城乡人民生活水平逐步提高。

（九）“文化大革命”

从1966年5月至1976年10月，我国经历了一场“无产阶级文化大革命”（简称“文革”），全国陷入了“十年动乱”。在此期间，在林彪和江青两个反革命集团的控制下，全国的广电事业成为发动和推动“文革”的舆论工具，刚成长起来的广播电视事业遭到严重摧残，新闻宣传工作的优良传统遭到严重破坏。虽然在此期间人们同林彪、江青一伙进行了斗争，但是“文革”仍对我国的广播电视事业产生了巨大的消极影响，造成了惨重损失。

1966 年 5 月 16 日，中共中央政治局扩大会议通过的《中国共产党中央委员会通知》标志着“文革”的开始。

“文革”分为三个阶段：

第一阶段：从 1966 年 5 月至 1969 年 4 月，党的第九次全国代表大会。1966 年 5 月，党中央相继召开了中央政治局扩大会议和中共八届十一中全会。这两次会议相继通过了《中国共产党中央委员会通知》和《关于无产阶级文化大革命的决定》，标志着“文化大革命”的开始。“文革”之初，党对反党集团和对所谓“刘少奇、邓小平司令部”进行了错误的斗争，一批老一辈无产阶级革命家受到无端的批判，各部门、各地方的党政领导机构几乎都被夺权或改组，党的“九大”使“文革”的错误理论和实践合法化，巩固了林彪、“四人帮”在党中央的地位。

第二阶段：从党的“九大”到 1973 年 8 月，党的第十次全国代表大会。1970 年至 1971 年 1 月，林彪反革命集团阴谋篡党夺权，策动反革命武装政变，企图杀害毛泽东，毛泽东、周恩来机智地粉碎了这次叛变。1972 年，在批判林彪反党集团的过程中，周恩来正确地提出了要批判极“左”思潮的意见，毛泽东却错误地认为，当时的任务仍然是反对极“右”。1973 年 8 月召开的党的“十大”继续了“九大”的错误，王洪文当选党中央副主席，江青、张春桥、姚文元、王洪文在中央政治局内结成“四人帮”。

第三阶段：从党的“十大”到 1976 年 10 月。1974 年，“批林批孔”运动开始，江青等人把矛头直接指向周恩来，借机进行篡权活动，毛泽东对他们作了严肃批评，宣布他们是“四人帮”。1975 年，周恩来身患重病，邓小平在毛泽东的支持下，主持中央日常工作，着手对许多方面工作进行整顿，形势有了明显好转。但毛泽东不能容忍邓小平系统地纠正“文革”错误，发动了所谓“批邓、反击右倾翻案风运动”，全国再度陷入混乱。1976 年 1 月，周恩来逝世，全党和全国人民无限悲痛。同年 4 月，在全国范围内掀起了以“天安门事件”为代表的悼念周总理、反对“四人帮”群众运动。1976 年9 月，毛泽东逝世，江青反革命集团加紧夺取党和国家最高领导权活动。同年 10 月上旬，中央政治局执行党和人民的意志，粉碎了江青反革命集团，结束了“文革”这场历时十年的动乱。

二、重要会议及重要决策

1950 年 2 月 27 日，新闻总署召开京津新闻工作会议。会议讨论了报纸、通讯社和广播电台的相互关系和发展方向问题。会议提出了广播电台的发展方向：“广播电台应以发布新闻、社会教育及文化娱乐为主，市台则应着重社会教育。人民广播电台对全国及对国际广播节目，应集中于中央人民广播电台，地方人民广播电台除联播中央人民广播电台外，并应特别加强地方性节目。”

1950 年 3 月 29 日至 4 月 16 日，全国新闻工作会议在北京召开。会议讨论了改进报纸工作、统一新华社的组织及建立全国收音网等问题。会议对广播事业的独有的特点作了概述：“以其广播为广大人民服务，在工作中不断加强他们与听众的联系，并使它成为新闻的源泉、教育的讲坛和文化娱乐的工具。”

（一）全国广播电视工作会议

从 1952 年到 1966 年，中央广播事业局先后在北京召开过 12 次全国广播电视工作会议。

1. 第一次全国广播工作会议

1952 年12 月 1 日至11 日，中央广播局在北京召开新中国成立后第一次全国广播工作会议。参加会议的有各大区、省、市、自治区广播电台台长和有关人员，共 176 人。会议总结了新中国成立三年来广播事业取得的经验和成绩，分析了存在的问题和缺点，研究并确定了今后的发展方针和任务。会议提出了“重点建设，稳步前进”和“精办节目”的口号。会上，局长梅益作了题为“1953 年广播工作的方针和任务”的讲话，这是新中国成立后首次举行的全国广播工作会议。会后，局长梅益向中共中央宣传部作了会议情况的报告，中宣部批准了他的报告，认为会议确定的方针、任务和办法是正确的，并电告各中央局、分局、省（市）委及宣传部，要求贯彻落实好会议精神。

2. 第二次全国广播工作会议

中央广播局于 1954 年 11 月 8 日至 20 日在北京召开了第二次全国广播工作会议。会议介绍了苏联广播工作经验，并结合我国具体情况，研究了过渡时期广播工作的指导思想和具体任务。会议指出：在过渡时期，广播的基本任务是宣传党在过渡时期的总路线和国家的建设计划，鼓舞、教育和组织广大人民积极参加社会主义建设和社会主义事业改造，并逐步提高其政治觉悟和文化水平。

会议强调，广播工作仍以改进和提高节目质量为主，要求认真学习苏联广播工作经验，加强群众工作和业务管理。

第二次全国广播工作会议后，广播工作者在学习苏联广播工作经验过程中曾得到苏联广播专家的指导，对推动我国广播工作者的业务学习起到了积极作用。但同时也犯了教条主义的毛病，产生了一定的负面影响。主要有两方面：一是减少甚至中断了广播节目的批评性报道，二是削减了地方台的自办节目。

3. 第三次全国广播工作会议

1955 年 12 月 15 日至 22 日，中央广播局在北京举行第三次全国广播工作会议。会议的主要任务是：讨论发展我国广播事业的第二个五年计划和十年远景计划，修订第一个五年计划的后两年计划，研究发展农村有线广播的方针规划。

会后，《人民日报》于 12 月 30 日发表了题为“发展农村广播网”的社论，要求各级领导要充分关心和重视农村广播网的建设工作，列入地方全面规划之中，加强对它的领导，并进一步明确了发展农村广播网的方针：坚持依靠群众，利用现有设备，分期发展，逐步正规，先村、社，后院、户。这次会议对全国广播事业在过渡时期的发展起到了以下重要的指导作用：一是初步制定了农村广播网发展的方针和方向；二是大体明确了全国广播事业近期和远景的发展规划。

4. 第四次全国广播工作会议

1956年7月25日至8月16日，中央广播事业局在北京召开第四次全国广播工作会议。这是一次全国广播工作者总结经验、承前启后、意义重大的会议。根据毛泽东《论十大关系》的报告和刘少奇关于发展广播事业的意见，会议讨论了广播事业的体制、第二个五年计划的指标等问题，着重研究了如何改进广播宣传，更好地为社会主义建设服务等问题。关于如何办好新闻性节目和文艺节目，会议提出了以下六点意见：第一，改进新闻报道，做到又多又快又好；第二，要扩大节目取材的范围，加强和群众联系，更多地关心和指导人民的生活；第三，要在广播中开展批评；第四，要根据广播的特点来对待"百家争鸣"，在广播中展开自由论；第五，贯彻"百花齐放"的精神，办好文艺广播；第六，要让听众听到更多的节目。

毛泽东《论十大关系》和刘少奇的讲话，对全国广播工作总结新中国成立以来，特别是学习苏联的正反面的经验，从实际出发，走自己的道路，更好地为建设社会主义服务，具有重大的历史意义和现实意义。

5. 第五次全国广播工作会议

1958年4月7日至18日，中央广播事业局在北京召开第五次全国广播工作会议。会议的主要内容是讨论广播工作"大跃进"的方针、目的及在办节目和事业建设中怎样贯彻"多、快、好、省"的方针等问题。中宣部副部长周扬在会上阐述了宣传工作的目的、宣传工作的两条道路和两种方法的斗争。局长梅益作了题为"政治是广播工作大跃进的统帅"的总结发言。

这次会议提出了广播工作的三个任务：宣传政治、普及知识、文化娱乐。这三个任务构成了广播节目的三个组成部分。

会议强调要改进文风，提出广播稿件第一要准确、第二要鲜明、第三要生动。

这次会议提出"广播工作大跃进的关键在干部"，强调必须从政治上、思想上、组织上建立一支又红又专的广播工作队伍。

本次会议所确定的广播工作大跃进的方针与"八大"二次会议制定的社会主义建设总路线是一致的。会后，全国各地广播机构认真贯彻会议精神，纷纷制定了"大跃进"规划，准备苦战三五年改变落后面貌。

6. 第六次全国广播工作会议

1959 年 2 月 23 日至 3 月 3 日，第六次全国广播工作会议在北京召开。会议总结了 1958 年的宣传工作经验，讨论广播事业第二个五年计划草案和 1959 年工作应注意的问题。

第六次全国广播工作会议是在中共中央对"大跃进"和人民公社出现的以高指标、瞎指挥、浮夸风和"共产风"为主要标志的"左倾"错误有所觉察并开始纠正的历史背景下召开的一次会议。

会议肯定了 1958 年广播宣传的经验，指出了在广播宣传中的浮夸和片面性。会议强调广播仍然要更大、更好、更全面地配合全国的"大跃进"。

这次会议以后，广播宣传在克服片面性和浮夸等方面虽然取得了一些成绩，但是随着当年 8 月的庐山会议之后"反右倾"运动的展开，全国纠"左"工作中断，又掀起了"大跃进"高潮，导致广播宣传中"左"倾错误和广播事业建设上求多求快的错误继续扩大。

7. 第七次全国广播工作会议

1960 年 3 月 1 日至 15 日，第七次全国广播工作会议在北京召开。会议的主要任务是讨论广播事业 1960—1962 年三年发展规划。局长梅益在会议上作了关于 1960—1962 年三年发展规划要点和 1960—1967 年八年规划初步设想的报告和总结报告。

会议要求，今后三年要力争高速度发展，实现广播事业的连续"大跃进"。会议的三年规划草案主要内容有：三年内基本建设成一个完整的广播系统，要使全国各地都能听到中央台的广播，全国所有生产大队除个别外都能听到广播；三年内广播发射功率要比过去10年增量两倍；广播喇叭要从440万只增加到1 450万只；三年内超额完成基本普及农村广播网络任务；三年内电视台在现有9座的基础上增加到50座左右；三年内广播系统由现有职工37 000人增加到42 000人。

第七次全国广播工作会议召开后不久，我国进入了三年经济严重困难时期，因此，这一时期广播的三年规划不可能实现了。

8. 第八次全国广播工作会议

1964年4月3日至21日，第八次全国广播工作会议在北京召开。会议讨论了全国广播事业两年的调整和第三个五年计划的方针和安排，研究了当前广播宣传工作和加强广播电台的政治工作问题。

这次会议是在学习毛泽东提出的“阶级斗争、生产斗争、科学实验”三大革命运动的基础上召开的。会议提出，要继续加强对国外的广播宣传，巩固和适当发展农村广播网，新增、新建一批广播发射、录音、播音设备和职工宿舍，加强科学研究和工业生产建设工作及培养一支又红又专的广播队伍等。会议强调，政治是灵魂，是统帅，政治工作第一，要把政治工作放到首要地位，同时要注意既要反对脱离政治的单纯业务观点，也要反对不问业务，使政治工作一般化的不良倾向。

第八次全国广播工作会议召开以后，全国的广播电视在宣传中注意发挥各自的特点和优势，在报道我国科技成就和国内外重大新闻事件时加强时效性和评论工作，在动员社会力量办广播等方面，不断探索经验，进行了有益的尝试。

9. 第九次全国广播工作会议

1966年3月30日至4月9日，第九次全国广播工作会议在北京召开。会议贯彻执行毛泽东、刘少奇、周恩来、朱德等党和国家领导人为广播事业的题词的精神及中央关于文教战线一切工作都要面向农村和关于加强广播电台政治工作的指示，讨论和交流了广播事业继续加强政治工作和面向农村的经验，研究了今后进一步做好农村的广播宣传和发展农村广播网的意见。周总理到会讲话，提出要在毛泽东关于“备战、备荒为人民”的战略思想指导下面向全国，面向全世界，努力办好广播，确保电台安全，为全国人民和全世界人民服务。局党委书记丁莱夫在会上作了讲话。

10. 第十次全国广播工作会议

1980年10月7日至18日，第十次全国广播工作会议在北京召开，会议的主要任务是总结新中国成立30年来广播电视宣传工作的经验与问题，明确新时期广播电视宣传工作的基本任务和奋斗目标。会议强调指出：“广播电视宣传的作用取决于节目的内容和质量。内容正确，富有思想性，形式多样，生动活泼地反映着我们这个伟大时代的命脉，则效果就好，就能赢得亿万听众、观众的支持。因此，可以说，广播电视为人民服务的标志，就是创造出高质量的广播电视节目。”① 会议提出，要加强对广播电视工作的领导，动员广大电视工作者坚持自己走路，充分发挥广播电视这一现代化的宣传工具，为提高全民族的科学文化水平及实现四个现代化作出更大贡献。会议对“自己走路”的方针作了全面、深刻的阐述，提出了明确要求。“自己走路”方针的提出，标志着我国广播电视宣传的进一步拨乱反正和改革的起步。

11. 第一次全国电视节目会议

1979年8月18日至27日，第一次全国电视节目会议在北京举行，95位来自各省、市、自治区的电视工作者参加了会议。这是我国电视事业创建21年来，第一次就电视节目进行专业性探讨的全国性会议。这次会议的主要任务是：①研究讨论如何丰富和改进节目内容，努力办好自办节目；②决定开展全国电视节目大联播；③研究讨论全国各电视台之间的协作、经验交流和节目交换。中共中央政治局委员、中宣部部长胡耀

① 中央广播事业局办公室．全国广播工作会议文件选编，1982. 329

邦到会讲话。这次全国电视节目会议对丰富、发展我国的电视节目起到了十分重要的作用。

12. 全国广播事业规划会议

1980年2月25日至3月9日，全国广播事业规划会议在北京召开。会议总结了新中国成立30年来广播电视事业建设取得的成就、积累的经验和存在的问题，提出了广播电视事业的发展目标：努力办好广播，加快发展电视事业，在20世纪末，要使我国广播电视在事业规模、技术设施、覆盖指标等方面都具有相当水平，进入世界先进行列。具体来说，包括以下五个方面：①以建设卫星广播系统为重点，把加强电视发展放在优先地位，通过卫星广播系统的建设实现电视在全国的覆盖；②积极发展中波、调频广播网，充分利用卫星广播提供高质量的节目源，实现广播在全国的覆盖；③加速发展对外广播，实行中、长、短波相结合，以短波为主，对全世界进行覆盖；④中央广播事业局和地方广播事业局利用邮电部微波干线，建设一个广播电视节目传输网；⑤普及收听、收看工具。会议提出，要把电视放在优先发展的位置，这对我国电视业的发展产生了深远的影响。

（二）重要决策

新中国成立之后，广播和电视事业发展被纳入国民经济计划，按照全国统一的事业建设方针实行有计划的管理。20世纪80年代以前，全国广播电视事业有过两次比较大的调整，对我国早期的广播电视体制和事业发展产生了深刻的影响[①]。

第一次调整是在全国解放初期。当时，全国百业待兴，国家把主要精力用于医治战争创伤，尽快恢复遭受严重破坏的国民经济。在这种情况下，要求全国广播事业扩大发展规模，是当时的国力做不到的。人民广播事业薄弱，既缺少建设全国广播网的必要的经验积累，更缺乏足够的物质基础。为此，根据

---

① 刘爱清，王锋．广播电视概论．北京：广播电视出版社，1997.268～269

当时的国情和条件，以及发展广播事业的实际需要，1952 年召开的第四次全国广播工作会议提出采取“先中央后地方，先对国外后对国内，集中力量建设中央台（包括对外广播）”的事业建设方针，并从地方电台抽调了一批技术、宣传和管理骨干充实中央人民广播电台。这一方针的正确实施使广播事业建设取得了积极的进展。全国特别是中央人民广播电台的发射功率逐年增加，收听率不断提高，其作为国家电台的地位进一步巩固，对国内外的宣传影响日益增强。这些为后来广播电视事业的全面发展创造了条件。

第二次政策调整是在我国对手工业和资本主义工商业的社会主义改造已经基本完成之后。这一时期，由于贯彻执行了第一个五年计划，国家经济状况开始有了初步好转。1956 年 7 月至 8 月中央广播事业局召开的第四次全国广播工作会议，根据毛泽东同志在中共中央政治局扩大会议上的报告《论十大关系》的精神和刘少奇同志代表党中央对广播工作提出的“发展农村有线广播，加强对国外广播，尽快创办电视”等一系列要求，将原来“先中央后地方，集中力量建设中央台”的事业建设方针修改为实行“中央和地方并举”（地方主要指省、直辖市、自治区）的方针。同时，突出了当时继续加强对外广播等建设重点，并制定了相应的技术政策，从而使中央和地方的广播事业及后起的电视事业得以同时迅速发展起来。但是，由于受“左倾”错误的干扰和三年经济困难、三年经济调整及后来十年“文化大革命”的影响，广播电视事业的发展势头几度受到遏制，整个事业的发展过程时而高潮，时而低落，历经几起几伏。这一时期，我国的广播电视管理体制一直被沿用。在长达 20 多年的时间里，“中央和地方并举”的事业建设方针一直没有改变，并被实践证明是完全正确的。它对加快我国特别是地方广播电视事业的发展，进而建立全国统一的广播电视宣传网，发挥了极其重要的作用。

第二节　我国早期广播电视管理体制沿革

我国早期的广播电视管理体制主要包括两个时期，即革命战争时期和社会主义建设时期的1949年至1983年。研究我国早期广播电视管理体制的沿革、事业发展及体制特点，有助于把握我国广播电视发展脉络，认识广播电视体制改革与事业发展相对应的关系，清楚我国广播电视从“二级办”到“四级办”的必然性，理解县级广播电视在中国广播电视发展进程中所处的位置与发展方向，从而敞开县级广播电视的发展与生存的概念性思维。

（一）革命战争时期解放区的广播事业管理体制

1. 新华广播电台的创建与发展

中国共产党领导广播事业，人民的广播事业于抗日战争时期在延安创建。

1940年春，根据党中央和毛泽东同志的指示，成立了以周恩来同志为主任的广播委员会，领导广播电台的筹建工作。

1940年12月30日晚上，一个明朗响亮、振奋人心的声音在革命圣地延安上空响起：“延安新华广播电台，XNCR，现在播音……”这个声音，代表着中国几亿劳苦大众的心声，是中国共产党坚定豪迈、堂堂正正的真理之声；这个声音，宣告了中国人民广播事业的诞生，标志着中国人民广播播音的开始。

1943年春天，延安新华广播电台因发射机零件损坏，由于无线电器材来源困难，损坏的电子管无法修复，被迫暂时停止播音。

1945年9月5日，在解放区和全国人民欢庆抗日战争胜利的日子里，延安新华广播电台重建并恢复播音。这一年的10月6日，延安新华广播电台首播文艺节目。

1946年5月，在全面内战爆发前夕，延安新华广播电台增加了人员，宣传业务有了进一步的发展。6月，语言广播部拟定了《暂行工作细则》，这是人民广播史上最早的一份关于宣传工作的有关规定。《细则》的实施标志着延安新华广播电台宣传业务日趋成熟。①

1947年3月至1949年3月25日，在两年的时间里，随着解放战争形势的变化，延安新华广播电台曾进行四次台址迁移，行程两千多公里，人民广播的声音始终坚持不断。

第一次，转移瓦窑堡，坚持播音。1947年3月14日，延安新华广播电台秘密迁至陕北瓦窑堡好坪沟村，21日改称陕北新华广播电台，并在炮火声中坚持播音到3月28日。

第二次，转移太行，再建新台。1947年3月初，晋冀鲁豫解放区接到中共中央紧急来电：立即筹建一座新的广播电台，准备必要时立即接替陕北的广播。1947年3月29日起，晋冀鲁豫解放区设在河北省涉县沙河村的邯郸新华广播电台接替陕北新华广播电台播音，仍用陕北台的呼号。

第三次，迎着曙光，北上平山。1948年3月，中共中央离开陕北，东渡黄河，经晋绥解放区到达河北省平山县的西柏坡村。陕北台随新华总社由太行山北上迁到平山，在这里汇集了晋察冀台和邯郸的播音组。由孟启予任组长，丁一岚任副组长，并从5月23日起在平山播音。电台编辑部设在西柏坡，发射机房和播音室设在40公里外的窟窿峰，播音稿件每天由专人骑马传送。电台的发射机功率为3 kW。震惊全中国和全世界的辽沈、淮海、平津三大战役的胜利捷报和党的七届二中全会公报等重大报道都是从这里播出的。

第四次，胜利声中，扎根北平。1949年3月25日，陕北台随党中央进入北平，改名为北平新华广播电台。

4月21日，北平新华广播电台以气壮山河之势，反复播出了毛泽东主席、朱德总司令发布的《向全国进军的命令》，要求中国人民解放军全体指战员“奋勇前进，坚决、彻底、

---

① 梁巾声．现代广播学．广州：暨南大学出版社，1999．27

干净、全部地歼灭中国境内一切敢于抵抗的国民党反动派，解放全国人民，保卫中国领土主权的独立和完整”。同一天，人民解放军百万雄师分作西、中、东三路，在长达500余公里的战线上强渡长江，直指国民党反动派统治中心——南京。次日，北平新华广播电台即播出毛泽东撰写的《我三十万大军胜利南渡长江》、《人民解放军百万大军横渡长江》两篇重大消息。[1]

6月20日，北平新华广播电台首次播出毛泽东同志6月15日在新政协筹备会上的讲话录音；9月21日，报道了当天中国人民政治协商会议第一次全体会议开幕的广播新闻。9月27日，北平改名为北京，北平新华广播电台改名为北京新华广播电台。10月1日下午3点，北京新华广播电台实况广播了在北京天安门广场举行的中华人民共和国开国大典盛况。

2. 各解放区人民广播的建立与发展

抗日战争后，中国共产党领导下的解放区也逐步兴办起人民广播事业，并有过三次较大的发展。

第一次大发展的标志是抗日战争胜利后不久，东北解放区和华北解放区先后建立起新华广播电台。张家口和哈尔滨新华广播电台是在延安新华广播电台恢复播音前后建立起来的广播电台。哈尔滨新华广播电台于1945年8月20日开播；张家口新华广播电台在1945年8月24日成立，呼号为XGMC，当时的播音员是丁一岚同志。东北新华广播电台在1946年9月23日开始播音，广播节目除了新闻外，还有各类形式较为丰富的节目。

第二次大发展的标志是东北、华东和西北三大解放区中心台的建立和天津、北平等大中城市人民广播电台的建立。东北新华广播电台是各解放区中最早建立的面向东北全区广播的电台，它是以哈尔滨新华广播电台的设备为基础，新华社东北总分社和长春台的部分人力、设备参与创立起来的。它也曾是东

① 赵玉明．中国广播电视通史．北京：中国传媒大学出版社，2006. 179

北全区的广播电台的领导机关，呼号为 XNMR，1946 年 9 月 23 日在佳木斯开始播音，发射功率为 1kW。1948 年 1 月，东北新华广播电台从佳木斯迁回哈尔滨，与新建的哈尔滨新华广播电台合并。1948 年冬迁沈阳，1949 年 5 月 1 日改为沈阳新华广播电台，后又改为沈阳人民广播电台。

华东新华广播电台是华东解放区的第一座广播电台，1948 年 5 月起在山东五莲县农村开始筹建，同年 9 月 12 日在山东临朐开播，呼号为 XNEC，1949 年 2 月迁往济南。5 月，当新的华东区中心台上海人民广播电台开播后，华东新华广播电台停播。

西北解放区的首座广播电台是西北新华广播电台，它于 1948 年 12 月开始在延安筹建，1949 年元旦试播，1 月 5 日正式广播。西北新华广播电台由中共中央西北局宣传部领导。同年 5 月 20 日，西安解放。6 月 1 日起，西北新华广播电台迁至西安，6 日起改为西安新华广播电台，7 月 1 日又改称西安人民广播电台。

除以上三大解放区的中心台以外，随着辽沈、淮海、平津三大战役的胜利，一些大中城市也相继建立了人民广播电台。据 1949 年 3 月初统计，全国解放区共有广播电台 24 座，其中华北 4 座、东北 15 座、华东 3 座、西北 1 座、中原 1 座。①

第三次大发展的标志是在渡江战役之后，江南一些大中城市相继解放，一批广播电台陆续建立。1949 年春，人民解放军横渡长江。4 月 23 日，南京解放，国民党的中央台及其广播机构先迁广州，后搬台湾；5 月 3 日，杭州解放；5 月 27 日，上海解放；8 月，长沙、福州解放；10 月，广州解放。至此，长江以南的国民党官办广播电台先后被人民解放军接管，改建成人民广播电台的有武汉新华广播电台、浙江新华广播电台、南昌新华广播电台及福州人民广播电台等。

在西北地区，先后建立了兰州人民广播电台和西宁人民广

① 赵玉明．中国广播电视通史．北京：中国传媒大学出版社，2006. 158

播电台。

1949年9月中华人民共和国成立前夕，据统计，全国各地已有人民广播电台近40座，一个遍布全国的人民广播网初步建立。①

我国的广播电台是在革命战争年代建立的，当时的中心任务是为“前线”服务，为反侵略服务。日本侵略者投降后，国民党反动派又发动了内战，广播电台的中心任务又转向了推翻国民党的反动统治。新中国成立后，随着社会主义制度的建立，中国的广播事业进入了新的发展时期。

(二) 社会主义建设时期的广播电视管理体制 (1949—1983年)

1949年6月5日，中共中央发出《关于成立中央广播事业管理处的通知》，决定将原新华总社的口头广播部扩充为中央广播事业管理处，正式建立起全国统一的广播事业管理机构，广播从此脱离新华社成为独立的宣传系统。新成立的中央广播事业管理处，主要任务是管理并领导全国各地的广播电台。中央广播事业管理处受中央宣传部的领导，以后各中央局所属的广播电台应受各中央局宣传部与中央广播事业管理处两方面的领导。由此形成了中国广播电视的系统性和地方性，即“条”与“块”相结合的管理体制。

1949年10月1日，新中国的人民政府成立，经中共中央决定成立的中央广播事业管理处改组为广播事业局，直属中央人民政府政务院新闻总署领导。后新闻总署撤销，又改为由文化教育委员会领导。

新中国的成立标志着旧中国广播事业的终结和人民广播事业发展新阶段的开始。

新改组的中央广播事业局遵循党和政府的指示，积极、认真地履行自己的职责。1949年11月29日举行第一次局务会议，根据中共中央的指示，确定了中央广播事业局的具体任

① 赵玉明. 中国广播电视通史. 北京：中国传媒大学出版社，2006. 180

务，包括：①领导全国各地人民广播电台；②直接领导中央人民广播电台对国内和国外（呼号为“北京广播电台”）的广播；③普及人民广播事业；④指导和管理各地私营广播电台；⑤培养和训练广播事业干部。各地人民广播电台同时领导和管理所在地方的广播事业和广播工业。①

1950 年 4 月 22 日，新闻总署发布了《关于建立广播收音网的决定》。这是中华人民共和国成立后第一个由政府公布的有关无线电广播的政令。3 天后，即 4 月 25 日，新闻总署作出关于省、市、区新闻机关员额暂行编制的决定，其中具体规定了人民广播电台员额的编制。上述会议的决定和政府的政令是新中国成立初期广播工作的指导方针，对以后发展人民广播事业和组织宣传工作具有很大的影响。②

中华人民共和国成立后，华南、西南解放区接管广播电台的工作相当顺利，1949 年 10 月 16 日，广州市军管会接管国民党广州广播电台；同年 11 月，贵阳市军管会接管国民党贵阳广播电台；同年 12 月全部接管云南、四川等地的国民党广播电台。至 1950 年年初，随着人民解放战争的最后胜利，新中国已有 49 座人民广播电台，使用 89 部长、中、短波广播发射机向国内外播音。③

1950 年 1 月 4 日，中央广播事业管理局发出《关于规定各地人民广播电台分区管理办法的通令》，通令规定对各地电台实行分区管理。大行政区的区台便成为该行政区广播事业的领导机关。中华人民共和国成立初期，接收国民党官办的各级广播电台恢复、充实和改建了一批人民广播电台，并完成了对中华人民共和国建立前办的 34 座民营广播电台的社会主义改造，使其完全由国家经营。对国民党统治时期遗留下来的官办、私营广播电台，在新中国成立后对其进行改造，是中央既

① 左漠野．当代中国的广播电视．北京：中国社会科学出版社，1987. 34

② 赵玉明．中国广播电视通史．北京：中国传媒大学出版社，2006. 195 ~ 196

③ 赵玉明．中国广播电视通史．北京：中国传媒大学出版社，2006. 203

定的政策，也是各级广播管理机构的一项重要任务。对这些广播电台的改造主要采取以下四项措施：一是接管或查封官办台；二是查处违反法令播音的电台；三是收购私营台；四是实行公私合营。对私营台的社会主义改造，既是社会主义的性质和广播电台的性质所决定的，也是为了适应党和人民政府的宣传需要。官办、私营台改造工作的完成，使所有广播电台实现了由国家经营，这在中国广播史上是一件具有历史意义的事件。

中华人民共和国成立三年后，经过艰苦创业、努力开拓，人民广播事业有了较大的发展。到1952年10月，全国有人民广播电台71座，比1949年10月增加了26座；发射机比1949年10月增加了47部；输出功率为1949年10月的382%。各地共建收音站23 721个；建有广播工厂5个，比1950年增加3个；职工达1 150人。全国还有35个城市建有广播服务站，52个专区建有广播修理站。①

从1953年起，中国开始有计划地发展广播事业，经过中央和地方的共同努力，终于建成了一个相对完整的中央和地方、无线和有线、调幅和调频相结合的广播宣传网。

1955年2月5日，中央广播事业局向国务院报告，提出在北京建立电视台的计划。周恩来总理于2月12日批示："将此事一并列入文教五年计划讨论。"从此，中国的电视事业进入了孕育期。

中国共产党和人民政府对发展广播事业、做好广播宣传作了一系列的指示和决定。中华人民共和国成立前夕制定的《共同纲领》规定要"发展人民广播事业"。1956年提出的《全国农业发展纲要》又规划了发展农村广播网的任务。

1956年，根据国务院有关规定的精神，各省、自治区、直辖市分别建立广播事业局。

1956年2月20日，国务院发出《关于农村广播管理机构

① 赵玉明．中国广播电视通史．北京：中国传媒大学出版社，2006. 214～215

和领导关系的通知》，在同年7、8月召开的第四次全国广播工作会议又主要讨论了广播事业的体制问题。

至此，全国初步形成了以中央人民广播电台为中心的、统一的、分级管理的广播管理体系（四级广播宣传网），即中央台、大行政台、省（直辖市）台及市级台。全国广播电台分为四级：中央台、大行政区台、省（自治区、直辖市）台和省辖市台。中央广播事业局除直接领导中央台外，还兼管华北行政区的广播电台。东北人民广播电台（沈阳）、西北人民广播电台（西安）、华东人民广播电台（上海）、中南人民广播电台（武汉）和西南人民广播电台（重庆）则担负面向全区广播宣传和管理本区广播事业的双重任务。

1954年，根据第一次全国广播工作会议确定"逐步取消大区台的方针与因地制宜的原则"，撤销大行政区，各大行政区的广播电台停办，并将各大行政区广播电台的编辑、技术人员分别充实到中央台和省市台。

1955年3月29日，国务院发出《关于在农业、畜牧业、渔业生产合作社重点建设收音站的指示》和《在边远省份和少数民族地区建立收音站的通知》，决定由中央广播事业局提供一批收音机，建立1万多个收音站。同年8月25日至9月3日，全国农村有线广播工作座谈会确定了"重点示范、分批发展"的方针，积极地发展农村有线广播。

1955年10月，中共中央召开七届六中全会，重点研究农业合作化问题。11日，毛泽东在全会的讲话中提出"发展农村广播"的要求，其后，12月21日在《征询对农业十七条的意见》中又指出："在七年内，建立有线广播网，使每个乡和每个合作社都能收听有线广播。"这是党和国家继中国人民政治协商会议通过的《共同纲领》中明确规定"发展人民广播事业"之后的又一重要决策。①

我国的有线广播网是在新中国成立初期发展广播收音网的

---

① 赵玉明. 中国广播电视通史. 北京：中国传媒大学出版社，2006. 225

基础上提出和创建的。1953 年，广播收音网在全国基本普及，有的城镇开始试办有线广播。经过两年的努力，一批县级广播站建立起来，到 1954 年年底，全国共有县广播站 547 个，中小城镇广播站 705 个，有线广播喇叭 49 854 只。①

当全国农村广播网建设开始达到高潮的时候，国务院和中央宣传部为加强对全国广播事业的管理，进行了体制建设，在不到两年的时间里发出三个重要文件②：

1955 年 9 月 12 日，国务院发出《关于地方人民广播电台管理办法的规定》，规定各地方电台的编制、财务、计划及一般行政业务受各级人民委员会的领导，而广播业务、广播技术和广播事业建设规划受中央广播局的领导。

1955 年 9 月 13 日，中共中央宣传部发出《关于各级党委宣传部应加强对广播宣传的领导和监督的通知》，规定了地方人民广播电台的日常宣传业务，广播电台工作的政治思想领导及广播电台干部的教育管理仍由各级党委领导。要求各级党委宣传部加强对广播宣传的领导和监督，充分利用它来推动和改进工作。

1956 年 2 月 20 日，国务院发出《关于农村广播网管理机构和领导关系的通知》，规定省、自治区、直辖市的广播管理机构属于省级委员会，在业务上受中央广播事业局领导。通知还规定：中央广播局负责全国农村广播网的规划，编制全国农村广播网的年度发展计划，提供农村广播站的机房、播音室的定型设计，统筹器材，介绍和总结农村广播网的经验等。

上述文件为全国广播事业迅速发展中急需解决的问题指明了方向，提出了措施，各地立即行动，积极贯彻。

随着《关于农村广播网管理机构和领导关系的通知》的施行和第四次全国广播工作会议的召开，大多数省、自治区、直辖市相继建立了广播事业管理机构。同时，按照国务院的规

① 赵玉明．中国广播电视通史．北京：中国传媒大学出版社，2006. 225
② 赵玉明．中国广播电视通史．北京：中国传媒大学出版社，2006. 227

定，对中央广播事业局与地方广播管理机构的关系也作了调整。

1955 年 9 月 12 日，国务院为加强对地方广播事业的领导，并为明确划分省、自治区、直辖市、省辖市人民委员会和广播事业局关于管理地方广播电台的职责而发出《关于地方人民广播电台管理办法的决定》。该《决定》指出："各省、自治区、直辖市、省辖市人民广播电台为各该省、自治区、直辖市、省辖市人民委员会的直属机构，受各该级人民委员会及广播事业局的领导。"上述各台的编制、财务、计划及一般行政业务受各该级人民委员会的领导。各省、自治区、直辖市人民广播电台的广播业务、广播技术和广播建设规划，受广播事业局领导；省辖市人民广播电台的上述业务，由广播事业局通过该省热门广播电台加以领导。①

至此，我国广播事业在体制的"块"的形成（即地方性管理）上有了明确分工，即"行政上归政府，业务上归电台"。这样，我国的广播事业就形成中央和省、自治区、直辖市双重领导的，以中央广播事业局为主的管理模式。

1957 年以后，由于形势变化，我国开始偏离苏联模式，实行了政府行政管理体制的模式，随着国家管理模式的逐步改革，地方广播事业的管理才从"条块结合，以条为主"过渡到中央和地方双重管理、以地方为主的"条块结合，以块为主"的体制。原来以中央为主的管理模式改由省（自治区、直辖市）为主。这更有利于地方积极发展本地的广播事业和电视事业。在相当长的时间里，中央广播事业局和中央台一直实行局台合一的管理体制。各省（自治区、直辖市）广播管理部门和当地广播电台也多采用局台合一的管理体制。

1958 年开始的国民经济发展的第二个五年计划，把对国内广播（电视）网的建设调整为中央和地方同时并举的方针，

---

① 广播电视简明辞典编辑委员会. 广播电视简明辞典. 北京：中国广播电视出版社，1989. 9

并提出国内广播采取“两级覆盖”的技术政策，即中央一级和省一级可以办广播电台进行覆盖，省以下的市县，除少数城市外，原则上不办广播电台。

1958 年 5 月 1 日晚上 19 时，首都北京上空回荡着中国电视节目的信号，北京的电视接收机的屏幕上，出现了一幅以广播大楼模型作为背景图案，上书“北京电视台”字样的电视画面。中国第一座电视台——北京电视台开始试验播出。北京电视台的开播，标志着中国电视事业的诞生。

北京电视台的成立，揭开了中国电视事业发展的崭新篇章。紧接着，1958 年 10 月 1 日，上海电视台开始试验播出；同年 12 月 20 日哈尔滨电视台建成并试播。

我国的电视事业最初是从中心城市分散崛起的，主要集中在相对发达的中心城市，这主要是因为受当时经济发展水平的限制，只有中心城市才具有发展电视的客观条件。尽管当时实行了高度集中统一的计划经济，但也只能依托中心城市分散建台，独立运行，直接隶属于所在省的党委和政府。由于技术覆盖条件的限制，当时只能服务于本城市面上的居民，而不能成为所在区域的宣传中心。这是中国电视事业的起步期。

1959 年至 1961 年前后，天津、广东、吉林、辽宁、山西、江苏、浙江、安徽、山东、湖北、陕西等省办起了电视台。黑龙江省在创建哈尔滨电视台之后，又在齐齐哈尔、牡丹江、佳木斯等地办起了电视台。1961 年年底，全国已建立电视台、试验电视台和转播台 26 座。

1961 年 1 月，中共八届九中全会确定了“调整、巩固、充实、提高”的八字方针，改变了“大跃进”以来追求高速度、高指标的错误做法。会后，全党、全国大兴调查研究之风，提倡实事求是的优良作风，先后制定了一系列政策，对推进贯彻执行八字方针、促进国民经济的恢复起到了积极的作用。

根据中共八届九中全会提出的对国民经济实行“调整、巩固、充实、提高”的八字方针，从 1962 年开始，广播电视建设实行调整和精简，落实“紧缩规模、合理布局、精简人员、提高质量”的方针，中央广播局对广播节目、播音时间及中小城市的广播电台、电视台和有线广播等作了调整。调整的主要原则有[①]：

（1）撤销各省、自治区、直辖市广播电台所属的广播文工团、中等技术学校。

（2）省会所在地市台与省台合并。

（3）1958 年后开办的广播电台除林牧渔区、少数民族地区等特殊情况外，其他停办。

（4）撤销各省、自治区、直辖市广播管理机构，但可以保留名义，并入省、自治区、市广播电台。

（5）保留部分电视台，其余停办。

（6）农村有线广播站整顿后停办一部分，保留一部分。

根据上述方针和原则，广播系统调整的具体情况大致如下：

1. 无线广播

1962 年初，全国有地方广播电台 135 座，经过调整，相继停办了一些中小城市广播电台，据同年 10 月统计，保留省、自治区、直辖市台 28 座，省辖市台 53 座，总计 81 座。

1962 年，全国广播电台共办 134 套节目，比原来减少了 53 套。为了提高节目质量，原办两套节目的中小城市台大都停办了第二套节目，集中力量办好第一套节目。

2. 电视广播

压缩规模后，全国电视台和电视实验台最初只保留了北京、上海、广州、沈阳、天津 5 座。1963 年初，哈尔滨、长春电视台和西安电视实验台经批准后也保留下来。1962 年停办了齐齐哈尔等一批电视实验台和电视转播台。截至“文化大革命”爆发前，全国共有 12 座电视台。

---

① 赵玉明．中国广播电视通史．北京：中国传媒大学出版社，2006. 266

3. 有线广播

这个时期有线广播进行了较大的调整。1960 年，全国市、县广播站有 2 404 座，1962 年调整为 2 029 座，同期广播喇叭由 604 万只减为 548 万只。

4. 广播系统职工

由于全国各地停办了一批广播电台、电视台和有线广播站，撤销、合并了一些广播电视行政机构，广播系统压缩了职工编制，由 1961 年的 3.3 万人减为 2.8 万人。

到 1962 年底，全国各省辖市广播电台等的调整工作已经基本完成。

1962 年 10 月中共八届十中全会之后，为加强对广播事业的领导，中央任命丁莱夫为广播局党组书记，梅益任副书记、局长。1963 年 12 月，中央广播局改党组制为党委制，并建立政治部，丁莱夫任党委第一书记，梅益任第二书记、局长。

随着国家调整方针的实施，我国的经济困难局面开始缓解，从 1963 年到 1965 年，国民经济得到比较顺利的恢复和发展，我国的广播电视事业也得到了新的发展。

1963 年以后，随着经济形势的好转及为适应地方宣传工作的需要，又恢复了一批广播电台和电视台。1963 年年底，全国共有广播电台 89 座，电视台 8 座。截至“文化大革命”爆发前，我国的电视台共有 12 座。

1964 年 12 月，毛泽东同志为“北京电视台”题写了台名。

1965 年 9 月 5 日，时值中国人民广播事业创建 20 周年，党和国家领导人毛泽东、刘少奇、周恩来、朱德、邓小平、彭真、陈毅等分别题词祝贺。毛泽东同志题词：“努力办好广播，为全中国人民和全世界人民服务”，进一步指明了发展中国广播事业，做好广播宣传的宗旨。

1963 年后，全国的有线广播得到修复和整顿。“文化大革命”前后，农村有线广播正处于大发展时期。1966 年，全国有县级广播站 2 181 座，广播放大站和公社广播站 8 435 座，广播喇叭1 100多万只。77%的人民公社、54%的生产大队均普及了有线广播。

1966年5月开始的长达10年之久的“文化大革命”是中华民族的一场浩劫。在这场内乱中，我国的广播电视事业摆脱了思想桎梏，在困境中得到发展。

1969年1月13日，财政部和中央广播事业局联合发出《关于农村广播网经费开支问题的通知》，规定县（市）广播站的日常事业经费列入国家预算，公社广播站的日常事业经费列入地方预算。这是一个对有线广播事业有着深远影响的决策。1970年，国家在制订国民经济发展规划时，又把广播事业列为重点，从而进一步掀起了大办广播的热潮。

至1973年，全国有线广播网基本普及，95%的生产大队和91%的生产队通了广播，61.5%的农户有了广播喇叭。全国农村有线广播喇叭已达9 900万只，比“文化大革命”前的870万只增加了10倍以上。1973年9月，在全国广播事业规划座谈会上，有关部门制定了巩固提高和积极发展农村广播网的方针：以继续建设好县广播站为中心、以公社广播放大站为基础、以专线传输为主的质量高、效能好、适应战备需要的农村广播网。至1976年年底，全国已建成县有线广播站2 503座，安装有线喇叭11 300万只。有线广播网路建设的质量较前大有进步。①

到1976年年底，全国已有电视台32座，1 kW以上电视转播台144座。

为了适应电视事业的发展，中央决定自1978年5月1日起，将北京电视台改名为中央电视台，英文缩写为“CCTV”，对国外名称为“中华人民共和国中央电视台”。对外广播部正式命名为国际广播电台。中央人民广播电台、国际广播电台、中央电视台三台正式成为中央广播事业局直接领导的独立的宣传事业单位。

---

① 赵玉明．中国广播电视通史．北京：中国传媒大学出版社，2006. 317

中央广播事业局在1980年先后召开了全国广播事业规划会议和第十次全国广播工作会议，这两次会议分别总结了新中国成立30年来广播电视事业建设的成就①。

据1979年年底统计，对国内的无线广播，已建成中央和地方各级广播电台99座，发射台和转播台502座，调频台99座。对国外广播已办有38种外国语言节目，以及对华侨、华人广播的普通话和4种方言节目。全国有电视台381座，1 kW以上的电视发射台和电视转播台238座，小功率（50 W以下）电视差转台2 000多个，2 300多个县、旗、市建立了农村有线广播站。事业建设规模的不断扩大，广播电视技术的不断发展，收听、收看工具的不断普及，为广播电台、电视台提供了必要的物质基础，使我国广播电视宣传在国内外的影响日益扩大。

到1982年年底，全国有广播电台118座，电视台47座；全国广播和电视覆盖率分别为64.1%和57.3%。

1980年5月4日，国务院批转中央广播事业局《关于加强地方广播事业管理工作的请示报告》（即国发〔1980〕107号文件），报告中提出，各省、市、自治区广播事业局受该省、市、自治区人民政府和中央广播事业局双重领导，以同级政府领导为主。省、市、自治区广播事业局的广播宣传工作，受省、市、自治区党委领导和中央广播事业局指导；广播事业建设受省、市、自治区人民政府和中央广播事业局双重领导，以同级政府领导为主。报告还提出了地、市、州、盟、县、旗建立广播事业局的问题。各级广播事业局的建立，为完善分级管理的广播电视管理体制创造了条件。

1982年，国务院实行机构改革，在其他政府部门合并、精简的情况下，中央广播事业局却升格为中华人民共和国广播电视部。1982年5月4日，根据第五届全国人民代表大会常务委员会第二十三次会议决定，撤销中央广播事业局，成立广

① 赵玉明．中国广播电视通史．北京：中国传媒大学出版社，2006. 344

播电视部。中央广播事业局升格为广播电视部后，管理部门和职责进一步加强。根据国务院机构改革和1983年中共中央37号文件的精神，各省、自治区、直辖市分别在政府系列中设立广播电视厅（局），地、县两级也都设立广播电视局。各级广播电视管理部门分别直接管理所属的广播电台、电视台及本行政区的广播电视事业。

广播电视部的主要任务是：领导中央人民广播电台、国际广播电台和中央电视台的对国内外宣传工作；领导中国唱片公司和中国广播电视出版社的图书、杂志、录音录像制品的出版发行，以及中国广播艺术团和中国电视剧制作中心的节目制作；指导全国广播电视宣传工作；管理全国广播电视事业；领导和管理部直属单位的干部工作，加强思想政治工作和业务建设，逐步改善工作条件和生活条件；主办和归口管理广播电视系统的外事工作；归口管理全国录音录像制品的出版和发行工作①。

我国早期的广播电视管理体制是随着人民广播事业的发展而不断建立和完善的。1940年12月，延安新华广播电台正式开播，广播电台管理体制先有“块”，后有“条”，“块”比“条”更成熟，这与解放战争时期人民广播的特殊创建方式相关。

1956年之前，以“条”为主的管理模式已经在一定程度上影响了地方办广播的积极性和主动性。

从20世纪70年代到80年代初，各省、自治区、直辖市都建立了自己的广播电台、电视台，原北京电视台正式成为中央电视台，全国形成二级广播电视模式。

我国广播电视是按行政权力层次划分形成系统的，即全国广电是一个大系统，其下属机构和行政区域相隶属。在一个省内，其下辖的地、市、州自成体系形成独立的子系统，再往下，地（市）、县也是独立的系统。这种系统构建方式使管理

① 赵玉明．中国广播电视通史．北京：中国传媒大学出版社，2006. 360

上长期实行“条块结合，以块为主”的双重领导的管理体制。

第三节　我国早期广播电视管理体制的基本特征

我国早期广播电视管理体制的基本特征有以下七个方面：

一、国家经营

新中国成立初期，为尽快恢复国民经济，采取了计划体制的管理模式，确立了以公有制占绝对优势的生产资料所有制的结构，有计划的经济建设从此启动，以计划体制为中心的社会主义经济体制初步建立。这样的经济基础决定了中国广播的国家经营的性质。以生产资料公有制为基础是中国广播电视管理体制的基本特征。无论是在战争时期，还是社会主义建设年代，中国广播电视和整个广播电视系统，都在中国共产党领导下实行公有制组织，不允许私人自办广播电视，这是由中国共产党的性质及社会主义的性质决定的。公有制作为中国广播电视的性质及其在经济社会发展中所产生的影响与作用，一直都没有改变。

二、党管宣传

党对广播电视业的领导是广播电视业基本性质最鲜明的特征。党的领导包括政治上的领导、组织上的领导、宣传上的领导。建立在社会主义体制背景下的中国广播电视，从一开始就奠定了其特殊的重要地位——它是党、政府和人民的“喉舌”，是社会主义宣传文化事业不可分割的一部分，这是社会主义广播电视事业的基本性质。这个性质体系在事业结构上表现为：广播电视建设无一例外地依附于各级党委和政府，是各级党委和政府的宣传舆论阵地，也是党委组织机构或政府机构系列的一个组成部分。这个性质体现在管理体制上就是党管宣传的原则。党对广播电视的宣传工作的领导和管理主要是通过各级党委宣传部对同级广播电视部门的宣传工作进行直接领导实行的。各级党委宣传部对广播电视的宣传工作的领导和管理具体包括以下主要内容：传达贯彻党的宣传意图和宣传方针；根据一个时期党的中心工作任务，指导广播电视宣传计划的制订和实施；监督检查宣传方针的贯彻和宣传活动的组织情况；组织协调重大宣传活动；审查重大宣传节目内容；管理宣传机构和重要人事变更等①。对广播电视宣传的领导和管理是各级党委宣传部日常工作的一部分。

三、双重领导

中央广播事业局统一领导和管理全国广播电视事业，指导省、自治区、直辖市广播电视工作。各省、自治区、直辖市的广播电台是当地政府的直属机构，既是新闻宣传机关，又是事业管理机关，受当地政府和中央广播事业局的双重领导；分别直接领导各该级广播电视台，同时领导所属地方的广播电视事业。编制、计划、财政和一般行政业务受当地政府领导；广播业务、技术和规范由中央广播事业局领导。这种管理方式基本上一直沿用至今。

双重领导主要体现在“条块结合”上。中央广播电视主管部门和各地地方政府构成“条块结合”双重管理体系。所谓“条条”管理，是指中央到省，再到省以下广播电视机构之间的直接纵向对口领导。“块块”管理，是指省、自治区、直辖市政府及省以下各级政府对同级所属的广播电视机构的直接领导。“条块结合”的双重领导是指既有“条条”领导，也有“块块”领导。当时，双重领导的管理体制的特征是从“条块结合，以条为主”转为“条块结合，以块为主”。

四、三位一体

中国广播电视系统集宣传、事业、管理三种职能于一体，

① 刘爱清，王锋．广播电视概论．北京：中国广播电视出版社，1997. 287

对三个方面的工作全面负责。既是宣传单位，也是事业实体，又是政府行政主管部门，行使着“管办结合，既管又办”的职能。各级广电行政部门既是广播电台、电视台的设立主体，承担“办”的职能，又是广播电台、电视台的监管者，承担“管”的职能。对本级广播电台、电视台直接主办、主管，对下级广播电台、电视台实行行业管理，充当着既是运动员，又是裁判员的角色。

五、局台合一

从20世纪50年代到70年代直至“文化大革命”结束，以“条块结合，以块为主”进行管理时，广播电视行政管理部门与广播电台、电视台之间的关系不只是直接的上下级领导和领导与被领导关系，还是整体和部分的关系。中央广播事业局与中央人民广播电台、国际广播电台和中央电视台是局、台合一的管理体制，对外是三个台，内部组织机构三个台只是三个部，即对内广播部、对外广播部、电视部。在地方上，省地级广电厅局和同级电台、电视台也基本上实行这种局台合一的管理体制。局台合一体制是从把广播电台作为政府的直属机构的体制发展而来的，电台、电视台成为广播电视管理部门的一个组成部分，广电厅厅长或副厅长兼任台长。

六、政事融合

1978年5月，经中央批准，原北京电视台改名为中央电视台，对国外广播部被正式命名为国际广播电台。中央人民广播电台、国际广播电台、中央电视台三台正式成为中央广播事业局直接领导的宣传事业单位。在此以后，各省、自治区、直辖市广播电台、电视台及省以下各级广播电视台站也先后分别脱离“局台合一”的体制，成为广播事业局直接领导的独立的宣传事业单位。虽然承担宣传和事业管理这双重任务从原来的机构内部的部门职能分工变成了不同机构的职能分工，原来的“局台合一”体制实际上已不再实行。但事实上，对事业的行政管理和宣传工作二者“政事融合”的观念在实践中仍然在起作用。①

七、两级覆盖

自1950年以后，我国广播电视事业奉行的是“中央为主，地方为辅”的发展方针；1958年开始的国民经济发展的第二个五年计划把对国内广播（电视）网的建设调整为中央和地方并举的方针，并提出国内广播采取“两级覆盖”的技术政策，即中央一级和省一级可以办广播电台进行覆盖，省以下的市县，除少数城市外，原则上不办广播电台。到了1970年左右，第一次全国电视节目会议决定将原来的电视发展方针调整为中央和省（自治区、直辖市）“两级办电视，两级覆盖”。所谓两级，是指中央和省（自治区、直辖市）来办广播电视。全国广播事业的建设，在1955年以前由广播事业局统一计划安排，投资由广播事业局拨给地方；以后，逐步实行在统一政策、统一计划、统一技术标准的前提下，中央和地方分工建设的办法。

我国的广播电视事业的发展经费完全由国家财政拨给，我国的广播电视是国家垄断体制，政企（事）合一。国家的政治和经济形势决定着广播电视的生死存亡。由于这个时期的广播电视指导方针是“中央为主，地方为辅”，然而中央的财政拨款无法负担大规模发展广播电视事业的重任，因此，在这一时期，广播电视事业发展不快，1958—1980年，全国只增加了16座电视台。再加上电视台没有节目制作能力，老百姓也不具备收视（听）能力，中国的电视起步十分艰难。1970年初召开的第一次全国电视节目会议，决定把原来“中央为主，地方为辅”的电视发展方针调整为中央和省（自治区、直辖市）“两级办电视，两级覆盖”。

① 刘爱清，王锋．广播电视概论．北京：中国广播电视出版社，1997．290

第二章　我国广播电视四级覆盖的由来及其影响

第一节　“四级办”管理体制的成因

1978 年 12 月十一届三中全会之后，我国进入了社会主义建设的新时期。在邓小平理论的指引下，中国共产党领导全国人民齐心协力开创了改革开放和社会主义建设的新局面。1978—1983 年，我国的广播电视业经历了拨乱反正、改革开放的历史进程，完成了恢复、起步的历史性任务，为今后的飞速发展奠定了基础。

一、历史背景及重大决策

短短的五年（1978—1983 年），我国发生的重大事件和中央一系列重大决定对我国经济社会的发展和广播电视事业的建设产生了积极影响。

1.“解放思想、实事求是”思想路线的确立

1976 年 10 月，粉碎了“四人帮”反革命集团，“文化大革命”宣告结束。

“文化大革命”虽然结束了，但是，由于“两个凡是”的口号，“文化大革命”在人们思想中的影响还没有完全消除。针对这一状况，邓小平同志最早旗帜鲜明地反对“两个凡是”的错误方针，在反对“两个凡是”的背景下，“实践是检验真理的唯一标准”的讨论在全国展开。

1978 年 5 月 10 日，中央党校内部刊物首先发表了“实践是检验真理的唯一标准”一文；11 日，又以特约评论员的名

义在《光明日报》发表，当天新华社转发了这篇文章；12 日，《人民日报》、《解放军报》同时予以转载。“实践是检验真理的唯一标准”阐明了检验真理的只能是实践，理论与实践的统一是思想一致的一个最基本的原则，从理论上彻底否定了“两个凡是”的方针。这篇文章的发表在全国上下引起了真理标准问题的大讨论，为我党的拨乱反正和确定思想路线做好了舆论准备。

1978 年 12 月 13 日，邓小平同志在中央工作会议闭幕会上发表了题为“解放思想，实事求是，团结一致向前看”的重要讲话，明确提出了“解放思想，实事求是”的思想路线。

1978 年 12 月 18 日至 22 日，党中央召开十一届三中全会，全会对真理标准问题大讨论给予了高度的评价。十一届三中全会进一步确立了“解放思想，实事求是”的思想路线。

2. “一个中心、两个基本点”政治路线的确立

党的十一届三中全会确立了党的正确政治路线，果断地停止使用“以阶级斗争为纲”口号，作出了把全党工作重点转移到以经济建设为中心的轨道上来的战略决策，确定了改革开放的总方针和总政策，中国社会从此进入了改革开放时期。

1979 年 3 月，邓小平同志在党的理论务虚会上作了题为“坚持四项基本原则”的重要讲话，强调在中国实现四个现代化，必须在思想政治上坚持四项基本原则：坚持社会主义道路，坚持无产阶级专政，坚持共产党的领导，坚持马列主义、毛泽东思想。至此，党在新时期的基本路线初步得到确立，这一基本路线就是“一个中心，两个基本点”。一个中心就是以经济建设为中心，两个基本点就是坚持改革开放，坚持四项基本原则。强调改革开放是强国之路，四项基本原则是立国之本。这一路线成为党在新时期的政治路线。

3. 体制改革的全面展开

党的十一届三中全会提出改革的基本方针，认为应多方面地改变同生产力发展不适应的生产关系和上层建筑，改变一切不适应的管理方式、活动方式和思想方式，因而是一场广泛、

深刻的革命。①

1982 年 9 月 1 日到 11 日，中国共产党第十二次全国代表大会召开，邓小平同志在开幕词中首次明确提出“建设有中国特色的社会主义”思想，会议制定了全面开创社会主义现代化建设新局面纲领。此后，我国城乡体制改革全面展开，科技、教育的改革全面启动。

经过了改革开放前几年的准备，“一个中心，两个基本点”已经成为整个社会的共识，人们也在积极地践行着解放思想、实事求是的社会发展观。然而，1983 年以前的中国社会是包括广播电视在内百废待兴的社会，经历了粉碎“四人帮”浩劫的中国和打破“两个凡是”的中国，在改革开放的大背景下重新焕发出蓬勃的朝气。这是我国广播电视改革发展阶段的社会政治背景。

二、重要会议和重大决策

1. 重要会议

（1）全国电视节目会议。

1979 年 8 月 18 日至 27 日，第一次全国电视节目会议在北京召开，这是我国广播电视事业创建以来的第一次电视节目事业研讨会，这次会议的主要任务是讨论丰富和改进电视节目内容，努力搞好自办节目，举行全国电视节目大联播；讨论加强全国各电视台之间的经验交流和节目交换；研究发展电视剧。会议期间，中共中央政治局委员、中宣部部长胡耀邦到会并讲话。这次全国电视节目会议是丰富发展我国的电视节目的里程碑会议。

（2）全国广播事业规划会议。

1980 年 2 月 25 日至 3 月 9 日，全国广播事业规划会议在北京召开，会议总结了新中国成立 30 年以来广播电视事业建设取得的新成就、积累的经验和存在的问题，提出了“努力

① 李尔华等．中国改革开放 20 年大事记．北京：中州古籍出版社，1998. 1

办好广播，加速发展电视事业，在20世纪末，要使我国广播电视事业在事业规模、技术设施、覆盖指标等方面都具有相当水平，进入世界先进行列”的发展目标。具体来说，主要有如下两个方面：第一，实现三个覆盖：一是以建设卫星广播系统为重点，把电视发展放在首位，通过卫星广播系统的建设实现电视在全国的覆盖；二是积极发展中波、调频广播网，充分利用卫星广播实现在全国的覆盖；三是加速发展对外广播，实现中、长、短波相结合，以短波为主，对全世界进行覆盖。第二，中央和地方广播事业局利用邮电部微波干线，建设广播电视节目传输网。会议首次提出要把电视放在优先发展的位置，对我国电视业的发展产生了深远的影响。

（3）第十一次全国广播电视工作会议。

1983年3月31日至4月10日，第十一次全国广播电视工作会议在北京召开，吴冷西部长在会上作了题为“立志改革，发挥优势，努力开创广播电视新局面”的报告。

会议总结了第十次全国广播会议以来的经验，确定了改革和发展广播电视事业的一系列重大方针政策。

会议研究制定了广播电视事业的奋斗目标：“到20世纪末，要在我国建成一个具有社会主义中国特色的，中央和地方、无线和有线相结合的，广播和电视、城市和农村、对内和对外并重的广播电视现代化宣传网。这个宣传网，要与我国经济和社会发展相适应，与我国国际地位相称，使我国广播电视业无论在事业规模和技术方面都要进入世界先进行列。”

会议提出，要“立志改革，在改革中调整，在改革中提高，在改革中整顿，在改革中发展，全面开创广播电视工作新局面”。

会议提出，广播电视的改革应当从宣传工作着手，宣传工作的改革则要“以新闻改革为突破口，带动整个广播电视宣传改革”为明确要求。

会议重点研究了“四级办广播电视”的问题。会议指出，“两级办台的政策已不再适应形势的需要，除了转播中央和省台的节目外，还可以播出自办节目，覆盖该市、县”。[1]

这是中央广播事业局改为广播电视部后第一次召开的全国性的工作会议，是一次十分重要的会议。1983 年 4 月 11 日，《人民日报》发表社论“努力发挥广播电视的作用”，阐明了这次会议确定的方针和重大措施。

（4）第一次全国电视对外宣传工作会议。

1983 年 8 月，第一次全国电视对外宣传工作会议在北京召开，会议就电视海外宣传进行了研究，会议强调电视宣传要对内对外并举，要加强电视节目的思想性和针对性，不断提高电视节目的质量，全面、生动地向世界宣传中国。

综上所述，从 1978—1983 年的五年时间，国家有关广播电视改革发展的重大决策和重要会议比较多，内容也极其丰富。这些重要会议和重大决策顺应了社会、时代的发展要求，有力地促进了我国广播电视业的恢复和起步发展。

2. 重大决策

（1）国家调整广电机构。

1978—1983 年，我国对广播电视机构进行了两次调整。

中央决定自 1978 年 5 月 1 日起，将北京电视台改名为中央电视台，英文缩名为“CCTV”，对国外名称为“中华人民共和国中央电视台”。

1982 年，国务院所属部实行机构改革，决定把中央广播事业局改为中华人民共和国广播电视部。当年 5 月 4 日，第五届全国人民代表大会常务委员会第 23 次会议通过《关于国务院部委机构改革实施方案的决议》，宣布撤销中央广播事业局，成立广播电视部，任命吴冷西为第一任广播电视部部长。广播电视部成立后，各省、自治区、直辖市广播事业局也陆续改为广播电视局。

（2）“四级办”政策出台。

中共十一届三中全会以后，我国各方面实行了一系列的改

① 叶家铮．电视传播的艺术．北京：北京广播学院出版社，1998.6

革，出台了一系列政策，经济和社会发展的形势发生了深刻的变化。与此同时，广播电视事业的变化也非常显著，对广播电视事业建设本身也提出了新的要求，最突出的有以下三点[①]：

①实行计划、财政体制“分灶吃饭”和财政包干后，地方的自主权扩大，机动财力增加，自筹资金发展广播电视事业的积极性提高了。

②农村实行了家庭联产承包责任制，农民经济条件有了改善，他们迫切要求听广播、看电视。发展农村的广播，尤其是发展电视势在必行。

③在经济发达地区，中央决定以中心城市带动农村，逐步实行市领导县的体制。这一体制改革激发了中等城市办广播电视的积极性。

1983 年以前，我国广播电视事业建设强调中央和省两级覆盖。随着经济体制改革的深入开展，特别是计划、财政体制“分灶吃饭”和财政包干改革的推进；随着地方自主权扩大，自筹资金增多；随着改革开放带来经济发展和生活水平的提高，群众听广播看电视的要求越来越迫切。再加上中央出台了逐步实行市管县的领导体制的决定，各级政府及其广电部门办广播电视的积极性大大提高。

在这样的社会背景下，1983 年 3 月 31 日到 4 月 10 日新成立的广播电视部召开了第十一次全国广播电视工作会议，这是一次十分重要的会议。为了开好这次会议，国家广电部召开了 40 多次各种类型的座谈会，对广播电视的发展、改革的各项措施进行了认真的调查研究和坦诚的讨论。

在事业建设的改革和发展方面，会议确定，全国实行“四级办广播、四级办电视、四级混合覆盖”（简称“四级办”）的事业建设方针。“四级办”具体来说，除了中央和省（自治区、直辖市）办广播电台和电视台外，凡是具备条件的省辖区（地、州、盟）和县（旗），也可以根据当地的需要和

---

① 赵玉明．中国广播电视通史．北京：中国传媒大学出版社，2006. 82

可能开办广播电台和电视台。市、县广播电台、电视台的任务主要是转播中央和省级的广播电视节目，也可以播出自办的节目，共同覆盖该市、县。这是广播电视事业发展中的一项重大政策调整，目的在于充分发挥中央和地方的积极性。

在管理体制方面，首次提出了广播电视的“双重属性”和“双重领导”的概念。会议明确提出：各级广播电视机构具有新闻宣传机关和事业管理机关双重性质和职能，中心工作是宣传工作，各级广播电视机构之间实行上级广播电视部门和同级党委、政府双重领导，以同级党委、政府领导为主的管理体制。

第十一次全国广播电视工作会议是我国广播电视发展进程中的一次重要会议，具有里程碑的意义，对广播电视的改革和发展产生了巨大而深远的影响。

1983 年 9 月 23 日，广播电视部党组就第十一次全国广播电视工作会议讨论的几个问题向党中央作了书面汇报。10 月 26 日，中共中央批准了党组《关于广播电视工作的汇报提纲》，同时发出了一个通知（即中央〔1983〕37 号文件）。这个文件对我国广播电视的性质（广播电视是教育、鼓舞全党、全军和全国各族人民建设社会主义物质文明、精神文明的最强大的现代化工具，也就是党和政府联系群众的最有效的工具）、任务、奋斗目标及各项方针政策都作出了明确规定。中央 37 号文件对广播电视的改革发展意义非常重大。

“四级办”在当时是新生事物，很可能在管理上带来一些新的问题。所以，第十一次全国广播电视工作会议强调：市、县办电视节目必须有步骤、有秩序地进行，不强求一律，更不能一哄而起。市、县办电视台，要根据当地的需要程度和财力、干部、设备、节目来源和节目制作能力等条件，由省一级广播电视厅（局）审核，报广播电视部批准。

第二节 “四级办”管理体制的形成

1983 年以前，我国的广播电视事业建设虽然没有明确提过只能由中央和省两级办电视，但实际做法是，四级办广播（中央、省、市三级办无线广播，县办有线广播）、两级办电视、分级覆盖。这个方针存在不少弊端，限制了广播电视事业发展的规模和速度。中国地域辽阔，地形复杂，国家财力不足，由中央和省两级来实行广播电视覆盖十分困难。而市、县两级自办广播电视的愿望非常强烈，却又得不到决策部门的支持，办台控制很严。到 1983 年，全国仅有 24 个市开办了电视台。

根据“四级办”方针，广播电视事业建设在统一政策、统一计划、统一技术标准的前提下，实行中央和地方分工建设。广播电视部主要负责对外广播和带有全局性的重大项目的建设，如广播卫星、重大的科技项目、中央财政确定的专项建设补助项目等。地方负责中央和地方广播电视在本地的覆盖网建设、运行维护，包括基本建设、维护经费和人员编制等。除中央和省一级，凡具备条件的省辖市、县都可以根据当地的需要和可能开办广播电台、电视台，其任务主要是转播中央和省的广播电视节目，也可以播出自办节目，共同覆盖市、县，但必须在中央和省广播电视节目已覆盖该行政区的前提下，经过省、自治区、直辖市广播电视厅（局）审核，报广电部批准才能办市、县广播电台、电视台。

从广播电视事业改革的角度看，“37 号文件”规定的“四级办”是中国广播电视事业建设方面的一项影响深远的重大决定。这是中国广播电视事业发展中的一项重大政策调整，目的在于充分发挥中央和地方两个积极性办好广播电视。事实证明，“四级办”的方针确实收到了实际效果。“四级办”是一项从实际出发的具有中国特色的广播电视发展方针，极大地调动了各地政府的积极性和主动性，极大地鼓舞了广播电视系统广大员工的士气，极大地推动了我国广播电视的快速发展。在“四级办台”方针的指导下，我国县级广播电视像雨后春笋般发展起来。

从1973年到1988年，是我国广播电视事业建设有史以来发展最快的时期。在这一时期，全国广播电台、电视台的数量大幅度增加，平均每年递增30%以上。到1988年年底，全国广播电台的数量达到461座，比1982年增长2.9倍；电视台的数量达到442座，增长近8倍。广播电台、电视台及广播电视发射台、转播台的大量建设，使得全国广播电视人口覆盖率有了较大的提高。1988年与1982年相比，广播人口覆盖率从64.1%提高到70.6%；电视人口覆盖率从57.3%提高到75.4%。到1988年，我国广播电视专用微波线路已经达到40 955公里，微波站889座；各地用于接收电视节目的卫星地面站已经达到8 233座。由于大规模建设省以下广播电视专用微波线路和采用卫星传送广播电视节目，使广播电视信号传输发生了质的变化。在这几年里，调频广播的发展也相当快。调频广播电台从1982年的124座，发展到1988年的465座，基本上形成了全国的调频广播网。农村有线广播经过整顿，到1988年，全国农村有线广播的通播率保持在71%以上，广播喇叭8 000多万只，人口覆盖率稳定在41%左右。同时，小功率调频台作为县与乡之间、乡与村之间的有线广播节目的传送手段，也得到了更加广泛的运用。①

“四级办”对各级广播电视机构的性质和管理体制的“双重领导”和“双重职能”作了明确的规定。1983年的中共中央37号文件明确规定：“省、自治区、市广播电视厅（局）受该省、自治区、市人民政府和广播电视部的双重领导，以同级政府领导为主。同时，省、自治区、市广播电视厅（局）的宣传工作，受自治区、市党委领导和广播电视部领导；事业

① 赵玉明．中国广播电视通史．北京：中国传媒大学出版社，2006. 385～386

建设受省、自治区、市人民政府和广播电视部的双重领导，以同级政府领导为主。上述原则也适用于省、自治区、市广播电视厅（局）与省辖市、县广播电视局之间的关系。”所谓的“双重职能”，即中央和地方的各级广播电视机构既是新闻宣传机构，又是事业管理机关，中心工作是宣传。广播电视机构形成了宣传工作、事业建设和行业管理“三位一体”的广播电视管理体制。

“四级办”统一了地方广播电视机构的名称。由于地方各级广播电视机构的名称很不统一，根据有关精神，省、自治区一级称广播电视厅，中央直辖市、一级省辖市（地、州、盟）和县（旗）均称广播电视局。到1984年年底，全国各省、自治区、直辖市都建立了广播电视厅（局），还建立了2 050个地区、省市和县一级的广播电视局（处）。

“四级办”以后，市、县广播电台的机构设置分为两种类型：第一种类型为局、台合一体制，即广播电视局、电视台、电台、有线电视台在广播电视局统一归并，机构由局统一设置，行政、后勤、广告由局统一管理，设有电视部、有线电视部、广播部、节目部、采访部等。广播电台是局的一个部门，保留“×××广播电台”呼号，局台合一机构，市级机构为正处级，县级机构为正科级。第二种类型为局、台分开，台独立建制。市台为副处级，县台为副科级或正股级，独立建制的台，机构健全，自主经营，独立核算。另外，地级市和县广电局大多数为行政管理局，少数为事业局，由当地政府赋予行政职能。

第三节 “四级办”方针的调整和治理

一、调整、完善“四级办”方针

就全国而言，在落实“四级办”方针，广播电视事业飞速发展的同时，也产生了一些问题。主要表现在两个方面：一是有的地方在事业建设中比较重视本行政区内的广播电视覆盖，对“应以转播中央和省的广播电视节目为主”的规定执行不力，对中央、省台的广播电视节目未能做到完整地转播，影响了中央、省广播电视的覆盖，有的在转播中央台和省台节目过程中，任意中断转而插播自己台的广告节目，叠加字幕的现象也时有发生；二是市、县两级中，有的条件还不成熟就急于开办电视台和自办节目，质量低下，影响不好。

针对全国广播电视业建设方面普遍存在的基础建设薄弱、覆盖率低，难以满足人民群众听广播、看电视的要求这一状况，以及在贯彻“四级办”方针中出现的地区之间、广播和电视之间、增办新台和扩大覆盖之间发展严重不平衡的问题，中央及时采取有效措施，推行调整、完善“四级办”方针。

调整、完善“四级办”方针分为两个时期：

第一个时期为1988—1991年。1988年10月召开的全国广播厅局长会议就在充分肯定“四级办”方针的同时，针对执行中存在的问题，对“四级办”方针提出两个方面的补充：一是为在全国形成和保持统一的舆论，增强各族人民的凝聚力，地方各级广播电视事业建设要保证中央广播电视第一套节目的覆盖，使中央广播电视覆盖网同步发展。二是广播电视网络的发展和建设应以中央和省级为主体。地、市、县的重点是：首先搞好中央和省级广播电视节目的覆盖，转播好中央和省的第一套节目。会议还提出：今后一个时期，地区、县级市和县一般不再新建电视台，特别不允许县电视台自办文艺节目。另外，提倡省辖市所在地只办一座电视台，所有城市只建一座电视调频发射塔。从此，广播电视事业在继续执行“四级办台”方针过程中，进入稳步建设时期。①

1988 年进行的政策调整，实际上是对“四级办台”的完善和补充。它对指导全国广播电视事业的协调稳步发展具有现实而深远的意义。在这以后的几年中，广播电视事业建设中片面追求自办节目套数和不顾主客观条件办电视的倾向得到了纠正，新建县级台的发展速度得到控制。同时，也出现了广播电视事业做强、做大的新局面：

一是工作重点进一步明确。大多数县级广播电视台把扩大有效覆盖和提高节目的制作能力及质量作为事业发展的中心。

二是加强基础建设，积极稳步地扩大广播电视覆盖率。县级广播电视台大都加大广播电视基础建设力度，搞好设备的更新改造，提高发射质量和能力，以逐步提高广播电视人口覆盖率。

三是加强农村广播电视事业建设。农村广播电视事业建设主要突出两个方面：一方面是搞好农村广播网建设，仍然坚持“建设以县台（站）为中心，以乡镇广播站为基础，广播专线和调频等多种手段结合的、连接村和农民的广播网”的建设方针；另一方面是抓好乡镇有线电视网络建设，此后，农村有线电视网络如雨后春笋般蓬勃发展。

四是采用先进技术，提升技术设备档次。对县级广播电视而言，广播电视的科学技术主要包括硬件的设备技术和软件的事业管理。一方面做好覆盖网络和传输、发射设备的改造升级；另一方面积极推进节目制作、编辑、采访手段的现代化，同时加强内部管理，提高工作效率和办台效益。

通过调整、完善“四级办”方针，广播电视事业在继续执行“四级办”的过程中，进入稳步建设时期。到 1991 年底，全国的广播电台的数量达到 724 座，电视台的数量达到

---

① 刘习良．改革开放中的广播电视．北京：中国国际广播出版社，2001. 264

543 座；广播发射台和电视发射台、转播台分别达到 1 505 座和 28 479 座；中短波广播和立体声广播也有很大的发展。农村广播网也稳步发展。1991 年，全国共有市、县广播站2 464 个，乡镇广播站和村广播室 33.1 万个，广播喇叭达8 604万只，村的广播通播率达到69.9%，入农户率为38%。

第二个时期为 1992—1995 年。1993 年 5 月，广播电影电视部以“转变职能、理顺关系、精兵简政、提高效率”为指导思想，拟定了具体改革方案。

在 1995 年 2 月召开的全国广播电影电视工作会议上，孙家正同志指出“广播影视事业发展很快，不立章建制狠抓管理，就会出现混乱的情况”。在这次会议以后，广播系统进行了全面的整治工作，按分级负责的原则，对全国电台、电视台进行了全面检查。在对全国广播电台、电视台治理调整的局面下，1996 年 5 月 4 日，广播电影电视部发布第 19 号令《广播电台、电视台设立审批管理办法》指出，“中央、省、设区的市、县（市）四级政府的广播电视行政部门可以申请设立广播电台、电视台，并按全国广播电视总体规划进行覆盖。其他行政部门、企事业单位或者个人不得设立广播电台、电视台”。并规定“在《广播电台、电视台设立审批管理办法》发布前经批准设立的广播电台，应该在半年之内，由省级以上广播电视行政部门依法进行重新审核。符合条件的，由广播电影电视部发给广播或电视执照。不符合条件的，责令其限期整改。经整改仍达不到规定条件的，由国家广播电影电视部取消其呼号，改为转播台”。为了进一步加强对全国广播电台、电视台的管理，1996 年 10 月，广播电影电视部颁发了《关于对广播电视台（站）年检的规定》，从此建立了广播电台、电视台的年检制度。

国家整顿电台、电视台对于广东广播电视系统来说，不但没有造成影响，反而规范强化了广播电视系统特别是县级广播电台、电视台的管理和建设。如博罗县广播电视台建于 1985 年，因在 1993 年“审查”不合格，不予发牌并提出整改。经过多年的努力，博罗县广播电视台于1999年领回了“执照”。

二、治滥、治乱工作有序进行

到1996年年底，广播电视网在我国已成为覆盖率最高的用户信息网，广播、电视人口覆盖率分别为83.7%、86.1%。这个庞大的广播电视网络连接着5亿多台收音机，3亿多台电视机，8 000万个有线广播音箱，5 100万名有线电视用户。有关资料显示，在人们获得的各种信息中，有70%来自广播电视。

但是，随着改革开放的深入和计划经济向市场经济转轨，一些广播电视台对广播电视这个特殊行业所具有的“喉舌”性质在认识上逐渐淡薄了。在经济利益的驱动下，乱设频道、乱播滥放影视录像片；社会上也出现违法建立有线电视网的现象；有的市、县甚至随意开播广播电台、电视台。

在这种情况下，1996年12月14日，中共中央办公厅和国务院办公厅发布《关于加强新闻出版广播电视业管理的通知》（即“两办”37号文件）。“两办”37号文件对加强广播电视播出机构管理的具体内容是：

（1）设立各级各类广播电视播出、转播机构，统一由广播电影电视部审批。国家无线电委员会划分出广播电视业务专用的频率、频道，由广播电影电视部规划和分配。

（2）未经广播电影电视部批准的广播电台、电视台和有线台，要予以撤销或改为转播台（站）。确实需要改台又具备条件的，要报经批准。

（3）地区及地区直属机关所在的县、市不分设广播电视播出机构，现分设的要予以合并。市辖区不设广播电视播出机构，乡镇不设电视播出机构。

（4）现有县广播电台、电视台、有线电视台要合并为一个播出实体，主要转播中央和省的广播电视节目，可自办少量当地新闻和专题节目，只能播出从广播电影电视部规定的渠道购买、取得的影视文艺节目。

（5）对现有省以下教育电视台要进行一项检查评估，不具备条件的要予以撤销或改为转播台。今后不再批建县级教育电视台。已有的县级教育电视台可以与县广播电视播出机构合并，开办教育节目频道。教育电视台不得播出与教学内容无关的电影、电视片。

（6）企事业单位的有线电视台改为有线电视站，并与当地行政区域有线电视台联网，以转播为主，可自办少量本单位新闻和专题节目，不得自行播放电影、电视剧。

（7）根据需要和可能，合理设置广播电视节目套数。广播电台、电视台、有线电视台开办的各类专业台一律改称专业频道和第几套节目。

（8）加强对广播电视节目引进和播出的管理。用于电视播出机构的境外影视剧、动画片等，由广播电影电视部统一引进和审查。对违反规定乱播滥放的播出机构要严肃查处。

（9）严格审批、管理电视剧制作单位和拍摄许可证，保证电视剧制作质量。

（10）以提高中央和省级广播电视覆盖率为重点，加强广播电视传输覆盖网的规划、建设和管理。

（11）尽快制定《广播电视管理条例》。

上述规定，对规范广播电视行业管理至关重要，起了重要的历史性作用。国家广播电影电视部认真贯彻“两办”37号文件精神，坚持“控制总量、调整结构、提高质量、增进效益”的原则，“重点解决擅自建台、重复设台和乱播滥放的问题”。

1997年年初，广电部召开全国广播影视厅局长会议，传达贯彻“两办”37号文件的精神。提出了治理工作的重点和关键是：县级播出机构合并、调整，地区及地区所在的市（县）不分设播出机构，企事业有线电视台改站，市辖区不设播出机构等。对此，广电部于1997年6月组织工作组对11个省区市的治理情况进行集中检查和调研后，下发了《关于县（市）辖区机构合并的意见》（广发社字〔1997〕458号）和《关于企事业有线台改为有线广播电视站的意见》（广发社字〔1997〕459号），规定“凡经广播电影电视部批准的同一县（市）设立的广播电台、电视台必须合并为一个播出实体。统称为××县（市）广播电视台”、“企事业单位有线台改为有线广播站”。

从1996年12月开始，广播电视行业经过两年的清理、整顿、调整，取得了明显成效；制止了乱办台、乱开前端的现象，抑制了乱播滥放行为；广播电台、电视台、有线台、教育台一律纳入广播电视行政部门管理，调整了布局，优化了结构，精简了机构，建立了一套规章制度。

从1997年开始，全国广播电视系统按照中央的部署进行了全面的治散、治乱工作，并取得了实质性的成效。县级广播电视机构统一全面实行“三合一”，就是同一县（市）的广播电台、无线电视台、有线电视台为一个播出实体，统称为广播电视台，统一机构建制、人事、事业建设和经营创收。与此同时，实行局台合一，一套班子两块牌子，两长兼台长，由广播电视局实行统一领导和管理。这种模式被广电人誉为“一套人马，两个牌子（广播电视局和广播电视台）”，三台（广播电台、有线电台、电视台）合一，四个统一（统一人事管理、统一宣传规划、统一事业建设、统一经营创收）。

正在治理工作积极开展的时候，我国第一部广电法律法规《广播电视条例》于1997年8月11日以国务院令的形式（第228号）发布，于9月1日正式实施。该《条例》授予各级广电行政部门设立和管理广播电台、电视台的职责和权限，确立了现行广电行政管理体制的法律地位。它为加强广播电视行业管理，特别是对正在进行的治散治乱工作提供了法律依据，使广播电视的管理工作进入了有法可依、有章可循的轨道，广播电视事业面貌焕然一新。1998年国务院办公厅印发的《国家广播电影电视总局职能配置内设机构和人员编制规定》（国办发〔1998〕92号），确认国家广电总局为国务院主管广播电视宣传和广播电影电视事业的直属机构，赋予其指导宣传工作、规划事业发展、审批播出机构、监管视听节目、管理科技外事、领导中央三台等八项主要职责。上述文件和法规从根本上确立和规定了现行广播电视行政管理体制的合法地位。

与此同时，广播电视覆盖网的建设也大大加快。1999 年年底，全国广播人口覆盖率达到 90.53%，电视人口覆盖率达到 91.67%，分别比“四级办”前的 1982 年增长 26.4% 和 34.37%。

第四节 “四级办”的作用和弊端

一、“四级办”的作用

（一）“四级办”创新了中国广播电视制度

“四级办广播、四级办电视、四级混合覆盖”，这就是“四级办”的全部内涵，也是中国广播电视发展的基本方针。“四级办”在管理上明确提出：各级广播电视机构具有新闻宣传机关和事业管理机关的双重性质和职能，中心工作是宣传，并确定实行上级广播电视部门和同级党委政府双重领导，以同级党委政府领导为主的管理体制。因此，相对于原来的“二级办”来说，“四级办”创新了中国广播电视制度。这些制度的建立和创新，调动了各地的积极性，特别是调动了市（地）县两级发展广播电视的积极性，市（地）县两级党委和政府由于有了广播电视这个强有力的宣传工具，因而增加了对广播事业建设的投入。“四级办”方针解决了中国频道、频率不足的现象，广播电视台迅速增加。到 1988 年年底，全国广播电台已由 1982 年的 118 座增加到了 461 座，电视台也由 1982 年的 47 座增加到了 422 座，全国广播和电视人口覆盖率分别从 1982 年的 64.1% 和 57.3% 提高到 70.6% 和 75.4%。实行四级办广播电视的方针使得我国广播电视事业以前所未有的速度和规模迅速地发展起来。到 1999 年年底，经过“治理整顿”，全国县级以上电视台仍然超过 3 000 座，全国电视人口覆盖率超过91%。[①] 可以说，如果没有“四级办台”的政策，广播电视不可能有这么高的普及率和影响力。截至2007年年底，我国有广播电视播出机构2 587座，其中，广播电台263座，即电视台和广播电视台数量为2 324座，其中，县级广播电视媒体1 932座。没有各级党委、政府的积极性，就无法开辟出中国电视的新天地，就无法形成中央—省—市（地）—县—镇多级广播电视网络，正因为有了这些纵横贯通的广播电视网络，才有了今天广播电视产业的形成与壮大。

如果说农村家庭联产承包责任制是中国经济改革的突破口，那么“四级办”的管理体制就是中国广播电视改革的重头戏，因为这种层级管理、条块结合的管理体制，促进和发展了广播电视的生产力。

（二）“四级办”开创了广播电视优势

“四级办”广播电视管理体制，开创了广播电视的优势[②]：

其一，有利于把握舆论导向。尤其是重大宣传报道活动，可以形成四级联动、全国联播的格局，达到最为广泛的传播效果，形成强大的社会舆论。

其二，有利于确保安全播出。尤其是在应对突发事件中，可以对各级广电技术运行系统实行统一调动指挥，防范各种敌对势力的攻击和破坏，确保广播电视节目的安全播出。

其三，有利于扩大广播电视的覆盖面。现行体制有利于调动地方各级党委政府和广电部门兴办广播电视的积极性，保障对广电的各种投入，不断扩大广播电视在基层尤其是广大农村地区的覆盖，使党和国家的声音能够传入千家万户。

其四，有利于内部资源整合。广电行政部门作为本级广电的领导机构，可以对所辖单位的各种资源进行有效的整合、开发和利用，防止内部重复建设和无序竞争，不断增强自己的整

① 陆地．中国电视产业的危机与转机．北京：中国人民大学出版社，2002. 83

② 黄勇．广播影视发展宏观思考．北京：中国传媒大学出版社，2005. 200

体实力。

(三)“四级办”使县广播电视成为当地党委、政府政务工作的重要渠道

农村实行家庭联产承包责任制后，促进了农村生产力的发展，但也出现了党委、政府的施政渠道堵塞的问题。于是，蓬勃发展起来的广播电视事业成为当地党委、政府的重要喉舌。有些地方领导深有感触地说，如果没有广播电视作为宣传工具，地方工作寸步难行。

(四)“四级办”促进了农村广播电视覆盖网的建设

1983 年，中共中央 37 号文件批准“四级办”方针以后，广电部于 1984、1986、1989 年先后召开了三次全国农村广播工作会议和三次设备更新和技术改造工作会议。这些会议对农村有线广播网的恢复整顿和向稳步回升的方向发展起了巨大的作用。经过几年的努力，网络设备的质量和传输、管理技术等方面有了显著进步。1986 年 11 月，在北京召开的全国农村广播工作会议明确了一个新的概念：农村广播网不再是单一的有线广播，它正在发展成为以有线广播为主的，包括调频广播、微波站和卫星地面接收站等多种手段共同组成的农村广播电视覆盖网。

(五)“四级办”促进了有线电视的迅速发展

我国的有线电视的发展是随着改革开放的步伐和在“四级办”方针指引下前进的。到了 20 世纪 80 年代末，全国有线电视用户达 1 110 万户。有线电视大都是采取有偿服务的办法来解决发展经费问题的。它既保持了党、政府和人民的喉舌及其公益性功能，又解决了资金问题。到 1999 年年底，有线电视节目传输网络总长度已超过 221 万多公里，固定资产总值约 1 000亿元。用户总数达 7 628.64 万户。用户的初装费一般在 200 ~ 300 元之间，收视维护费每月在 10 ~ 15 元。1999 年的产值已经超过 100 亿元。

有线电视的建设不仅扩大了中央和省两级电视节目的覆盖

面，使观众接收到更多的电视频道，并改善了收视效果；同时，在宣传党的路线、方针、政策，稳定局势，促进经济发展，普及教育和丰富群众文化生活等方面，发挥了积极的作用，因此受到各级党委、政府的重视和广大人民群众的欢迎。截至 1995 年年底，全国经广播电视行政部门批准建立的有线电视台已有 1 200 座，有线电视用户达 3 000 多万户。截至 2007 年年底，全国有线电视用户达 1.43 亿户，有省级网络公司 31 个，市级网络公司 321 个，县级网络公司 1 000 个。

（六）“四级办”推进了“村村通”广播电视建设

“村村通”广播电视是精神文明建设的重要举措，也是广播电视事业的重点。1998 年以来，按照国家有关部门的统一部署，分两个阶段认真组织实施“村村通”广播电视工作，并取得了可喜的成果。第一阶段：1998—2004 年，实现所有行政村通广播电视。第二阶段：2005—2008 年，完成 50 户以上和 20 户以上已通电自然村通广播电视。

“村村通”工程带动了整个广播电视事业建设，首先建立了卫星直播平台，使中央电视台的 8 套电视节目、中央人民广播电台的 7 套广播节目和 31 个省的卫星电视节目集中在一个平台上，不仅满足了村村通广播电视工程中节目信号传送的需要，同时为以后发射直播卫星建立直播微型平台打下了基础。1999 年年底，我国共有 1.7 亿农民听不到广播，看不到电视。到 2000 年年底基本实现已通电的 10 万个行政村通广播电视。

对“村村通”广播电视，虽然国家和各级政府投入了大量资金和器材，但是工程的实施和日后的管理都是靠当地的县级广播电视部门负责完成的，因此，“四级办”为推进“村村通”广播电视工程立了头等功。

这种情况表明，现行广播电视行政管理体制仍然具有合理、适用、有利的一面。任何否定这种积极作用的观点都是不可取的，甚至是有害的。[①]

二、“四级办”的弊端

“四级办”广播电视的方针使得我国广播电视事业以前所未有的速度和规模迅猛地发展起来，在短时间内解决了中国广播电视频率、频道不足的问题，广播电视台数量迅速增加，全国广播电视覆盖率大大提高，广大人民群众收听、收看广播电视节目难的问题在相当一部分地区得到了有效的解决。

但是，“四级办”在推进广播电视事业发展的同时，也暴露出了其体制的局限性。“四级办”是为了在我国这样一个地域辽阔、地理环境复杂的人口大国，尽快解决广播电视的人口覆盖问题。这是在当时的社会条件和可用的技术手段奠定的框架内所采取的相应的体制措施。但它有两大局限性：一是可用的频道资源有限，二是传播的效能不高。随着电子信息传播技术的不断发展，在传播效能方面使传统广播电视相形见绌的有线电视的巨大发展和数字电子信息传播技术的应用，以及传统广播电视框架内的两大局限完全可以被克服，“四级办”的体制也就面临着相当大的冲击和危机。[②]“四级办台”比起以往的“两级办台”多了一倍，但是全国的广播电视格局没有发生根本改变。在市场经济体制逐步完善的条件下，在广播电视谋求快速、持续发展的过程中，“四级办”广播电视行政管理体制确实有着不适应的一面，存在诸多弊端：

（一）以政代事，削弱了广播电视的内在动力

长期以来，县级广播电视机构与其他广电媒体一样，既是政府行政管理部门，又是宣传机关和广电事业经办主体，集管理、宣传、事业建设三种职能于一身，对这三方面的工作全面负责。各级广播电视行政部门既是广播电台、电视台的设立主

① 黄勇．广播影视发展宏观思考．北京：中国传媒大学出版社，2005. 200

② 中国经济法研究会．广播电影电视卷．载中国改革开放辉煌成就十四年．北京：中国经济出版社，1993. 17

体，承担“办”的职能，又是广播电台、电视台的监管者，承担“管”的职能。政事不分，以政代事，既是“裁判员”，又是“运动员”。广播电视机构对本级广播电台、电视台直接主办、主管，对下级广播电台、电视台实行行业管理。上级出台的政策措施往往保护本级的利益，损害下一级的利益，使得行政管理缺乏公正性、权威性和有效性。随着国家由计划经济体制转化为社会主义市场经济体制，这种由政府直接管理媒体、政府职能部门本身又是媒体，管办结合，既管又办的模式，就日益暴露出主体不清等弊端，不利于媒体通过从整体上参与经济活动、社会活动而获得现代系统的自我优化和实行政策许可条件下的自我补偿、自我生长、自我发展与自我约束。相反，由于媒体对政府的过度依赖，不善于在市场经济条件下确立自身的地位，又导致内部管理松散，发展意识淡薄，决策目标狭窄，迷恋官本位，适应不了市场竞争的形势。由于行政调控手段过于推崇政府权力，排斥市场作用，不该管、不会管的管了，该管、能管的又常常管不住、管不了。这种政事不分，以政代事的管理体制，削弱了广播电视参与经济和社会生活的主动精神与内在动力，严重制约了广播电视事业的整体协调、健康、持续发展。

广播电视机构肩负新闻宣传机关和事业管理机关双重职能，内部实行行政机关式管理，难以适应社会主义市场经济条件下媒体自我革新的要求，存在两方面的弊端：一方面，运行机制沿用政府的办法，靠行政命令推进工作。一旦行政权威稍有削弱，松散疲沓的现象就会像瘟疫一样传染开来。媒体一旦染上了“机关病”，就很难在市场竞争中站稳脚跟。另一方面，管理体制没有企业法人地位，导致市场主体缺失，运营实体不能拥有充分参与市场竞争的自主权，产业功能发育不良。

（二）“条”、“块”分割，抑制了广播电视整体功能的开发

由于中国广播电视行业的管理体制是以行政架构为基础的“三位一体”的管理体制，与现行国家政权架构相对应，四级办，四级管，条块结合、以“块”为主的体制相结合，使我

国的广播电视事业在全国范围内分级纳入了地方党、政、财、文的大盆子进行管理，有统一的级别、规格、财政渠道、人事用工制度和分配政策。业务上接受“条条”的指导与行业的管理，事业、人事、财政和具体业务操作上则以“块块”为主。地方各级广电行政部门受当地党委政府和上级广电行政部门的双重管理，以当地党委政府为主。

广播电视作为最具系统性、整体性，最讲究通过上下协同实现整体功能的现代传播体系，在管理体制上却被行政区域割成一个又一个的“块块”。这就必然导致“条条”脱节，“块块”失调，有“系”无“统”，出现了人们所不愿看到的“散”、“乱”等失控或紊乱现象。条块分割，利益主体过多，区域壁垒严重，阻碍网络等广电系统资源的整合，加剧了层级和地区之间的利益矛盾。

（三）小型分散，广播电视系统优势无法发挥

“四级办”形成的电视网络大致分为国家级、省级、地市级和县级网络，出资主体分别为各级政府，网络的管理体制开始形成各自为政的格局，没有形成全国性的一张网。很明显，当时采取的“四级办”方针，主要是为了解决广播电视投入资金不足的问题。在这种情况下，四级办广播电视的架构，出现了一级政府一级广播电视台，因而中国有了3 000来家电视台。这种体制在当时情况下出现，应该说有它产生的合理性、存在的必要性，但是这种小型分散的广播电视台，由于小，经济力量薄弱，同时，麻雀虽小，五脏俱全，重重叠叠的管理机构消耗了有限的投入，使这些广播电视台基本没法正常维持生存。由于一级政府一级广播电视台，各区域间的广播电视台各自独立，相互封闭，又由于资源配置的分散和广播电视管理的地区封锁、条块分割，比如各级广播电视机构的有线电视网络建设存在无序、自发的特点，没有真正形成统一的网络互联标准。这种小型分散的架构，导致了广播电视有系无统，如同一盘散沙。

（四）产权不清、资本积累动力不足

产权既是一个经济学范畴，也是一个法学范畴。“四级办”体制一直沿用事业编制，员工的供给和事业的发展资金全靠国家提供，其所有权和产权当然是十分清楚的，国家拥有完全的所有权、使用权、支配收益权及处置权。随着广告业务与有线电视的发展和广播电视机构的自身资本积累的增多，广播电视的投资结构由国家一元逐渐转化为国家投入、广播电视机构自身资本积累和借贷经营的三元结构。但是，由于广播电视机构双重管理，多元结构的投资收益分配、多种经营的收入和积累的资产的归属问题长期以来纠缠于政府与广播电视机构之间，使政府和各级广播电视行政管理部门在行使权力的时候带有很大的随意性和不确定性，从而为“行政命令”提供了最好的弹性空间。很多地方的广播电视局把电视产业的国家所有权等同于政府所有权，进而等同于广播电视局所有，完全无视广播电视产业独立法人产权的存在。因此，政府或广电行政部门常常向广播电视产业部门索要大量资金，从而大大挫伤了广播电视产业部门资本积累的积极性，最终造成广播电视产业部门资本积累动力不足。

（五）增长方式粗放，资源严重浪费

我国四级广播电视系统普遍存在粗放的增长方式，造成资源的严重浪费，具体表现在以下四个方面：

（1）布局杂乱，浪费资源。由于一级政府产生了一批广播电视台，形成了复杂而拥挤的格局：一是多级办台，有的地方还变成了“五级办台”、“六级办台”，互不协调，分工不明，进而出现了“一地两台”、“一地多台”的重复建设、重复投资的问题，致使广播电视缺乏合理的整体布局。二是多台一面，什么节目都做，什么节目都播，你播我也播，几乎所有台都有那么一种心态——把自己的频道（率）办成综合频道（率），以作为广播电视台地位和身份的象征。三是多台一腔，常常一个地方多家电视台以同样的形态在同一时间播出“同一个题材”的节目。四是多台一戏，即几十家电视台在同一时间播同一部电视剧的事屡见不鲜。五是多台（相互）竞奢，资源的浪费还表现在大量的投资被用于非生产性的设施，以外在的豪华来彰显自己的“实力”。

（2）广告播放随意、质量差。国家对广告的管理是有严格规定的，特别是对广告的播出时间、播出位置具有严格限制。然而一些广播电视台，特别是县级台却我行我素，乱播乱放广告。由于地方播出机构的膨胀，“僧多粥少”，生产和播出的单位太多，对有限的广告资源的争夺就表现得十分突出。广告客户对广告的投放是按照特定经济区域的产品销量来进行的，相对于一个区域，既不会因为台多而增加投放，也不会因为折扣高而减少投放。一个区域的多个台互相压低广告价格，自相残杀，把广告价格全部杀乱，不利于自身的生存和发展。

（3）节目制作同质性高。广播电视节目的制作处于一种“领导说干啥就干啥”的状况，不计较成本、不搞投入产出分析、不做市场调查、没有规划地盲目生产。广播电视节目的同质性主要表现在两个方面：一是题材重复，有的同一题材还被重复制作多次，造成了严重的资金浪费；二是栏目设置重复，一些电视台重复的栏目少则几个，多则十几个。

（4）资源利用率低。资源利用率低主要表现在对网络的利用单一。网络是电视发射台、转播台及有线电视电缆等组成的电视节目信号的传输覆盖网。由于这个网络容量大，潜在的功能多，它不仅传输广播电视节目，而且可以开发出多项功能。然而，多年来，为了“确保广播电视节目传输质量和畅通”，这个网络很少传输过广播电视节目以外的信息，造成资源的浪费。

（六）经营结构单一，综合效益差

广播电视机构结构不合理成了制约我国广播电视产业经营的重要障碍之一。如前所述，不可否认，“四级办”曾有其存在的历史合理性，但是由于体制、观念和实践经验等方面的原因，各地在推行“四级办”的过程中，忽视了从战略上、整体上合理配置广播电视资源，盲目铺摊子，重复建设，导致了结构的严重失调。广播电视业结构的不合理，极大地影响了广播电视业的经营。由于新建台多是在同样的水平上的重复，普遍达不到应有的规模和专业化程度，因而，从开通之日起便处于一种资金投入高、运行效率低、综合效益差的状况。由于有限的资金用在兴建、重复建设项目上，大大妨碍了原有台的更新改造，导致设备老化陈旧，节目竞争力下降。由于“僧多粥少”，造成了广播电视资源的人为分割。

（七）竞争机制脆弱，发展活力不足

分级建设使得广播电视事业主要以满足内需为目的，缺乏良好的竞争机制。中国的广播电视行业的现行管理体制是以行政架构为基础的，这就决定了它的建设与发展具有明显的区域性。这种特征又决定了不同行政区域的广电建设主要是为了满足该区域的政治、经济和文化的需要，因而可以得到该级政府的大力支持，彼此之间没有必要去竞争。这种没有市场竞争的状况，一方面使广播电视行业因缺乏压力而活力不足，另一方面又为其无序膨胀提供了广阔的空间。没有了压力和竞争，也就没有了淘汰和进步。违背了新陈代谢和优胜劣汰规律的广播电视业，必然会走进困境之中。

第五节　慎重对待“四级办”问题

一、“四级办”的必要性

“四级办”的是非功过是个复杂的历史问题。一方面它带来了很多负面影响，如管理体制不顺、恶性竞争、机构臃肿等。另一方面，“四级办”对中国广播电视事业的发展起到过极大的推进作用，对中国广播电视产生了极其积极的影响。因此，我们要用辩证唯物主义和历史唯物主义的观点看待历史问题。任何事物都有两重性，应当说，“四级办”的体制是当时社会的体制条件和技术经济条件双重制约下的必然结果，这种体制的产生有它的客观存在的必然性。主要表现在：

（一）地方政府要求“四级办”

在当时的社会主义计划经济条件下，还没有引入社会主义市场经济的概念，多数社会资源归属当地政府直接配置、开发和管理，作为无所不包容的政府，必须考虑对属地所有的自然资源、生产资源、公共服务资源进行综合的、系统的开发。文化资源更是如此，一切文化事业如剧团、博物馆、文化馆、电影院都由政府直接办、直接管。同样，广播电视资源的开发、利用和管理当然也是每一级政府的责任。由于计划经济中，政府的职能无所不包、无所不及，工农商学兵、党政财文、生老病死、风虫水火、柴米油盐、邻居骂架都要由政府管理。农村实行家庭联产承包责任制以后，地方党委、政府的宣传群众、教育群众的载体和渠道出现了不畅通的情况，加上取消了县域报纸，在这种情况下，广播电视成了当地政府宣传、组织、动员和教育群众的重要手段，同时利用广播电视来树立领导权威、公信的形象，其原因也大概源于此。

（二）技术经济条件要求“四级办”

20 世纪 80 年代初期，我国的广播电视技术仍然比较落后，特别是电视传输设备和传输手段仍处于低水平状态。中国的电视传输只有微波，尚未使用光纤，更谈不上卫星传输。为把中央和省的第一套节目传送到农村，国家和省级广电部门耗费了巨额的资金但效果仍不甚理想。又由于我国的财政和广电系统经济环境还不太宽松，国家和行业部门不可能拿出大量的资金来发展基层广播电视事业。报纸因受农村居住条件和交通状况的限制也不能送到千家万户，而且大批的文盲、半文盲也无法接受文字传播的影响。同时，当地党委的宣传工作、群众的娱乐生活等对资讯的需求又越来越高。在当时的技术经济条件下，广播电视由各级政府来办也就顺理成章了。

（三）行业管理滞后依赖“四级办”

广播电视行业部门对广播电视这种现代传媒的技术发展趋

势和发展速度缺乏预见性，对现代技术管理缺乏经验，机械仿效当时的历史条件下物质生产部门的组织方式，如农业的家庭联产承包责任制、商业的柜租承包制，片面强调划小核算单位，以竞争促发展，加之部分地方行政主管部门与最先存在的（无线）电视台关系不顺，不便控制，因此越小型、分散越便于驾驭和管理，“船小好掉头”。也有个别地方考虑到行政主管部门的利益，“重视”就是行政权力对事业职能的完全包容、取代，于是出现了正局级的局长兼正处级的有线电视台台长、副台长级的副局长兼副级的电视台台长的状况。在这种“重视”下，一级政府繁衍出了一群广播电视台。

（四）财政政策推动“四级办”

1983 年以前，我国广播电视事业建设实行的是中央和省级两级覆盖。随着计划、财政体制“分灶吃饭”和财政包干改革的推进，各地逐步实行以经济发达的城市为中心、市管县的体制，地方自主权扩大，财政机动性增强，自筹资金增多，对发展广播电视事业的投资积极性大大提高；改革开放促进了农村的经济发展，农民生活水平不断提高，听广播、看电视的要求越来越迫切，发展农村的广播，特别是电视的必要性和可能性大大增加；同时，中央关于逐步实行市管县的领导体制的决定，大大激发了中、小城市办广播电视的积极性。在这种情况下，实行广播电视“四级办”的方针，是完全有必要的。广播电视作为重装备、高投入、高消耗的行业，它的发展质量和发展速度在很大程度上受经费投入水平的制约。过去我国广播电视事业发展基本上是“量入为出”，有多少国家拨款就办多少事。但是由于政府的财力有限，广播电视事业的发展离满足群众的需要仍有很大的差距。经济体制的改革和商品经济的发展为广播电视行业“找米下锅”提供了可能。因此，实行广播电视“四级办”，真正体现了“广为开辟财源，以补充国家拨款的不足”的广播电视经费管理体制的重大改革。在经费的来源上放开搞活，为广播电视带来了新的活力与动力。

（五）形势的发展需要“四级办”

到 1982 年年底，我国共有 118 座广播电台和 47 座电视台。主要是中央一级和省一级的广播电视播出机构，另外在大城市和一些中等城市也有广播电视播出机构，在县一级开办了有线广播。基本上是两级办电视，四级办广播，分级覆盖。1982 年，广播人口覆盖率是 64.1%，电视人口覆盖率是 57.3%。这就出现了一个大矛盾。一方面，中央十分重视广播电视，认为“从宣传手段来说，广播电视比起其他手段来，更现代化一些，能够更直接、更迅速地同广大群众见面”，[①] 形势的发展对各级党政领导提出了广泛使用广播电视，动员群众贯彻党的方针政策的任务。另一方面，广播电视覆盖率偏低，不尽快提高广播电视覆盖率，就无法完成党中央交代的任务。此外，中央政府财政又拿不出足够的资金来解决提高广播电视覆盖率的问题。在这种形势下，“四级办”方针为解决上述问题提供了可能。

（六）广播电视生产力发展需要“四级办”

生产力不仅是自然生产力、劳动生产力，也是社会生产力，因为它绝不能离开社会的条件和内容。因此，我们说生产力是广播电视发展的基础，是指科学技术、管理、生产力中人的因素、由生产力所决定的社会经济环境等，决定了广播电视发展的水平。[②]

严格地说，广播电视既是一种文化范畴，又是一种信息产业，具有生产和传递信息的功能。无论是其组织结构、生产方式还是产品形态，都包含着物质生产力和精神生产力的要素。从组织结构上说，广播电视是一种事业；从生产方式上看，广播电视事业的生产（制作）、流通（传输）、消费（接收）过程，都离不开劳动者（如记者、编辑）、劳动资料 、劳动对象

① 刘习良．全球化与中国广播电视改革．载中国传媒与人文科学讲习录．北京：史坦国际传媒研究中心，2009

② 黄匡宇．广播电视学概论．广州：暨南大学出版社，1999. 113

（如信息资料等）的投入与产出；在产品形态上看，其主要生产精神产品，即知识和信息，并通过其生产（传输）过程，用这些知识和信息引导和配置其他社会资源的流动，成为政府和企事业单位决策的重要依据。因而广播电视又是一种行业（产业），是一种特殊的行业（产业），在其生产要素的投入和产品产出的生产过程中，生产关系和生产力的作用与反作用贯穿于广播电视经营的整个过程。马克思主义哲学原理表明：生产力决定生产关系，生产关系对生产力又有巨大的反作用。有什么样的生产力，就要有什么样的生产关系，生产关系只有适应生产力的发展，才能对生产力起推动作用；否则，会阻碍生产力的发展。广播电视的生产关系的具体表现是管理体制，其本质上是一种资源配置。这种资源配置随着生产力的变化、发展而变化、发展。我国早期的广播电视管理体制建立在计划经济年代，广播电视的生产力非常脆弱，20 世纪 80 年代以前我国的电视台甚少，电视事业的发展远远滞后于发达国家的水平和社会发展的需要。随着改革开放及商品经济的发展和市场经济的建立，广播电视“两级办”的生产关系已经不适应经济、社会发展的新形势了。因此，随着我国经济体制的改革，作为既是上层建筑，又是经济基础的广播电视事业，必然要改革，在当时的历史条件下及生产水平条件下，“四级办”这种管理体制是中国广播电视的必然选择。

二、“四级办”的合法、合理性

任何事物的存在都有它存在的合理性，能够为广大人民群众带来文化精神生活、能够为中国广播电视事业带来辉煌的县级广播电视更有其存在的合理性。在“四级办”的合理、合法问题上，笔者提出以下观点：

（一）“四级办”有法律根据

1997 年 8 月 11 日，中华人民共和国国务院令第 228 号《广播电视管理条例》第一次以行政法规的形式，对我国广播电视活动进行了全面的规范。《条例》第十条规定：“广播电台、电视台由县、不设区的市以上人民政府广播电视行政部门设立。”按照这一规定，地（市）县是可以设立广播电台和电视台的。在这个条例未撤销或未修改的情况下，“四级办”方针是有效的。因此，“四级办”受法律保护。在“四级办”的大是大非问题上，绝对不能够以长官的意志行事，一定要依法行事。

（二）“四级办”是广播电视覆盖的基础

农村是广播电视的终端用户。县级广播电视承担着城镇和广大农村地区广播电视覆盖的任务。允许县办广播电视台，不仅有利于巩固广播电视的基础，而且有利于广播电视在广大农村地区的覆盖。20 多年的实践证明，广播电视的覆盖工作主要靠县级广播电视机构具体负责实施，如果没有县级广播电视机构所付出的艰苦努力，就没有今天广播电视的辉煌。可以肯定地说，县级广播电视撑起了中国广播电视的一片蓝天。如果取消“四级办”，就会动摇广播电视的根基，更加会影响基础广播电视的覆盖，那么，发展广播电视产业将会成为一句空话。所以，无论是昨天、今天还是明天，中国广播电视的蓝天还需县级广播电视来支撑。

（三）“四级办”真正体现“喉舌”属性

广播电视是党和政府的喉舌，这是我国新闻事业的传统，也是社会主义广播电视事业的基本性质。这一定性，无论从理论上，还是从实际情况看，它首先是党中央和中央政府喉舌；其次，作为地方各级广播电视台，它同时也是各级党委、政府的喉舌。事实表明，在改革开放的历史时期，广播电视台建设无一例外地依附于各级党委和政府，是各级党委和政府的舆论宣传工具，尤其是在取消县级办报纸后，广播电视成为县委、县政府唯一的现代舆论宣传工具，在推进当地经济社会发展和精神文明建设及指导、推动各项工作中，发挥着极其重要的作用。我们不能简单地把县级广播电视视为领导者树形象的工具。如果取消“四级办”，就从理论和实践上否定了地（市）

县党委、政府拥有广播电视舆论宣传工具的权利。这样的政策显然是得不到县党委、县政府的拥护和支持的。从当地广播电视机构来说，允许办台和自办节目，提升了广播电视的地位，扩大了广播电视的影响，开辟了广播电视本身收入的来源，使广播电视得以持续发展。如果变“四级办”为“两级办”，肯定会严重影响地（市）县两级广播电视事业的发展，最终影响中国广播电视的发展。

中国经济社会的快速发展离不开广播电视媒体，县域经济的发展同样离不开广播电视的作用，现阶段建设社会主义新农村更离不开广播电视。县级广播电视台在建设社会主义新农村中承担着如下责任：一是维护社会稳定，营造新农村和谐环境的责任；二是弘扬正气，提供新农村建设强大精神动力的责任；三是扬荣抑耻，培育新农村建设文明道德风尚的责任；四是促进农民“精神增收”，创造良好的文化条件的责任。既然重任在肩，那么就要为县级广播电视提供无限的生存和发展空间。

对如此重大的问题，不能不认真地考虑和慎重对待。

（四）“四级办台”有利于调动办好广播电视的积极性

从1983年以来，我国的广播电视事业获得了巨大的发展，其根本原因就在于实行“四级办”方针极大地调动了地方各级党委、政府和广电部门兴办广播电视的积极性。因为“四级办”允许地（市）县办台和自办节目，地（市）县拥有了现代舆论宣传工具，并看到了它的重要性，因而愿意对广播电视加大投入，促进其发展。如果变“四级办”为“两级办”，不仅会影响地方的积极性，而且“两级办”的广播电视网络也不可能伸延到基层，中国广播电视产业化将会受到阻碍。

（五）“四级办”凝聚了几代广电人的心血

经过20多年的建设和发展，县广播电视系统普遍建立了不同规模的广播电视台或改善了广播电视设施设备，以及培养了一支素质较好的专业队伍。一座座广播电视塔“顶天立地”，一根根电缆连接千家万户，一幢幢广播电视大楼崛地而起，一批批广播电视专业人才脱颖而出，先进的采编和播出传输设备，形成了相当可观的资产规模和综合实力，这是广电人经历了千辛万苦积累起来的“家产”。如果将“四级办台”改为“两级办台”，使县台成为转播台，一个很现实的问题将会摆在面前：大批人员怎样安置，设备如何处置？这些问题不仅是国家资源浪费问题，而且是一个关系到国计民生、社会稳定的重大问题。

第三章　新形势下县级广播电视台面临的困境与机遇

第一节　县级广播电视台面临的困境

县级广播电视台是“四级办”的产物，在当时的历史条件下，是当时社会条件和技术条件的必然选择。但在今天科技发展一日千里，市场经济逐步发育，受众素质不断提高，政府简政放权，整个社会发生了翻天覆地的变化的情况下，县级广播电视台所面临的困境和挑战越来越大，“四级办”的弊端也越来越突出。

一、观念的挑战

时过境迁，我国已经由当初的计划经济体制转变为社会主义市场经济体制，诞生于计划经济体制下的“四级办”越来越显示出其不适应性，也因此越来越受到一些专家学者的诟病。而处于“四级办”方针中末端的县级广播电视媒体，由于存在着星罗棋布、各自为政、自成体系、互不相连、小打小闹、低层次运作等不利于事业发展的情况，使县级广播电视受到了严峻挑战，这种挑战主要体现在舆论的压力上。而这种舆论压力主要表现在对“四级办”的怀疑与否定。自 1998 年以后，这种怀疑与否定不断升温。具体表现为“四论”：

（1）“重复建设论”。认为“四级办台”的市（地）、县级台是在中央台、省台以后建立的地方台，是一种重复建设。

（2）“机构臃肿论”。认为“四级办台”多了市（地）、县两级机构，人员增多，机构庞大，不符合“精兵简政”的原则。

（3）“不合理论”。认为“四级办台”是按行政区域来设计它的产业布局，显然不符合电视的技术属性和传播规律。

（4）“无序竞争论”。“四级办台”造成了广播电视台“大而全”、“小而全”，加上管理滞后，一个市多个电视台同时播放一个节目，广告收费互相压价，盗版、偷播不断出现，形成了无序竞争。

这“四论”使县级广播电视台顿时陷入“四面楚歌”的境地。有人呼吁“停止四级办台”，有人呼吁“三级办台，停止县级办台”，有人呼吁“保留中央、省台，取消市（地）、县台”，真是“山雨欲来风满楼”。

二、上级台的挤压

县级台属于低层次、低水准的地方性广播电视播出机构，与市、省、中央台相比，是小巫见大巫，无论是规模、设备还是人才、技术，都远远不及上级台。由于整个广播电视系统在市场经济条件下不规范的管理，加上法律、法规不健全，导致县级台的“劣根性”日渐突出。那种无序的、恶性的竞争在一些地方日趋严重，严重扰乱了广播电视秩序和市场。这些现象成为上级台的眼中钉、肉中刺。取消“四级办台”的话语权牢牢掌握在上级台的手中，这呼声此起彼伏。据说，在一些高层会议讨论是否取消“四级办台”问题时，参加会议的人对取消县级办台的提议举双手赞成。上级台对下级台的挤压还表现在县级台无奈地无偿为上级台传输广播电视节目。长期以来，县级台为上级台传输广播电视节目，客观上上级台全面地占有了县级台为其传输节目所付出的劳动价值和产品成本。对这种不公平运作现象，上级台毫不客气地说这是天经地义的，然而为其“打工”的、在县级台工作的同志很无奈地说：“县级台长期为上级台‘打白工’，而上级台口口声要取消县级台，这太不公平了。”

三、政策因素的影响

政策因素的影响，主要是各省公共频道的开播和县级电视频道的取消。这方面有两件标志性的事件：

一是 1999 年 9 月，国务院办公厅以通知的形式向各省、自治区、直辖市人民政府、国务院各部委、各直属机构转发了信息产业部、国家广播电影电视总局关于加强广播电视有线网络建设管理的意见，即国办发〔1999〕82 号文件。文件精神的目的是要“保障广播电视节目的安全播出，避免有线传输网络的重复建设”。文件的第三点意见明确提出，“大力推广公共频道。在县级广播电视实行三台合一的基础上，由省级电视台制作一套公共节目供所辖各县电视台播出，从中空出一定时间段供县级电视台播放自己制作的新闻和专题”。从此，以成立公共频道为手段从而达到撤销县级电视媒体这一目的的改革在全国开展起来。大多数省份都在 2002 年 7 月 1 日准时开通了公共频道。这样一来，县级正式停止办频道，宣告以往长期“四级办”体制的终止，中央台、省台、市台三台鼎立的新格局形成了。

公共频道的开播标志着县级广播电视台的利益在中国媒介产业改革过程中已经基本被忽略，甚至其所肩负的重要职能之一的意识形态功能也已经被柔化，这一功能被中央台，省、市台的有线网络所取代。

这次县级广电职能的调整明文规定，要求在全国范围内开办省级公共频道，“由省级电视台制作一套公共节目”，其目的是缩减市、县两级庞大的播出机构，可见，目前公共频道的“公共”实际上是“共用”。在国外，公共电视实际上是完全公益性质的，但在我国，公共频道实际上只是“共有频道”或“共享频道”，并且背离了“公共”的内涵，而且，学术界公认的公共电视的特征是不以赢利为目的、独立于商业企业、保护优秀民族文化、建设政治公共领域、服务于弱势群体等。这就和我国有些公共频道所宣称的以播出影视剧为主，强化广告运营的频道定位恰恰形成了鲜明的对照，这显然与特定的“公共”概念有所不同。这也使得这一次频道改革没有达到预期的效果，对公共台“不公共”这一症结的关注远远超越了对县级台去留的关注，一些县级台开始考虑，自己是否应当担负起县域的公共责任。开办公共频道这种职能的转变，给县级台的生存与发展提出了一个十分严肃和现实的问题：在这样狭窄的生存空间里，应选择一个什么样的发展策略以应对这种转变？由于县级台频道被取消，节目大量压缩，一个很现实的问题就是广告大量流失，收入锐减，县级台的生存受到严重的影响，极大地挫伤了县办广播电视的积极性。

二是在报刊领域的一项改革。2003 年正式实施《出版市场管理规定》，首次允许民营企业拥有报刊总发行权，7 月，国家新闻出版总署出台新规定，对中央党政部门和地方报刊进行综合治理，实行管办分离、取消摊派、停办市县所办的报纸。这样一来，所有县级报纸一时间纷纷停办，大家纷纷把目光投向县级电视台：县级电视台是否会像县级报纸一样，难逃厄运？

四、利益性矛盾突出

在市场经济条件下实行的“条块结合，以块为主”的双重管理体制，导致广播电视利益主体多元化，使过去不是问题的成为问题了。

取消县级电视频道，建立公共频道，从形式上看，是用频道制方式改变了多年来形成的县级广播电视发展的“混乱”局面，然而，这种美好愿望成了想当然，实际上，公共频道实施后，一些地方的广播电视的领导体制、管理机制及运作状况比以前更混乱，这是为什么？

一是对于实施频道制大家都没有思想准备，突如其来的行政力，极大地打击了基层广播电视机构办好广播电视的积极性，由此形成的消极因素严重影响了广播电视产业的发展。二是播出时间与时段的限制，意味着县级广播电视的生存面临着极大的挑战。这种挑战的焦点是对县级台的广告冲击。广告的收入是当前和今后的经济支柱。以前，专设频道的县级台有大量的时段用于经营广告，转变职能后，规定每天仅有几个小时的时段，除去新闻、专题等时段，广告时段所剩无几。

严峻的形势逼得县级电视媒体不得不想方设法“为生存而战”，铤而走险地“上有政策，下有对策”，使用它们手中最有力的武器——转播权（中央、省、市电视台的节目要想被各地观众的电视机接收到，就必须通过县级电视台的转播），在公共频道做文章。有的在公共频道超时段播出；有的把公共频道的黄金时间完全占为己有，使公共频道的电视节目根本无法完整地转播；有的将公共频道给县级台的时间段全部播放广告节目；有的不但大量占有公共频道时段，甚至还保留了原有的自办频道。真是“我行我素，天马行空，独来独往”。最后，县级台还是县级台，不仅没有减少频道，反而名正言顺地使用公共频道资源。一些专家说“地方军搞乱了广电系统”，而县级台认为上级台“好心无好报”，于是产生出一种逆反心态，以牙还牙，居然在上级台的节目里插播广告和播放游动字幕。这样，上下级台的矛盾非常激烈，上级台认为下级台是不懂规矩、蛮不讲理的“土匪”，下级台认为上级台是不讲良心、忘恩负义的“太上皇”。

五、县级台危机四伏

由于中国传统的广播电视管理体制越来越表现出种种弊端，加上这几年被动性的改革、调整带来的消极因素，这些弊端和消极因素所产生的结果，既越来越不适应广播电视媒体的产业化发展，也给县一级广播电视台的生存和发展带来了如下危机：

（一）缺乏核心竞争力

就市场属性而言，广播电视台经营的是节目内容，其核心竞争力是内容建设。然而，由于“四级办”的弊端和一系列问题与困难的存在，暴露了县级广播电视台长期缺乏核心竞争力的问题，主要表现为散、乱、差。

一是新闻不规范。县级台由于经费和新闻人才短缺，本来就造成新闻节目的先天不足，加上某些领导出于“形象建设”的需要，对广播电视新闻过分依赖，使新闻变得枯燥无味，令受众对其没有好感。

二是专题节目不精。过去，由于自设频道的时段富余，县级台除自主设置专题播出外，还依据县领导的示意随意开设专（题）栏（节目）。栏目（节目）多了，工作量大，必然导致节目采、编、制作的粗糙，“赶”出来的专题节目让观众觉得比喝白开水还要乏味。

三是广告粗制滥造。位于第四级广告市场的县级台广告本来发育就不良，大客户看不上，小客户出不起价，加上县级台制作水平的局限，使得广告质量低下。

这些状况与上级台的精彩节目形成了鲜明的对比。正因为县级台缺乏核心竞争力，所以在激烈的广播电视市场竞争中始终处于劣势。造成县级台核心竞争力缺乏的原因是多方面的，主要体现在：机制不顺、人才匮乏；节目内容单调、形式陈旧；硬件设施陈旧，技术水平跟不上。由于县级台缺乏核心竞争力，加上“僧多粥少”，生产和播出的单位太多，对有限资源恶性竞争就表现得十分突出，如广告价格，多个台自相残杀，把广告全部杀乱，疯抢电视剧等恶性竞争现象时有发生。

（二）宣传质量不高

在广播电视传媒中，宣传工作的表现形式就是新闻报道，新闻性节目始终具有相当重要的地位。近年来，虽然县一级广播电视台的新闻节目的质量在不断提高，但与经济社会发展的形势相比，县级广播电视台的新闻节目同受众的需求仍然存在着明显的差距。这种差距表现为新闻宣传质量不高，具体来说主要有以下六个方面：

1. 宣传比重失调

县级广播电视台宣传比重的失调是新闻性节目在当地收视（听）率不高的一个重要原因。宣传比重失调的表现是宣传领导多，反映基层少。而这个比重失调的直接表现是会议新闻太多。

首先应当承认的是，会议里有新闻，这是传播的一种状况。县级广播电视台是县域的唯一媒体，它是县委、县政府上情下达的桥梁和纽带，党委和政府开的一些重要会议，往往要传达贯彻上级的指示精神、部署工作任务等，其本身就有新闻价值。但问题是凡是有县领导参加的会议和活动都要作新闻报道，有的还要作连续报道，面对如此的"苛刻"，本来就显得"瘦小"的县级台，就更加感到压力沉重，其新闻报道无法从会议报道中解脱出来。

县级台的新闻节目一般都在 10～15 分钟，每档节目一般也就 10～15 条新闻，而会议新闻或有领导活动的新闻在这类报道中往往占到整档节目时间的 2/3 以上。而且这些新闻的表现形式都是形式单一、手法呆板、内容肤浅、格调不变：某时某地某领导参加某会议（或活动），在会上某领导发表了重要讲话等，套话、废话连篇，观（听）众看（听）了不知所云。相反，对于老百姓最关心的、最想了解的信息却只字不提，或者一句带过。

会议新闻过多，领导活动新闻过滥，危害很大。一是人为地在群众中造成领导脱离群众的印象，有损领导形象；二是群众不愿看（听），县级台失去了一大批受众，严重影响收视（听）率，有损媒体形象。

2. 报道题材失衡

报道题材失衡的主要表现是，重生产报道，轻生活报道。县级台新闻报道的主题摆不脱农业生产和工业生产的报道。农业新闻的主要内容是反复唱好春耕、夏管、秋收、冬修之"四季歌"，而工业新闻也总逃不出"年初开门红、年中双过半、年底超计划"的窠臼。这类"生产报道"既没有针对性，也没有指导性，新闻价值不高，群众对此并不欢迎。而与群众生活密切相关的、百姓喜闻乐见的生活性新闻在县级台却寥寥无几。

3. 舆论监督无为

在社会主义制度下的广播电视媒体，新闻传播以正面宣传为主，坚持以“以科学的理论武装人，以正确的舆论引导人，以高尚的精神塑造人，以优秀的作品鼓舞人”作为指导思想。以“正面宣传为主”并不等同于不要批评报道。因为没有批评性报道，新闻媒体就无法履行舆论监督的职能。舆论监督不仅是上级台的职责，也是县级台的重要职责。而许多县级台则因为各种原因，在开展舆论监督方面束手缚脚，甚至处于一种“零界”、“无为”状态。县级台的舆论监督处于“无为”状态的难点问题主要有以下五个方面：

一是采访难。记者在采访舆论监督的新闻时，得不到有关部门和采访对象的支持，他们反而处处作梗，甚至强行阻拦记者的采访，用软硬兼施的方法限制记者的行动。

二是取材难。进行舆论监督，需要大量准确、客观、可靠的事实材料作为根据，但是由于记者在采访时遭受干扰，很难取得足以说明问题的事实材料。

三是报道难。有的领导喜欢报喜不报忧，更不喜欢舆论监督，给舆论监督设置了种种禁区。如果准予舆论监督，往往只能监督普通的人和事，难以监督政府在决策、施政过程中的不良状况。

四是处境难。县级电视台因为处在基层，直接与当地党委、政府发生联系，节目受众主要是机关、企事业单位人员，一旦电视台对其说“不”，就会遭受到巨大的压力，造成批评性节目难播出，若顶住压力播出，就会招来意想不到的麻烦。小则受“上级”的指责，大则会受到打击报复，有些职能部门会利用手中的权力，以“工作检查”、“资金拨付”、“人事调整”为名，对电视台进行要挟或打击报复，干扰广播电视台的正常工作。有些县级台的记者打趣说，县级台对不良现象的曝光，所抓的是小鱼小虾，大的鱼谁也不敢碰。

五是怕得罪人。不可否认的是，县级广播电视台在舆论监督方面还是存在怕得罪人的思想，总觉得“都是一个县的，乡里乡亲，低头不见抬头见，得罪了谁都不好”。于是，不敢触及敏感部门、敏感话题。即使硬着头皮试着批评一下歪风邪气，也是浮光掠影，不深不透。当然不是说所有的县级台的采编人员都是这样。可以说，绝大多数广播电视新闻工作者都是心怀正义、充满良知的。只是由于个别主管部门及其他领导思想僵化，把批评报道看作是自我找茬，为工作抹黑，因此害怕批评，害怕舆论监督，不能把新闻与老百姓捆在一起，把新闻还给老百姓。

就这样，县级广播电视台舆论监督的“无为”，对老百姓深恶痛绝的社会丑恶现象不敢去揭露，群众迫切需要解决的热点、难点问题不敢去呼吁解决，每天的新闻节目都在歌功颂德、莺歌燕舞。这样的新闻节目当地老百姓不仅不想看，反而对其十分反感。久而久之，县级广播电视台的威信在老百姓的心目中只能是越来越低。

4. 社会新闻匮乏

随着时代的变化，广播电视媒体的新闻节目那种居高临下地向受众“谈经论道”的传播方式终将为受众所不齿。近年来，平民化成为越来越多的媒体追求的潮流。普通人的喜怒哀乐受到全方位、多层次的关注，老百姓的吃、喝、拉、撒、睡成了社会新闻热门题材。但作为最基层的县一级广播电视台，其在社会新闻方面做得还远远不够。主要表现在新闻栏目中，社会新闻的数量太少、社会新闻领域的拓展还不够宽广。

5. 新闻作品脏、乱、差

宣传质量不高还表现在新闻作品的“脏、乱、差”上：①新闻作品结构单一，墨守成规；②新闻采编技能低，表现在电视画面不稳定，取景不合理，不会用“远、全、中、近、特、推、拉、摇、移”等摄影手法选择画面；③画面结构不科学，不懂得前景、背景、陪景等画面要素；④声画不协调，不懂得什么叫声画对位、现场同期声等；⑤新闻主题不突出，语句、字句、语法等逻辑混乱；⑥荧幕上打出错别字、读错音的现象屡见不鲜。

6. 新闻质量不高

新闻质量不高主要表现为：

一是新闻的时效性差。新闻姓“新”，即内容要新，时效要快，报道的形式也要求新求变。目前，我国大多数县级台都没有天天播新闻，每周 3 ~4 档的新闻节目设置常使新闻变旧闻。

二是无高质量的新闻稿件。长期以来，县级台存在着模式化新闻多，高质量的新闻稿件少的问题。一些记者工作作风虚浮，不扎实，写出的新闻稿件像蜻蜓点水，缺乏深度；一些记者思想因循守旧，不爱动脑筋，缺乏创新意识。在新闻报道中，常常套用一些固定模式和语言习惯。一些毫无新意的模式化新闻，在一定意义上主宰了采编人员的思维，使他们很难跳出旧框框，使得高质量新闻稿件匮乏，精品贫乏。

上述问题的存在原因是多方面的，有体制的，有领导观念的，也有新闻单位的。从县级台自身的角度来分析，主要有以下四方面的因素：

一是片面强调了“喉舌”功能，不注重传播效果。“喉舌”功能是广播电视的功能之一，但是，在开展新闻宣传活动过程中，一些记者没有遵循新闻规律做好新闻报道工作，而是随心所欲，敷衍了事，如有时为了应付“上面”某领导的指令，记者不是首先去深入生活，深入采访，而是主题先行，在确立主题的基础上，随便抓取生活中的的部分情节，然后对事实进行“穿鞋戴帽”，生拼硬凑、穿凿附会地出一条“符合精神要求”的宣传性新闻。还有众多枯燥乏味、让人讨厌的会议新闻、领导人一般性活动的新闻等，可谓数不胜数。

二是采编人员的政治素养不高。由于受官本位意识的影响，加上广播电视是一个县中唯一的媒体，在一些地方，县广播电视媒体围绕当地党政中心进行宣传报道的宗旨，往往畸变成了围绕当地四套领导班子的主要领导进行“跟踪”报道的工具。一切只以领导满不满意、高兴不高兴为标准，几乎完全忽略了观众。

三是现有机制的束缚。由于县级台的体制不顺，各项机制同样存在很多弊端。比如新闻从业人员的考核机制仍然不够完善、“多劳多得”流于形式、“奖勤罚懒”贯彻不力等。于是，新闻采访人员在采访中要采访单位派车接送，对一些要花力气进行采写的有价值的新闻，却很少有人愿意去做。做多做少一个样、做好做坏一个样，反正报酬一样多。正是在这种运行机制下，不少县级台的新闻从业人员养成了懒散的工作作风，责任心不强，缺乏新闻工作者应有的工作激情，把做新闻变成了应官差，把找新闻变成了等新闻。

四是采编人员的业务水准低。县级台的新闻采编人员大多数是半路出家的，有的只是经过短暂的培训，扛上摄像机就成了记者。虽然经过多年的实践、探索，不可否认，在这些采编人员中涌现出了不少业务骨干，但一些业务素质不高、有背景后台的人也不免混迹其中。这些人连基本业务套路都不懂，更不用说要做好新闻了，要改变这种状况确实是一件不容易的事情。

宣传质量不高，对于县级广播电视台来说可谓屡见不鲜，收看（听）一家县级广播电视台节目，就会发现除了以会议为主要题材的新闻节目和那些“脏、乱、差”的现象外，大量的节目靠“电话点歌”和播放 VCD 节目充数。为了创收，不少县级广播电视台成了“买药台”、“看病台”，广播电视台的责任和良知受到公众的谴责，广播电视台的权威、公信力、影响力在不断下降。

（三）管理体制不顺

体制不顺、机制不活是影响和制约县级广播电视事业发展的关键问题。县级广播电视体制架构随各地实际而定，有“局台合一，三台合一”、有“条块结合，以块为主”、有“以条为主，垂直管理”，可谓五花八门。特别是长期以来实行“条块结合，以块为主”的管理模式，出现了如下问题：

一是体制松散、断裂。由于条块分割，各自为政，省、市、县广播电视系统无法形成上贯下通、承上启下、连成一体、共同发展的格局。出现了“条”不能管、不敢管、无法管；“块”不会管、不善管，甚至乱管的现象。县级广播电视台的“上不能接受上级广电部门的领导和监督，下无权指导县内各站的宣传工作和事业建设”的尴尬局面长期无法打破。

二是诸侯分割。县级下属各镇广播电视站自行建设网络进行“诸侯分割”，这些各自为政的、独立的、小打小闹的“小而全”广播电视台根本无法形成产业优势，更不能有效地发挥“喉舌”作用。

三是产权不清，责、权、利不明。长期以来，广播电视业都是按照事业单位的模式管理，而实际上其内部大多是企业运作。由于主管广播电视业的上级政府部门插手具体业务，使得管理职能与具体业务不分，事业建设与经营创收不分，事业资产与企业资产混淆，责权不明，产权不清，并且投入与产出脱节，没有投资、融资的概念，不能将事业经费用来投资，更不能吸引民间资本来发展壮大广播电视产业。产业运营过程中明显存在机关化及宣传化倾向。由于广播电视的所有权、产权和经营权的不明晰和分离滞后，许多地方的党委、政府把广播电视产业的国家所有权等同于党政所有，进而等同于自己所有。广东某县广播电视台前些年发展很快，广电收入突飞猛进，每年总收入一千多万元，通过融资新建了广播电视中心。然而，当地政府把它当作摇钱树，决定每年要它上缴200万元给县财政，还把原来的广电用房以国有资产为由转移出去，该广播电视台的领导“哑巴吃黄连——有苦说不出”，一方面在忍声吞气地负责经营，一方面节衣缩食上缴“利润”。这种把资产权与所有权混淆起来，漠视广播电视产业实体的独立法人地位的做法，严重地挫伤了广播电视人的积极性。

（四）技术设备落后

县级广播电视台人员素质不高，缺乏资金，技术设备低下，而且在相当长的时间内很难有足够的实力改变这种状况：一是“家庭式”的录制设备无法承担节目制作的一般要求。在20世纪80年代初期建立的、将要淘汰的广播电视发射设备，因缺乏资金和技术力量无法更新换代，带着沉重的“呻吟”

在“呼风唤雨”。二是传输网络狭小。很多县级的有线电视网络仅局限于县城，乡镇的有线电视网络亦仅局限于圩镇范围，广播电视覆盖率低，无法满足人民群众听广播、看电视的需求。三是有线电视网络档次不高，很多县级有线电视网络用350兆同轴电缆传输电视节目，节目套数不多，而且节目质量不高。这种现象与目前有线电视数字化建设要求差距甚远。

（五）经营管理落后

“四级办”催生的县级广播电视台，在管理领域上所面对的是小农经济的管理层面。小农经济的生产水平必然是小农经济的管理方式，主要靠资源垄断和占有来维系着它们的生存与发展。

县级台的经费一小部分来自财政，90%以上依靠广告和收视费收入。据有关资料表明，全国1 425个县级电视台，年经营收入在100万~1 000万之间的占了大多数。但有的县级台年收入仅十几万元，有的县级台广告收入几乎为零。这样的创收额不要说发展事业，连自己生存都成问题。造成这种局面的主要原因是县级广播电视台都处在一种原始的、粗放的、小农经济的管理阶段：①缺乏现代管理理念。无论是领导者还是执行者都不懂得运用现代管理理念从事管理工作。至今，县级台的会计记账方法仍然采用“收付记账”法。②没有真正意义上的成本核算，只有年底的成本归集，没有成本核算、科学决策、计算投入产出、实现资本增值，一切都没有基础，一切都无从谈起。③缺乏管理人才也是造成县级台管理落后的主要原因。④管理水平低。这些县级台的管理几乎是原始的、粗放的，没有现代管理的专业分工，内设机构、节目设置及各部门内部职能配置都是“小而全”、“小而乱”的模式与状况。甚至连分配机制、人员培训、技术维护、采编运作、成本核算等管理制度都没有建立。这种管理水平在广播电视行业中相对落后，甚至是混乱的。

（六）队伍素质低

广播电视人是一个高素质的知识群体，广播电视从业人员应该由有知识、懂技术、会管理的人员组成。但是，县级台队伍素质低是一种普遍现象，表现为："半路出家"、知识老化及行政管理造成了用人机制上的先天不足和后天失调。县级广播电视台创建时间大致都在20世纪80年代，那时广播电视是一个全新的行业，科班出身的专业人员极少。县级广播电视台从事采、编、播和发射传输的人员来自四面八方：有的是从原来的县广播站转移过来的，有的是从镇广播站抽调上来的，有的是复员退伍军人安置的，有的是通过关系塞进来的下岗人员，有的是分配来的大专、中专毕业生。这些人员大都学历较低，文化水平不高。

由于县级广播电视台覆盖范围小，从业人员生活圈子虽小但关系网较为复杂。"父子同职业，全家搞广电"现象十分普遍，错综复杂的关系使相对比较宁静的广播电视系统变得"热闹"起来，致使单位每开展一项改革都会受到来自各方面的压力。特别是对人才的使用更显得力不从心。这样一来，便出现了原本拿锤弄斧的能扛摄像机当记者，原本是酒店、歌厅服务员的转身一变就成为手拿话筒的播音员、主持人等怪现象。而那些学有专长的人，虽然工作顶呱呱，但由于势单力薄，无论是评先进还是晋级，往往都只有"靠边站"的份儿。

由于历史原因，县级台基本上没有科班出身的人员，一些半专业人员是从各种成人教育取得大专学历者，其质量明显低于专业人员，他们中的绝大多数并没有接受过专门的专业培训，对专业知识缺乏系统性的学习，绝大部分没有理论知识，大部分人的具体业务知识都是以师傅带徒弟的方式取得的，这些人员基本上处在一个专业技术老化的阶段。进入20世纪90年代后，大批年轻的有生力量进入县级广播电视台，改变了县级台的人员结构、知识结构，但是许多人虽然有大学文凭，专业却对不上口，一切得从头学起。从整体来说，人员知识结构层次低，队伍良莠不齐，是县级广播电视台的突出问题。

（七）专业人才匮乏

任何事业的竞争归根结底是人才的竞争，媒介竞争亦不例外。县级广播电视台因受固有旧体制的限制，没有人事任免和有编制招聘的独立的人事权，所有人员安排均由行政上级决定，一大批非专业人员涌进了广播电视台。加上人事制度改革特别是事业单位人事制度改革滞后，即便是在改革中顺应大势，推行竞争上岗和公开招聘也往往是徒有虚名，流于形式，换汤不换药，穿“新鞋”走“老路”，“竞争”了半天，到后来，迫于各种“情况”和“关系”的压力，“车”还是“老车”，套的“马”还是“老马”。特别是一些有门路的人，把广播电视台当作“风水宝地”，在企业改制、行政机关改革的压力下，纷纷托“关系”、找“人情”，拼命往广播电视台“挤”、“钻”。这样一些“不得不要”的人，一批批走进这块“风水宝地”。不合格的人员不能辞退，有能力的人才又由于没有正式人事用工合同和相应的待遇而招不进来。同时，由于体制造成的能上不能下，缺乏实质性的内部竞争机制，又出现了层次较高的员工跳槽的问题。造成有用的人才进不来、留不住，无用的人拦不住、赶不走。由于这种体制和机制的弊端直接影响了员工的积极性，因此，县级广播电视台长期在低层次、低水平的状态下运转。缺少新闻采编人才、技术专业人才和经营管理人才是县级广播电视台存在的普遍现象。

（八）经济包袱沉重

计划经济时期，县级广播电视台的经费来源主要是财政供给，随着体制改革的不断深入和广电产业的逐步形成，县级广播电视台的“财供”逐步减少，甚至“断奶”。因此，资金短缺是县级广播电视台不可回避的问题。县级广播电视台的创收能力非常薄弱，创收渠道也很单一，主要经济来源靠广告和有线电视用户收视费，而广告收入中，广播广告几乎处于空白，电视广告的增幅也很缓慢，有线电视收视费尤其是农村用户的收视率不高，所收到的钱也要用于用户网络传输设施的维护和保养，还要更新采、编、播设备和进行旧网络的改造。而广播电视传媒业的主导产业——内容产业，基本上处于自制自播阶段，除了向上级台发送新闻稿件和兄弟台之间横向交流稿件外，很难作为广播电视产品进入市场交易。

目前，各县级广播电视台由于覆盖范围小、受众少，很难吸引广大广告客户。这种情况使得县级台成了大量非法广告的孳生地，人们对其非常不满，导致县级台出现信任危机。此外，各地正在酝酿台网分离，力求突破地域、行政区域的界限，整合地级、县级分配网，统一组建省一级广电网络公司，这也可能减少县级广电在有效电视网络方面的收入。

所有这一切都压得县级台喘不过气来。随着竞争的加剧和创收难度的加大，沉重的费用负担所带来的影响将越来越严重地制约广播电视事业的发展。

总之，“目光短浅，视野狭窄，体制不顺，机制不活，各自为政，力量分散，方向不明，后劲不足”，是对县级广播电视系统危机问题的高度概括。

“四级办”的功过，暂不去评论，但不能不承认，“四级办”撑起了中国广播电视的一片蓝天。当然，任何事物在发展过程中都有不成熟的地方，湛蓝的天空有几块漂移的乌云也不足为奇。哪怕是一股小小的东风，也能将这些乌云驱散。广播电视“四级办”也是如此。我们不能否定、怀疑“四级办”的政策。在大好形势下看到问题的同时，更要看到事物发展的主流。

第二节　县级广播电视事业发展面临的机遇

实行“四级办”广播电视的方针使得我国广播电视事业以前所未有的速度和规模迅猛地发展起来。但前进的路是不平坦的，在推进广播电视事业发展的同时，由于执行上的偏差，导致了广播电视发展过程中存在种种弊端（前面已论述）。这些存在的弊端受到了广泛的关注，“四级办”广播电视，特别是县级广播电视的存在性遭到了前所未有的质疑。然而，县级广播电视的广电人不气馁、不消极，在彷徨中写下了不平凡的

20 多个春秋。

按照哈贝马斯的危机理论，事物发展中出现的危机常常是有两面性的，也就是说，危机不只是产生消极负面的效应，如果主体的应对措施得当，危机也能转化为机遇，起到正面的效用。

科学的辩证唯物主义又告诉我们：事物总是一分为二的，利害相连，祸福相依，世上没有绝对的“利”与“害”，只有相对的“因”与“果”，任何事情都不怕有问题，最可怕的是看不到问题。俗话说：“不患无策，只怕无心。”机中有危，危中有机。只要我们认清形势，理顺思路，掌握政策，趋利避害，在挑战中把握机遇，那必定是：“山重水复疑无路，柳暗花明又一村。”

一、国办发 79 号文件为县级广电事业发展指明了方向

县级广播电视机构的职能调整，是近年来广播电视体制改革的难点之一，在相当长的时间里，还没有完全定论。广大基层广播电视工作者都在观望和等待中影响了工作积极性，也影响了“村村通”工作的开展。然而，2006 年国办发 79 号文件精神，如春风化雨，为县级广播电视事业带来了希望。

广播电视“村村通”，是社会主义新农村文化建设的“一号工程”，是国家实行农村“政策扶贫”、“信息扶贫”的重要方式。几年来，党中央、国务院对广播电视“村村通”作出了一系列的指示，国家和各级政府为实行“村村通”工程提供了巨额的资金及器材设备扶持，各级政府也将“村村通”工程及时地纳入了经济和社会发展规划，并连续几年将解决农村广播电视盲点（听不到广播、看不到电视）列入政府为民办实事内容之一，通过加大财政投入，落实配套资金，对提高农村广播电视综合覆盖率发挥了有力的推动作用。广播电视“村村通”工程必须依靠县级广播电视部门来实施并担当起长期的管理服务任务。

2006 年 9 月 20 日，国务院办公厅下发了《关于进一步做

好新时期广播电视村村通工作的通知》（国办发〔2006〕79号）。这份文件有许多新精神、新政策，其中最重要的就是重新确立了我国广播电视“四级办”的格局，纠正了前几年削弱县级广播电视的错误，纠正了重城市轻农村、重有线轻无线、重经营性产业轻公益性事业的倾向，强调广播电视的公共服务职能。国办发〔2006〕79号文件犹如一夜春风，给县级广播电视事业带来了勃勃生机。

第一，国办发〔2006〕79号文件的精神，从总体上确定要进一步加快发展农村广播电视。文件在第二条中指出：“从总体上看，目前农村广播电视建设还处于较低水平，广播电视覆盖还存在‘盲区’，一些农村地区还存在收听、收看广播电视节目套数少、质量差的问题，农村广播电视无线覆盖效果滑坡严重。农村广播电视发展状况与中央提出的建设社会主义新农村的总体目标、与农村经济社会协调发展的要求、与农民群众日益增长的精神文化需求还有很大的差距，迫切需要进一步加快发展，全面推进新时期‘村村通’工作。”

第二，强调了农村“村村通”工作的任务。文件在第四条规定：“做好新时期‘村村通’工作的任务是，按照‘巩固成果，扩大范围，提高质量，改善服务’的要求，进一步巩固农村广播电视建设成果，完善农村广播电视基础设施建设，大力提高农村广播电视无线覆盖水平，逐步消除‘盲区’，增加收听、收看广播电视套数，丰富服务‘三农’的广播电视节目内容，建立健全推进‘村村通’工作的长效机制，构建农村广播电视公共服务体系。”可以看出，今后农村广播电视建设的任务扩展为四个方面：一是无线覆盖，二是增加节目套数，三是丰富节目内容，四是构建农村广播电视公共体系。

第三，明确了完成“村村通”工作任务的主体。谁来完成上述的四大任务？理所当然由县级广播电视部门来完成。因而，顺理成章地有了第十一条：“按照中央关于深化文化体制改革的要求，建立和完善农村公共文化服务体系，加强县、乡（镇）广播电视机构的公共服务职能，建立健全以县为中心、乡（镇）为基、面向农户的农村广播电视公共服务体系，努力提高服务水平。要积极推进县、乡（镇）广播电视管理体制改革，保障农村地区广播电视事业的健康持续发展。”

第四，提出构建农村广播电视公共服务体系的长效机制。对于十分关键的经费问题，文件第八条中明确指出：“省、市、县级政府分别负责解决本级广播电视节目的无线发射转播台（站）的机房和设备的更新改造资金。”第十二条明确指出：“按照分级负责原则，地方各级政府负责农村广播电视管理维护机构日常经费，并按有关规定转播好中央广播电视节目。省、市、县级政府分别负责解决转播本级广播电视节目的无线发射转播台（站）的机房和设备的运行维护经费。”这些规定明确了构建农村广播电视公共服务体系应当政府主导，分级负责，建立长效机制。

中央在推进“村村通”，构建公共服务体系中的主要职责有三项：①负责“村村通”卫星平台建设，保障“村村通”卫星平台运行维护经费。②对中部地区国家扶贫开发工作重点县、贫困人口集中分布地区、革命老区、少数民族地区和西部地区“村村通”工程建设给予一定的资金补助，对“西新工程”范围的地区“村村通”工程维护经费给予适当的补助。③对全国县及县以上转播中央第一套广播节目、中央第一套和第七套电视节目的大中功率无线发射设备的更新改造给予一定补助，对其他运行维护经费给予一定补助。

地方各级政府在推进村村通、构建公共服务体系中的主要工作有三项：①省、市两级负责解决 20 户以上已通电自然村“盲村”村村通工程建设资金，并落实修复“返盲”设施资金。②省、市、县级政府分别负责解决转播本级广播电视节目的无线发射转播台（站）的机房和设备的更新改造资金。③省、市、县分别负责解决转播本级广播电视节目的无线发射转播台（站）的机房和设备的运行维护经费。

综合这些精神，可以很清楚地看到，虽然文件没有明确提及“四级办”的问题，但是，文件的精神十分清晰地显现了

"四级办"的格局，强调了广播电视的公共服务职能，明确提出农村广播电视公共服务体系要"以县为中心，以乡（镇）为基础"，强调了广播电视的无线覆盖特别是农村无线覆盖在广播电视事业中的重要作用；明确要求各级广播电视部门（包括县级）要增加服务于"三农"的广播电视节目；首次明确转播各级（包括县级）广播电视节目的机房和设备更新改造资金以及运行维护经费分别由各级政府负责的政策。

综上所述，国家推行的广播电视"村村通"工程建设，为县级广播电视扩大农村网络覆盖提供了物质支持，国办发〔2006〕79号文件的精神为县级广播电视事业的发展指明了方向。

二、职能转变为县级台带来了一场历史性变革

县级广播电视职能的转变，似乎给县级广播电视系统带来了前所未有的挑战。但是，反过来看，县级台自身无力解决的问题一下子变得迎刃而解了。这是一场历史性的变革。

其实，县级广播电视播出机构职能转变，实际上是组织管理方式的变化，也只是电视频道播出口改变。虽然取消自办电视频道，但仍然保留广播电台，电视台的台号、呼号、机构没有取消，播出前端和时段仍然保留，采编的新闻、经济类、科技类、法制类、为农业服务知识类节目在公共频道播出。县级广播电视播出机构职能的转变，只是通过"转职"实行工作重心、工作精力的转移，仍然有很大的发展空间和用武之地。只要解放思想、开拓前进，是会有作为的。

首先，集中精力从粗办广播电视节目转移到精办广播电视节目上来。"转职"后，县级台改变工作思路，对节目重新进行高定位，那就是立足本县，精减可办可不办的栏目，重点办好新闻和专题栏目，并对节目进行重新包装，增加新闻的信息量和可视性。这样既减轻了工作压力，又提高了收视效果。其次，采取有效手段，整合网络资源。加快县、乡、村广播电视网络建设，是县级广播电视播出机构的一个重要任务，是全面

建设小康社会的需要，是人民群众的强烈愿望，也是县级广播电视产业发展的重头戏。广播电视网络将开发出更多的功能，满足人们多样化的精神需求。因此，县级广播电视台应用整合联网意识，联网才有力量，联网才有效益。要摒弃小富即安的思想，紧紧抓住发展这个第一要务，发展广播电视生产力。在明确上级政策的基础上，重视乡村网络建设，积极主动地开展县乡网络整合。

三、文化体制改革为县级广电发展打开了突破口

2006 年 1 月 14 日，中共中央、国务院《关于深化文化体制改革的若干意见》和《国家“十一五”时期文化发展规划纲要》在全国引起广泛的关注。党的十七大报告也指出：“在时代的高起点上推动文化内容形式、体制机制、传播手段创新，解放和发展文化生产力，是发展文化的必由之路。”作为“大文化”一部分的广播电视，应该义无反顾地走在文化体制改革的前沿。对于如何打破以往“大锅饭”、“铁岗位”，实行政事分开、政企分开、政产分开，达到公益性事业“增加收入，转换机制，增强活力，改善服务”，经营性产业“创新体制，转换机制，面向市场，壮大实力”，《意见》、《纲要》和党的十七大报告提供了相应的政策依据，明确了改革方向，为县级广播电视台突破自身束缚实现大发展提供了良好的机遇。

四、新农村建设为发展农村广播电视带来重大的历史机遇

“统筹城乡经济社会发展，建设现代农业，发展农村经济，增加农民收入，是全面建设小康社会的重大任务”，这是党的十六大赋予新世纪农业、农村、农民问题的新内涵。党的十六届五中全会提出了“建设社会主义新农村”的重大历史任务，党的十七大又提出了“加快社会主义新农村建设”的要求。这些重要决策的提出必然带来了广大农村地区的根本性的改变，意味着国家对农政策从单纯的经济帮扶转变成为农村建设的整体推进，这对以农村、农民为主要服务对象的县级广

播电视台来说无疑是一个好消息、一个好机遇。然而，现在的县级广播电视离新农村建设的要求仍相差很远，对农村信息传播长期处于缺位状态，存在着农民日益增长的信息文化需要与农村信息传播形式单一、内容单调的矛盾。一方面是经济发展、收入增加后的农民对信息文化生活的急切需要，另一方面却是众多身在基层的县级广播电视媒体对农民信息文化生活的漠视与无奈，传播资源得不到合理利用。我们在惊呼信息爆炸的同时，会突然发现虽然中国的媒体相当发达，媒介市场也在日益扩大，但是对信息的传播却相当少，甚至市场份额还有逐步缩小的趋势。这让我们看到一种怪异的现象：一边是城市受众对信息时代来临的狂欢，一边是农村受众承受着信息的稀缺、信息失衡的落寞。建设社会主义新农村的号角已吹响，党和国家对“三农”问题的高度重视，既指明了“三农”的宣传方向，又对做好新时期“三农”宣传报道提出了更高要求。

在建设社会主义新农村中，县级广播电视台承担着新的职责，这主要有两方面的原因：一是新农村建设离不开县级广播电视媒体的参与。县级广播电视媒体作为最贴近农村、农民的广播电视媒体，在新农村建设中有着其他媒体特别是上级广播电视媒体没有的优势。县级广播电视台可以充分发挥区域优势，更快更好地传播当地的新信息、新发展的动向。就全国而言，各地经济建设进度不同，社会发展策略有别，中央、省、市的大媒体不可能兼顾触及，这个时候，县级广电媒体作为区域媒体的作用就更加凸现。二是县级广播电视媒体也是中国广播电视系统的有益的、重要的组成部分，中国广播电视产业需要像中央电视台这样的航母级大集体去畅游大海，乘风破浪，应对国际、国内市场竞争，引领中国广播电视产业的发展方向，也需要县级广播电视台这样的小船去服务广大的基层群众，去补充大台难以普及、照顾和延伸的广大农村地区。在社会日益多样化的今天，作为大众媒体的广播电视也正在向专业化发展，任何一个媒体都不可能代表所有人的声音，大媒体有其传播的优势，地区性的县级媒体也有其存在的必要，尤其是随着经济的发展，各地区的特色凸现，更需要一个能代表当地特色的广播电视媒体。

过去县级广电媒体主要承担信号传输和政治宣传职能，其作为广电媒体的职能则被忽略了。在新形势下，县级广电媒体在继续承担原来职能的基础上，更能承担起传播信息、教育人民、丰富农村文化生活、农村基础网络建设、开拓农村市场等多方面的职能。在建设社会主义新农村的进程中，无论是生产生活，还是乡风习俗；无论是民主文明，还是和谐进步，都离不开广播电视的公共服务和强力推进。

“一万年太久，只争朝夕。”作为主要服务于农村的县级广播电视媒体要主动承担这些职能，在新农村建设中充分认识到自己的重大责任，大力推进广播电视的公共服务功能，围绕“生产发展、生活富裕、乡风文明、村容整洁、管理民主”的社会主义新农村建设 20 字方针，办好、办活，做强、做大广播电视事业。目前，全国各地都把通水、通电、通电话、通广播电视作为加快统筹兼顾，建设公共服务体系，实行城乡一体化基础设施，着力解决农民最关心、最现实、最直接的问题的措施。由此可见，广播电视既是新农村建设的重点内容，又是支持和促进新农村建设的重要手段。因此，县级广播电视台应该抓住这一历史机遇，以服务社会主义新农村建设为宗旨，一方面，在向广大人民群众提供精神文化娱乐产品的同时，也把大量关于农村经济的信息、知识、技术传播给了农民；另一方面，通过发展有线电视网络，提高广播电视覆盖率，壮大自己的实力，尽快把农村受众和网络资源“据为己有”，按照贴近实际、贴近生活、贴近群众的原则做好工作，让政府得民心、群众得实惠、广电得发展。另外，在建设社会主义新农村的过程中，县级广播电视台将成为一个重要的市场信息来源的渠道，成为帮助农民尽快脱贫致富的信息平台。而当地农村经济的发展和农民收入水平的提高又会带动农村消费市场的活跃，吸引各类企业通过广播电视渠道进行产品广告宣传，从而增加广播电视台的收入，使当地经济与县级广播电视台形成良性互动。

五、企业视线转移到乡村市场给县级广播电视带来了盈利的可能性

没有市场，企业就没有生存和发展的方向，因此，企业家要不断地寻找市场空白点，抢占市场。随着城市市场化程度的加深，企业间的竞争也越来越激烈。由于企业长期在城市市场上竞争，城市市场早已被瓜分，新的企业根本无法进入，在城市攻坚战中胜利的企业也很难再次扩大市场。再加上城市市场需求已经基本饱和，企业想在城市居民头上做文章就更不容易了。

随着农村经济不断发展，农村居民的消费水平也在日益提高。目前，一些精明的企业家已经开始转移自己的视线，把目光投向巨大的农村市场。企业要想抢占先机、打开农村市场，首先应该提高企业的知名度。县级广播电视台本乡土的亲和力使得它在中国相当多的地区创造出了高于中央台与省市台的收视（听）率。县级广播电视台目标受众集中、广告费用低，是企业展现企业形象，推销产品的重要渠道。可以说，县级广播电视台无疑是企业最佳的合作伙伴。

第四章　县级广播电视台生存与发展的条件

虽然县级广播电视台困难重重，危机四伏，举步维艰，然而，县级广播电视台仍有其生存的空间和发展条件。

第一节　县级广播电视台的个性特征

研究县级广播电视台生存与发展的条件，首先要研究县级台的个性特征。县级广播电视台同其他新闻媒体一样有着共有的特征，必须遵循传播规律，但是，县级广播电视台又有其独特的个性特征。一般来说，县级台的个性特征有“三性”：

一是地域性。县级广播电视台最大的个性特征是地方性，这是县级台的立身之本，生存之基，也是其价值所在。县级广播电视台不同于中央级和省级广播电视媒体，也不同于地（市）级新闻媒体，它具有明显的地域性。县级广播电视台的传播覆盖只是一个县，也是其他新闻媒体传播的终端。同时，地域是一种局限，但也是一种风格，不同的地域有不同的山川景物、民俗风情，在漫漫的历史长河中，人类社会从生产方式到生活方式，从经济状况到语言风格都形成了各自不同的地域风格，这就是所谓“百里不同风，千里不同俗，一方水土养一方人”。不同的区位特色和发展态势，成为县级广播电视台生存与发展的立身之本和实现其价值之所在。

二是边缘性。县级广播电视台处于信息覆盖的边缘地带，同时它又是中央、省、市（地）媒体信息向下延伸扩散的最终载体，是受众接受信息的最后一道关口。其他媒体想覆盖该县，必须通过县级广播电视台这个门槛。所以，县级广播电视台是上级广播电视媒体的桥梁和纽带。这种地域的边缘性，决定了县级广播电视台是我国广播电视有效传播最重要的环节。而这个重要环节的存在，又决定了县级广播电视台生存机会的无限性和存在价值的必要性。

三是唯一性。取消县级办公开报纸以后，县级广播电视台是县域内唯一的新闻媒体，因而在新闻的发布、重大新闻的处理等方面都具有独家的优势。由于广播电视是县区域的唯一的媒体，当地党委政府对它更是宠爱有加，从某种意义上说，县级广播电视台的生存与生态环境比上级广播电视台还要好。要取消县级广播电视台并非一件容易的事情。因此，县级广播电视台的唯一性决定了它存在的合理性和必要性。

县级广播电视台除了以上的个性特征外，也有明显的优势，大致有：宣传的接近性、受众的稳定性、参与的直接性、编排的灵活性、传递信息和信息反馈的及时性。这些特性和优势为它的存在和发展提供了良好的环境。

第二节　县级广播电视台的地位和作用

只有充分认识县级广播电视台的地位和作用，才能找到县级广播电视台的生存空间。认识县级广播电视台的地位和作用，应该明确这样几个问题，即县级广播电视台不仅是县委、县政府的宣传阵地，而且是一种产业；县级广播电视机构是一种经济组织；县级广播电视产业是广播电视的重要组成部分。

“从信息产业的角度来看，市（地）、县（市）广播电视产业是广播电视产业链中的一个重要环节，而广播电视产业又是整体信息产业的重要环节，是不能否认的，否则不仅对广播电视经济发展造成重大损失，而且，也是不利于信息经济发展的。在发展市（地）、县（市）广播电视经济时，可能主观上没有把市（地）、县（市）广播电视产业作为广播电视产业链中的一个环节和信息产业链中的一个环节，但是，市（地）、县（市）广播电视经济的发展，使它已经成为广播电视产业链、信息产业链中的重要环节，其地位已经确立，必须承认这种现实，否则，后果不堪设想。”① 在确立县级电视台的地位的同时，关键是明确广播电视的产业属性，纠正传统的用事业单位管理的手段去管理广播电视产业的做法。

“同广播电视产业相适应，市（地）、县（市）广播电视机构是一种经济组织，不是事业部门，也不是当地政府的一级组织，确立市（地）、县（市）广播电视机构是一种经济组织，并不是否认或取消市（地）、县（市）广播电视的宣传功能。根据广播电视的产业特点，它本身就具有两种功能，即产业功能和宣传功能，这种功能在国家还存在的条件下是永远不会改变的，也是广播电视产业区别于其他产业的一个重要特点。”②

由此可见，县广播电视经济是广播电视的重要组成部分，它的发展对于宏观广播电视的发展更具有重要意义。俗话说“好花也需绿叶配”，要充分发挥中央、省广播电视的作用，“如果没有县级广播电视的支持，是很难获得满意效果的。例如，中央电视台的《新闻联播》，目前是我国收视率最高的一档节目，与其收视率相适应，它的社会效益和经济效益在全国电视栏目中最好……③据有关资料显示，全国各地转播《新闻联播》的每年收入约100多亿元人民币，这100亿是由无数个电视台所作的付出叠加起来的。可见，只有把地方积极性调动起来，进而形成合力，我国的广播电视才能高速发展，才能做强、做大、做精。

另外，从新闻的接近性来看，县级台最容易走近群众和受

---

① 周鸿铎．广播电视经济．北京：经济管理出版社，2003. 248

② 周鸿铎．广播电视经济．北京：经济管理出版社，2003. 249

③ 周鸿铎．广播电视经济．北京：经济管理出版社，2003. 250

众。我国幅员辽阔，人口众多，虽然大台有其优势，但它的触角是有限的，新闻采访不可能伸延到每个地方，至少，中央电视台就绝不可能在全国每个地方都建立一个记者站，更不用说在每一个县建一个了。在这种情况下，一旦出现突发事件，县级广播电视媒体便能成为全国性大广电传媒的有效补充，优先于全国性大广电传媒的第一时间赶赴新闻现场，获得第一手的资料。

据有关资料统计，我国有县级行政区 2 861 个（不含香港、澳门两个特别行政区和台湾省），县域面积占国土面积的 94%，有 9.4 亿人口居住在区市县，52% 的 GDP 来自区市县，这样简单的一组数据可见县在国家的地位和作用，同理，也可见县广播电视台在整个广电系统中的地位和作用。正因为这个广播电视有着广大的有线电视用户群和广告接入网用户庞大的市场，中央、省、市（地）台都想把县级台割掉，占领这个市场。

因此，县级广播电视台的地位和作用可以这样概括：①县级广播电视台是多级媒体终端用户的桥梁和纽带。②县级广播电视台是中国广电信息覆盖的关键环节。③县级广播电视台是中国广播电视市场的“守门员”。

第三节　县级广播电视台生存与发展的空间

一、贴近性是县级广播电视台生存与发展的源泉

所谓贴近，就是广播电视宣传与受众的相关程度，广播电视越是贴近社会，贴近实际，贴近群众，广播电视的可视（听）性也就越高。贴近性不仅体现了广播电视传播的内在规律，也体现了广播电视传播为大众服务的意识。贴近是县广播电视的任务和要求。县广播电视的传播范围集中在县，是县党委的“喉舌”，是县受众的桥梁，其宣传理所当然要服务县、接近县。这样才能有别于中央台、省级台或市级台的宣传，形

成县级台广播电视自身的特色。

（一）贴近实际，凸显接近性

人总是首先关注跟自己有关或相近的事情，这就决定了地方新闻与地方（社区）媒体存在的可能性与必要性。美国的地方电视台走的便是美国报界如《纽约时报》、《华盛顿邮报》、《洛杉矶时报》等所摸索出的一条成功之路——把面向本地社区作为自己的服务宗旨，然后逐步波及全国。据调查，在美国平均每天有67%的成年人收看地方新闻，而收看全国性电视新闻的人只有49%。[①] 可见地方新闻只要把握住了受众的需求，是可以受到欢迎的。

国有国情，县有县情，当地观众最热心关注的除了国家大政方针之外，往往是发生在本县的重要事件及各种新人新事，一项关系发展体制的改革，一个事关民生的工作措施，一场声势浩大的打假行动，一次突如其来的自然灾害，一起由谣言引发的恐慌事件，一宗由法制观念淡薄导致的伤害事件等这些发生在受众面前的近镜头，群众非常喜欢。所以，处于新闻事件发生源头的县级广播电视台，与受众同一天地，形成了一种天然的血肉关系，具有大台难以具备的接近性。

（二）贴近生活，突出服务性

县级广播电视台作为最基层的传播机构，离本地区的百姓最近，它的主要受众是本区域的百姓。在节目的设置、内容的选择和播出的时间安排上，真正体现“情为民所系，权为民所用，利为民所谋”。通过声音、画面，让老百姓了解到发生了什么，并且要让老百姓懂得为什么。同时，县级台肩负传输上级台和本台的电视节目任务。这一切使得县级广播电视台在市场经济条件下，找到了一张生存与发展的王牌——广播电视网络。正因为这张网络把县级台与老百姓利益紧密联系起来，这种关系一切都以服务为纽带，以用户为中心，正因为这种互

---

① 汪文斌，胡正荣．世界电视前沿（10）．北京：华艺出版社，2001. 37

动利益的关系，将县级台的经营推向了市场。

（三）贴近群众，体现先进性

农村实行家庭联产承包责任制以后，当地政府过去那种以行政渠道传递信息的方法不那么方便和凑效了，都要通过当地的广播电视台传递。通过广电这种渠道将本地党委和政府的有关指令、重大事件通报，自然灾害消息传递到千家万户。因此，县级广播电视台既是群众工作、生活的窗口，又是宣传报道工作上贴近群众的重要桥梁；既是县域先进文化的代表，又是弘扬先进文化的唯一媒体。

二、受众和传输网络是县级广播电视台生存与发展的基础

受众是广播电视发展的支点,[①] 这是广播电视发展规律之一。受众作为构成广播电视传输过程两极中的一极，作为传播行为双主体的一方面，是传播的重心，其地位和作用非常突出（这方面不重点研究）。而受众的地位和作用必须通过其重要载体来体现。这种载体就是——网络，有线电视网络。在四级办电视的方针引导下，截至 1997 年年底，全国县级以上有线电视台发展到 2 000 多个，覆盖全国 30 多个省、市、自治区，入网观众达 6 000 多万户，约 2 亿人。[②] 据有关专家估计，到目前，我国有线电视入网观众超过 1 亿户，约 3 亿人，而且这些有线电视用户大多是在农村。随着城乡一体化进程的加快，农村的有线电视发展越来越快，农村有线电视传输网络成为县级广播电视台生存与发展的基础。不仅如此，经济发达，人民生活富裕，对信息文化的需求相应增长，为县级广电向城市广电媒体转变提供了大量有效的观众资源，也使县级广电传媒向更注重特色化信息服务的城市台方向发展。同时，城市化水平提高，城市居民日益增多，要求县级广电从主要服务于农民向

---

① 黄匡宇．广播电视学概论．广州：暨南大学出版社，1999. 157

② 杨明品．北京广电管理体制调整的政策分析．中国广播电视学刊，2005（6）：9

主要服务于城市转变，人口向城市集中也使得县级广电开展群众娱乐活动更加便利，更利于县级广电丰富节目内容，服务于群众文化生活。

三、县级党委、政府是县级广播电视台生存与发展的靠山

广播电视是党委和政府的“喉舌”，县级广播电视台当然是县委、县政府的“喉舌”。在中国行政体系中，县是一级重要的行政区划。从行政建制、历史沿革和未来发展来看，我们不仅可以把县看成是一个比较完整的政治区域，而且还可以把它当成一个完整的区域经济板块或区域经济单元。一个拥有数十万乃至百多万人口的区域政治经济板块，在客观上是需要一种地域性的媒体为其服务的。前几年的报业整顿的直接结果是县级党报取消了，县级广播电视台成为县级政府唯一的宣传工具。

过去，县级广播电视台不仅为我国的广播电视业发展立下了汗马功劳，而且对县域的政治、经济、文化发展和满足人民群众的精神生活发挥了巨大的作用。实践证明，过去我们认为县级办广播电视源于领导者的政治需要、形象需要、政绩需要是非常错误的。另外，随着我国社会主义政治文明的逐步提高，县级广播电视台也必将在本县公共事务中发挥更重要的作用，真正做到既宣传县委、县政府的决策、决议，又传达民众心声，甚至影响本县公共政策的制定，成为提供社区公共服务的平台。

从现实条件看，目前中国广播电视行政区划进行的“条块结合，以块为主”的分级行政管理模式不容易打破，取消县级广播电视台并非一件容易的事，尽管目前县级广播电视台转变了职能，但其“喉舌”功能仍未改变。尽管一些县级广电经济困难重重，但由于“喉舌”作用的客观要求，县政府一定会投入资金维护它的生存与发展。因此，县级广播电视台的生存与发展有了靠山支撑，一定会在困境中闯出一条生存与发展的道路。

综上所述，县级广播电视台的生存与发展依然存在广阔的空间和条件：有个性，有受众，有基础，有市场，有靠山。任何“一刀切”的政策对于县级广电发展都是行不通的，对我国广播电视产业的发展也是不利的。轻率地否定“四级办”，单纯地取消县级台自办节目，是一种极端行为，不但县级台难执行或不执行，老百姓不赞成，当地党委政府也会不同意，且必将损害广播电视事业。必须通过转变观念，理顺体制，强化管理，平衡利益，统筹兼顾等有效办法来解决“四级办”的各种弊端与问题。

第五章 博罗县广播电视台改革与发展的经验借鉴

“四级办”方针出台后，调动了地方办广播电视台的积极性，弥补了中央财力不足的状况，提高了中国电视人口覆盖率，在丰富人民群众的精神文化生活、加强信息交流、贯彻党和政府的方针政策与加快我国广播电视事业的发展等方面起到过十分积极的作用。

博罗县广播电视台就是在这个全国各地大办电视的热潮中成立起来的千千万万中的一个。分析博罗县广播电视台的改革与发展历程，探讨其成长的过程，对于研究我国县级广播电视台的生存与发展策略有一定的参考价值。

第一节 博罗县广播电视台的历史沿革

博罗县位于广东省南部，面积2 858平方公里，总人口80万，其中农业人口占76%，达60.8万人。该县在行政上隶属广东省惠州市。

1984年9月成立博罗县广播电视局，编制15人，为正科级单位，下设办公室、事业股、社会管理股。

1990年2月6日，博罗县人民政府批复，同意建立博罗县电视转播台，为股级建制单的全民所有制事业单位，人员定编11名，隶属博罗县广播电视局。

1990年9月26日，博罗县人民政府批复，同意撤销原博罗县广播站，设立博罗县人民广播电台，为股级建制单的全民所有制事业单位，人员定编19名，隶属博罗县广播电视局。

博罗县人民广播电台于1990年9月28日开播。

1990年12月15日，由广东省广播电影电视厅、惠州市人民政府、博罗县人民政府举行联席会议，决定三方共同投资，在博罗县境内海拔1 023米的象头山蟹眼顶建立象头山广播电视发射台。象头山广播电视发射台于1989年动工，1992年启用。

至此，博罗县人民广播电台、电视台、有线电视台均属博罗县广播电视局领导。这时候的广播电视播出机构设备简陋，档次极低，广播电视节目都是转播省广播电视台节目，每星期只有一两次新闻节目。广播电台用客家话播出，电视没有专用频道，只能在其他频道插播新闻节目，而且采、编、播的设备都是家庭式的收录设备。电视台因设备落后，在1993年年审不合格，拿不到广电部颁发的合格证，因而无证经营多年。

1994年，根据广东省人民政府转发的广播电影电视部《关于有线电视管理暂行办法》和《有线电视管理暂行办法实施细则》通知（粤府〔1991〕109号）的精神，经博罗县人民政府批准，同意罗阳镇有线电视站移交给县广播电视局管理。县广播电视局收编罗阳镇电视站，建立博罗县有线电视台，为股级企业单位，有有线电视用户6 000户，有7套有线电视节目。

从1998年6月开始，博罗县广播电视台进入了新的发展阶段。

1998年11月，广东省广播电影电视厅根据《广播电视条例》和广电部（1998）广发社登县字508号文，批复同意博罗县人民广播电台、博罗县电视台、博罗县有线电视台合并为博罗县广播电视台，给予重新登记。登记后的台名为“博罗县广播电视台”，许可证编号为：044190925，台标编号为：TB044190925。登记后的博罗县广播电视台可开办一套广播节目和一套电视节目，用无线和有线两种方式传输，并保持“博罗县电视台”和“博罗县人民广播电台”的呼号。

1998年9月，经博罗县人民政府批准，博罗县广播电视机构实行“三台合一”（电视台、有线电视台、电台），在全省最先组建广播电视台，实行“局台合一”（广播电视局，广播电视台），实现“一套班子（局长兼任台长，副局长兼任副台长），两个牌子（广播电视局，广播电视台），三台（广播电台，电视台，有线电视台）合一，四统一（统一人事管理，统一宣传规划，统一事业发展，统一创收经营）”。内设机构有：办公室、广播部、电视部、有线电视部、广告部、事业管理股、象头山发射台、社会管理股、财会股、保卫股等10个部门。均为股级机构。同时增加30名编制，经费自筹解决。原有编制及供给渠道不变（原有编制48名，总编制78名）。中层干部一律竞争上岗，实行聘任制。

2000年10月，博罗县编委批复，同意博罗县广播电视台增设总编室、播出部两个正股级建制的内设机构，总编室设正、副主任各1名，播出部设正、副部长各1名。

2002年11月，经博罗县人民政府批复，博罗县广播电视局对21个镇广播电视站实行垂直管理。

2002年4月，在机构改革中，中共博罗县委、博罗县人民政府批准保留县广播电视局，调整为县政府直属的正科级事业单位，赋予广播电视事业的行政职能。内设15个职能股室，分别为：办公室、人事股、事业管理股、社会管理股、财会股、总编室、新闻部、制作部、节目部、广告部、播出部、有线电视部、象头山发射台、基层股、保卫股。全局事业编制78名，定编经费48名，由县财政核发，30名自筹。领导职数：局长1名，副局长2名；正、副股长（主任、部长、台长）30名。根据县编委《关于各镇广播电视站由县广播电视局实行垂直管理的通知》（博机编〔2000〕39号）精神，各镇广播电视站为县广播电视局的派出机构，由县广播电视局实行垂直管理，各站的人员、供给、设备、财务、资产、事业的经营和发展均由县广播电视局统一负责管理。实行垂直管理后，原建制、性质、编制和供给渠道不变。各广播电视站在县广播电视局的领导下，负责相应的广播电视宣传、管理、维护和服务工作。

从1998年6月至2006年年底，博罗县广播电视业蓬勃发展，实现了“宣传出精品，事业上台阶”的目标，固定资产从1998年的200多万元增至2006年的9 000多万元。采、编、播设备实现了网络化、数字化、智能化；全县有线电视实现光纤联网，21个乡镇所在地和行政村能收看30多套电视节目。一座投资近3 000万元、占地10 000多平方米的具有现代化气息的广播电视大楼成为博罗县县城的标志性建筑。

2005年12月，广东省进行文化体制改革，市、县组建文化广电新闻出版局，广播电视系统的行政职能归并文化广电新闻出版局。根据体制改革的有关精神，组建博罗县广播电视台，并于2006年1月17日举行挂牌仪式。博罗县广播电视台为县委宣传部领导下的正科级事业单位，接受县文化广电新闻出版局的行业管理，对外保留“博罗县人民广播电台”、“博罗县电视台”呼号。广播电视台内设14个职能室（股、中心），均为正股级建制。这些职能机构是：办公室、人事股、计财股、保卫股、稽查队、事业拓展股、技术中心、器材中心、广告中心、总编辑室、新闻中心、节目中心、播出中心、发射中心。博罗县下属的广播电视站有：石湾、园州、龙溪、龙华、九潭、福田、长宁、湖镇、横河、义和、泰美、响水、平安、柏塘、杨村、杨侨、蓝田、观音阁、公庄、石坝、麻坡站等21个站及罗浮山、小金办事处。各镇广播电视站为县广播电视台派出机构，由县广播电视台实行垂直管理，统一冠名为“博罗县广播电视台××站”，均为正股级机构。核定事业编制87名，其中财政核拨款59名，自筹款28名。

第二节　博罗县广播电视台自办节目状况

在市场经济条件下，“内容”是广播电视占领市场最有力的武器。因此，从20世纪90年代后期以来，全国的各大知名媒体争先推出自己的特色板块、栏目、专访、独家报道，以吸引受众的眼球，争取更大的市场占有率、更为轰动的品牌效应和更为丰厚的市场回报。

在这样的背景下考察一家媒体，首要对象显然就是它的内容建设了。通过内容就可以直接反映出该媒体的内部体制、外部环境及该媒体从业人员素质等多个方面的情况。

一、频道（率）设置情况

（一）广播电视（发射）转播台

博罗县象头山广播电视发射台于 1989 年开始筹建，1992 年建成投入使用。

象头山广播电视发射台分别安装了电视和广播发射机。电视发射机 2 台，功率均为 300 W，一台转播广东卫视节目，为 24 频道；一台为博罗县电视台专用发射机，主要转播广东电视珠江频道节目，为 11 频道。广播电台调频发射机 2 台，功率均为300 W，一台转播广东卫星广播（新闻台）节目，频率为100 MHz；一台发射博罗县人民广播电台节目，频率为 107.3 MHz。

（二）博罗县人民广播电台

博罗县人民广播电台成立于 1990 年 9 月 28 日，频率 FM103（后改为 FM107.3），发射功率300 W，采用调频立体声广播。开办时只有 2 名记者和 4 个播音员。该台自办节目的播出时间为早上 7：00～8：00，中午 11：45～12：45，晚上 18：30～19：30，全天播出时间为 3 个小时，采用普通话和客家话语言播出。开播节目有：《本县新闻》、《经济信息》、《广告之窗》、《东江晨曲》、《午间音乐厅》、《黄昏寄情》、《外面的世界》、《罗浮文苑》等栏目。

1998 年 6 月以后，博罗县人民广播电台开始进入高速发展期。发射设备更新换代，把落后的 300 W 国产电子管发射机更新为意大利产的全固态发射机，实行了数字化传输广播节目，极大地提高了节目质量。2001 年设置 5 套音频工作站，实行数字化节目制作；购置专业数字调音台，装置标准化播音直播室和备播室，实行数字化播出。博罗县人民广播电台的播出时间从原来每天 3 个小时（基本上转播上级台节目）增加到 20 个小时。主要栏（节）目有：转播中央台、广东台新闻节目；自办节目有：《博罗新闻》、《榕城信息发布台》、《罗浮晨光》、《空中舞台》、《东江唱晚》、《今夜星晨》、《周末对对碰》等 10 多个栏目。

（三）博罗县电视台

博罗县电视台成立于 1985 年，其前身是博罗电视差转台（葫芦岭差转台），以转播广东电视珠江频道为主，不定期、不定时用简易的家庭式的录像机插播本地新闻节目和广告，没有固定的自办节目。1992 年通过微波传送象头山发射台传输电视节目。由于资金缺乏，当时使用的是乐声 M5、M7 家庭用的摄像机，用乐声 J27 录像机进行简单的初级对编，图像损耗大，播出的效果极差，特别是人物特写严重失真，颜色偏红，被当地群众戏称为“烧鹅台”。博罗电视台为 11 频道，发射台位于象头山，发射功率为 300 W。

从 1998 年 10 月开始，博罗电视台进入了新的发展时期。1998 年 10 月，县广播电视局自筹资金 10 万元，引进一套 JVC 传统的专业新闻线性图像对编系统，一台 JVC 专业级摄像机，采用 S－VHS 制式，节目质量达到准专业级的水平，是当地电视事业跨越式发展的一件大事。到 2004 年，博罗县电视台采、编、播设备焕然一新，拥有 6 套非线性编辑系统、6 台数字摄像机、多套电脑硬盘播出系统，全面实行了电视节目的采、编、播数字化、网络化、自动化。

播出时间从原来的每天 5 个小时（基本上转播上级台节目）增加到 18 个小时。

主要节目有：新闻、资讯节目方面：转播中央台、广东台新闻节目；自办节目有：《博罗新闻》、《今日博罗》、《信息在线》、《博罗警讯》、《农科天地》等栏目。娱乐节目方面：两档“电视剧场”。

博罗电视台的节目主持人都是经过专业培训、考核的有资质的人员，有的是面向全国招收的新闻专业人才。

（四）博罗有线电视台

博罗有线电视台位于县城所在地罗阳镇，该站成立于1987年，由私人出资，挂靠罗阳镇政府。为了活跃县城群众文化生活，加强有线电视的管理，提高播出质量，1989年7月，经共同协商，决定罗阳镇有线电视站由博罗县广播电视局与罗阳镇居民办事处共同管理，并改名为“罗阳有线电视服务站”，有员工10人，资金自筹，自我积累，自我发展。有线电视用户3 000户，采用同轴电缆网传输14套电视节目。由于设计落后，传输质量差，故障率高，导致用户投诉多。

1994年，罗阳有线电视站收归县广播电视局管理后，县广播电视局投入大量资金对网络进行全面改造，把同轴网改造为HFC光纤同轴混合网，带宽850 M，传输20多套电视节目。

通过有线网络传送电视节目，其节目来源由两部分组成，一是传输博罗电视台节目，二是传输博罗“点歌台”节目。

二、新闻、资讯栏目状况

《博罗新闻》。该栏目是博罗广播电视台的老牌栏目。于1998年9月创办，包括广播新闻和电视新闻，开办的头一年每周播两次，一年后隔天播出。从2000年开始，天天有博罗广播和电视新闻。

《今日博罗》。该栏目创办于2000年1月2日，不定期播出。主要报道本县的“两个文明”建设中涌现出来的新人、新事、新风尚，以及改革、发展的新成果和配合县委、县政府的中心工作针对性地进行宣传报道。

《信息在线》。该栏目创办于2000年2月3日，每星期播出两期，主要通过“报纸摘要”等形式，介绍轶事、趣闻和报道突发新闻。

《博罗警讯》。该栏目创办于1999年7月1日，与博罗县公安局联办，每月播出两期，主要报道公安机关打击犯罪、队伍建设等动态消息。

《法制播报》。该栏目创办于2004年，由政法部门提供节目，每星期播出一期。

作为一个县级广播电视台，博罗电视台的新闻节目的挡数和架构已经是一个准市（地）级台的水平了。其特点有如下三个方面：

一是采访资源共享。广播电视节目的采编，采用“一路记者采访，分别编辑广播、电视新闻”的方法进行，体现了“三台合一，资源共享”的目标。

二是自编节目能力强。该台拥有多套较为先进的线性采编设备和经过培训的编辑人员，每天自编节目30分钟以上。

三是节目质量高。博罗广播电视台的新闻节目在内容和形式上都达到了一定的水准，一些专家是这样评价该台的自办节目的：“有板有眼，内容和形式都超出县级台的水平。”在历年的新闻节目评选中，博罗广播电视台参评的节目，在获奖的数量和档次上，连续7年在惠州市各县级广播电视台中名列前茅，每一年都有一批新闻节目获省级奖。

三、新闻、资讯节目获奖情况

“宣传出精品”是博罗县广播电视台新闻立台的最终目标。多年来，博罗县广播电视台的新闻工作者是中国最基层、最小的新闻工作者，但是，他们敢于勇立潮头，在小天地里作大文章，取得了显著的成绩。博罗县广播电视台的新闻节目，不仅在本地受观众的关注和欢迎，而且在每年的省、市广播电视新闻节目评选活动中都取得了很好成绩。

表 5－1　博罗县广播电视台历年获奖情况

1998—2007 年获广东省广播、电视新闻奖

获奖时间	作品名称	等级
广播新闻		
2000 年	我县农村计生员实行工薪制	三等奖
2001 年	网上农业信息成了罗阳农民致富的财神爷	三等奖
2001 年	八国医学专家盛赞中国各级政府关心爱护残疾人	三等奖
2001 年	清明节刘屋村民集体上陵园扫墓	三等奖
2001 年	博罗酥醪菜等“太空客”回家了	一等奖
2003 年	博罗“中国黑糖”远销日本 18 载	三等奖
2004 年	观音阁糖厂 50 年从来不向蔗农打白条	三等奖
2005 年	县长进京找市场	三等奖
2006 年	42 年分离苦，中秋之日喜团圆	一等奖
2006 年	横河遭受暴雨袭击 800 群众被安全转移	二等奖
2006 年	狂徒末日	二等奖
2006 年	杨侨镇：2000 名原柑橘场职工子女享受免费义务教育	三等奖
2006 年	七旬阿婆火中救百岁老母亲	三等奖
2006 年	博罗石场复绿工作全面铺开	三等奖
2006 年	梁植先生拥军情结 21 年	三等奖
电视新闻		
1998 年	芊卉创出“公司＋基地＋农户”的产业化新路子	三等奖
1999 年	湖镇 18 微米镀锌铜箔填补了国家一项空白	三等奖
1999 年	我县千亩抛秧田喜获丰收	三等奖
2001 年	心系百姓　情暖三径	三等奖

（续上表）

获奖时间	作品名称	等级
2002 年	城市垃圾变宝贝	二等奖
2002 年	博罗：个体农机户成为农业机械化的主力军	三等奖
2003 年	博罗酥醪菜等“太空客”回家了	二等奖
2004 年	县长进京买荔枝	二等奖
2004 年	观音阁糖厂 50 年来从不向蔗农打白条	三等奖
2006 年	全县各中小学今天开学灾区学生无一辍学	一等奖
2006 年	博罗 125 个行政村道路成功改造	二等奖
2006 年	梁植先生拥军情结 21 年	二等奖
2006 年	博罗石场复绿工作全面铺开	二等奖
2006 年	42 年分离苦，中秋之日喜团圆	三等奖
2006 年	1 889 名严重受灾家庭子女通过绿色通道顺利入学	三等奖
2006 年	狂徒末日	三等奖

广播社教专题

获奖时间	作品名称	等级
2000 年	我县国企实现扭亏脱困目标	二等奖
2001 年	公仆情化结三径村问题堆砌的坚冰	三等奖
2002 年	回头浪子救浪子	二等奖
2003 年	九天归来展新绿	二等奖
2004 年	东哥，我们怀念您	三等奖
2006 年	温柔陷阱	二等奖
2006 年	孝暖人心	三等奖

电视社教专题

获奖时间	作品名称	等级
2002 年	回头浪子力促浪子回头	三等奖
2003 年	真情拭去孤儿泪	三等奖

（续上表）

获奖时间	作品名称	等级
2004 年	东哥，我们怀念您	二等奖
2006 年	拥军热心人：梁植	一等奖
2006 年	孝暖人心	三等奖
1998—2007 年获惠州市广播、电视新闻奖		
广播新闻获奖共 29 条，其中一等奖 4 条，二等奖 4 条，三等奖 11 条		
电视新闻获奖共 24 条，其中一等奖 6 条，二等奖 6 条，三等奖 11 条		
广播社教专题获奖 14 条，其中一等奖 2 条，二等奖 5 条，三等奖 7 条		
电视社教专题获奖 13 条，其中一等奖 4 条，二等奖 4 条，三等奖 5 条		
广播新闻播音主持获奖共 7 条，其中二等奖 2 条，三等奖 5 条		
电视新闻播音主持获奖共 9 条，其中一等奖 1 条，二等奖 2 条，三等奖 6 条		
广播剧《故乡土》获惠州市精神文明建设第二届“五个一工程”入选作品		
其他奖项		
获奖时间	作品名称	等级
广播		
2002 年	广播剧《故乡土》	广东省广播剧二等奖
2003 年	广播剧《故乡情》	广东省广播剧二等奖
2006 年	《电影长廊》	广东省广播文艺二等奖
2006 年	《我的故事，我的歌》	广东省广播文艺三等奖
播音主持		
2006 年	信息在线——媒体拼盘	广东省广播播音主持二等奖
2006 年	信息在线	广东省广播播音主持二等奖
2006 年	专题：2006 年博罗工作回顾	广东省广播播音主持三等奖

（续上表）

获奖时间	作品名称	等级
2006 年	电视新闻——《博罗 125 个行政村道路成功改造》	广东省广播播音主持三等奖
2006 年	电视新闻——《携手并肩　众志成城　着力构建和谐博罗》	广东省广播播音主持三等奖
广播电视制作		
2004 年	广播剧《故乡情》	国家广播节目录音技术质量三等奖
2004 年	广播剧《故乡情》	广东省广播、录音节目录制技术质量三等奖
2006 年	《1073 点唱机》标榜	广东省广播制作三等奖
2006 年	《欢乐铃铃吧》	广东省广播制作一等奖
2006 年	电视新闻片头	广东省电视制作二等奖
电视广告创意		
2006 年	《戒烟篇》	广东省电视广告创意三等奖
2006 年	榕城华庭商业广告	广东省电视广告创意三等奖
2006 年	金香江家私商业广告	广东省电视广告创意三等奖
2006 年	“利园”肥羊子商业广告	广东省电视广告创意二等奖
理论文章		
2005 年	《新闻、宣传、舆论的辩证思考》	第七届广东省广播电视学术论文奖三等奖（2005 年）
其他政府奖		
《博罗众多热心人救助残疾乞丐朱国兴》获第七届广东残疾人事业好新闻奖二等奖（2003—2004 年度）		
《敢于与厄运抗争的残疾人李政良》获第七届广电残疾人事业好新闻奖优秀奖		

四、自办娱乐节目情况

博罗县广播电视台自办娱乐节目，主要包括四个方面：

（1）电视直播或录播文艺节目。1998 年 11 月，博罗县举办第二届群众艺术节，博罗县广播电视台成功地进行了现场直播，开创了惠州市县级电视直播的先河。根据县委的要求，每逢举办重大的文艺节目，县广播电视台都要现场直播或录播。为了安全播出的需要，一般来说，上级广电部门对广播电视现场直播是严格控制的，但没有明文规定。博罗广播电视台对每次现场直播的安全工作，均做到万无一失。

（2）电视台开办“家庭影院”和“电视剧场”。从 2000 年开始，博罗广播电视台从广东省广播电影电视中心购买影片和电视剧在电视台播放，深受观众欢迎。

（3）广播台开办娱乐栏目。从 1999 年开始，博罗人民广播电台开办娱乐栏目，主要栏目有：《周末对对碰》、《精彩黄金时间段》、《点歌台》、《开心竞猜》等。

（4）开设电视点歌台。从 2000 年始，将博罗有线电视频道改设为“点歌台”，启用点歌系统，刻录健康的歌曲播出，采用电话自动点播，或电话要求字幕祝福语播出。点歌台节目自开办以来，备受欢迎，点歌的观众络绎不绝，不仅丰富了电视台的文艺节目，也给广播电视台带来了不菲的收入。

第三节　博罗县广播电视台事业建设情况

在“四级办”的前期，由于各方面的原因，博罗县广播电视事业建设的步子迈得不够快，各项事业比较滞后。但是，由于象头山发射台的建立和 20 世纪 90 年代末改革步子的加快，博罗广播电视业如日中天，蓬勃发展。

一、广播电视发射系统更新换代

博罗广播电视发射台建于1992年，发射功率低，且设备陈旧老化，已经不适应广电发展的需要。从2000年开始，博罗广播电视局对发射台的所有设备进行更新换代。仅用两年的时间，投资100多万元，鸟枪换炮，淘汰了广播电视的电子发射机，新置了固态发射机，从而提高了广播电视的发射质量，保证安全播出。

二、广播电视设备从无到有、从好到优

博罗县广播电视台的设备从无到有，从粗到精，从好到优。从1998年9月购买第一部非线性编辑系统和字幕机，到2004年，从电视新闻节目编辑到广告制作全部使用非线性编辑机，全台拥有非编系统7套。1998年以前仅有的两台乐声m9000摄像机，现已被8台数字摄像机所代替。

从2001年开始，广播电视节目实现硬盘播出，广播电台建立音频工作站。广播电视台的采、编、播设备及其运作全面实行了数字化、网络化、自动化，无论从规模上，还是在档次上都走在全省县级广播电视系统前列。

三、广播电视传输网络呈立体化

（一）广播电视传输多元化

广播电视发射系统除了更新设备外，更扩大了覆盖范围和提高了接收效果。并于2001年投入100多万元，在象头山广播电视发射台建设电视MMDS（多路微波）发射系统，传送8套电视节目，电视用户达3 000多户。至此。博罗县广播电视覆盖率实现了“天上地下四张网（广播网、电视无线网、电视有线网、MMDS网），有线无线相结合”的立体传输网络。

（二）有线电视城乡一体化

从1998年10月至2000年12月，博罗县广电局依法取缔

了10多张私人设立的有线电视网络，并投入200多万元，整合了全县各镇有线电视网络。1998年投入近千万元，改造了县城有线电视网，在惠州市率先实现光纤网络传送电视节目。

2000年，全县21个乡镇有线电视实行光纤联网，取消各乡镇广电站的播出前端，实行“一县一网一信号”。从2002年开始，全力运营“村村通光纤有线电视”工程，到2006年底，架设光纤300多公里，全县331个行政村已通有线电视，有线电视用户达8万多户，边远的山区也同县城居民一样，可以收看到30多套电视节目。全县有线电视光纤联网，实现同一信号的覆盖，一方面为今后广播电视做强、做大奠定了坚实的基础；另一方面促进了广告业务和网络增值业务的开发；同时又有利于提高服务质量，为用户提供优质、稳定的电视信号；更重要的是保证了电视节目的安全播出。

（三）广播电视中心大楼见证了博罗广电事业的辉煌

1998年以前，博罗广播电视台的办公、广播电视节目制作等全部业务工作都在一座200多平方米的旧楼里进行，办公和制作环境非常简陋。在博罗县行政、企事业单位中，广播电视局是“最烂”的一个单位。

“穷则思变”。从1998年开始，博罗县广播电视人奋力拼搏，头年起步，二年打基础，三年大变样。于2000年投资近3 000万元，建成了集行政办公、广播电视制作、传输、发射于一体的具有现代化气息的广播电视中心，这1万平方米、16层高、玻璃墙幕的大楼，成为博罗县县城的标志性建筑物。

第四节　博罗县广播电视台主要业绩

经过多年的艰苦创业，博罗县广播电视在县财政没有投入的情况下，依靠全局的力量，自力更生，自我积累，自我发展，用自己的心血和汗水，撑出了一片湛蓝的天空，对当地的经济社会发展作出了重要贡献。

（一）为当地的改革、发展、稳定做宣传

以宣传为中心的主导地位进一步确立，宣传的导向和“喉舌”作用得到充分发挥。多年来，博罗广播电视台围绕县委、县政府的中心工作，发挥喉舌作用，结合各个时期的工作特点，宣传报道县委、县政府的重大决策，宣传报道“两个文明”建设的重要成果，推介博罗优越的投资环境。在社会主义新农村建设、拥军优属、招商引资、信访维稳、党风廉政建设、防洪抢险等工作中，博罗县广播电视台组织采访力量采写了大量的新闻作品，通过电台、电视台新闻、专题栏目进行宣传报道，并取得了显著的成绩。值得一提的是，2004 年 7 月 1 日，博罗县电台与县纪监部门合作，在全省率先开办了以“替老百姓说话，为政府分忧，促社会稳定”为宗旨的全新广播栏目——《行风热线》。该栏目比广东电台的《民声热线》栏目还要早一年多。《行风热线》节目以其权威、亲切、贴近、实用的特点吸引着各行业、千家万户的听众。《行风热线》已经成为广大听众喜爱的博罗人民广播电台的一个名牌栏目，开办五年多来，共播出 262 期节目，收到了显著的成效，得到了上级有关部门的充分肯定。

原中共博罗县委书记邓庆忠是这样评价博罗广播电视台的：“博罗广播电视台所作的贡献，使我重新认识了媒体的力量，广播电视台的力量胜过千军万马。”

（二）形成了统一的广播电视发展管理体系

博罗县广播电视系统改革的最大成效是形成了统一的广播电视发展管理体系。明确规定了乡镇广播电视站是县广播电视局的派出机构，直属县局领导，局机关设立合署制管理体制，撤销电台、电视台、有线台建制，广播电视台实行“局台合一”。按照“统一人事管理，统一宣传规划、统一事业发展，统一创收经营”的管理体制进行管理运作。在人事管理上，各单位定编为股级单位。中层干部一律采用竞争上岗、聘用。

在财务管理上，实行一级财政核算，各镇站均是报账单位。博罗广电的领导体制和管理机制仿效了中国电信的方式，是一种“事业单位，企业化运作”的模式。

（三）经营创收上台阶

1998年以前，博罗县广播电视每年的总收入才100多万元，各乡镇广播站基本无收入，日常的运作开支靠当地政府解决。1998年以后，博罗县广播电视一靠广告创收，二靠有线电视收视费，三靠多功能开发创收，经营收入实现了大的跨越。用下面数字足以说明：

表5-2 博罗县广播电视台1997—2007年收入情况（单位：元）

年份	1997	1998	1999	2000
总收入	1 352 800.00	1 760 000.00	2 576 965.04	3 099 855.50
年份	2001	2002	2003	2004
总收入	9 738 780.85	17 017 890.92	20 335 877.31	22 917 567.97
年份	2005	2006	2007	
总收入	23 559 115.43	26 760 009.87	31 209 678.39	

从1997年到2007年的10年间，特别是从1999年开始，博罗县广播电视台每年的总收入呈几何级数递进，平均增长率为36.89%。

（四）敞开就业大门，广辟就业门路

“发展是硬道理”，发展是解决问题的良药，博罗广播电视业的发展，一方面提高了干部职工的工资待遇，凝聚了人心，人心思变，人心思干；另一方面，事业的发展广开了就业机遇，1998年前原广播电视局下属公司下岗的人员全部复岗，并安排了百多名复退转业军人和大学生就业。

（五）综合实力增强，贡献越来越大

改革的目的是增强活力，活力体现实力。博罗广播电视台在1997年欠债500多万元的情况下，仅靠政府下拨10万元，靠改革擎起了一片蓝天，取得了良好的经济和社会效益：

（1）经济效益猛增。2007年总收入达3 120万元，比1997年的135万元增长23倍多。

（2）成为博罗县资产和税利大户。博罗县广播电视台固定资产的增加速度和增加量是惊人的，在1997年欠债500多万元的情况下，到2006年，博罗县广播电视台总资产达9 200万元，比1997年的固定资产300万元增加了30多倍。从2002年开始，每年上交税利400万元，成为博罗县税利大户，被惠州市评为“纳税先进单位”。

（六）广播电视资源得到有效整合

（1）整合新闻资源。由于实行了“三台合一”，有效整合了资源，改变了过去采访一条新闻两班记者，编辑、制作节目两套人马的现象，大量节省了人力，提高了节目质量。大批作品获省级以上奖励，从2000年到2007年就有64个新闻、社教专题、文艺、制作作品获国家、省级奖。

（2）整合频道资源。改变了原来只经营电视台、放弃经营电台的单一经营思想，抓住了开发县级电台的优势，并取得了明显的效果。电台经营收入从原来年收入不足3万元上升到年收入400多万元。

（3）整合有线电视网络。2000年将全县21个乡镇联网，取消各镇站播出前端，实现一县一网一信号。2002年开始实施“村村通光纤有线电视”工程，目前架设光纤300多公里，有线电视用户达11万户。这庞大的网络优势，为今后的有线数字电视的发展、做强、做大广播电视奠定了良好的基础。如今，博罗广播电视台已经成为惠州市文化产业的排头兵。雄厚的经济实力在市内外享有盛誉。

（4）整合了营销。由于实现了一县一网一信号，取消了乡镇站播出前端，一切广告经营活动由广告部全权负责。广告经营实现了“四个转变”，即由分散经营向集中经营转变、由时间段营销向频道节目营销转变、由粗放型营销向精耕细作型营销转变、由单一电视台营销向多元营销转变。通过整合营销，减少了内耗，广告收入大幅度增长，每年广告营销总额达 1 300 万元，比 1997 年增长 20 多倍。

（七）团队精神空前高涨

改革是发展的动力，发展是凝聚人心的“强心剂”。由于改革理顺了管理体制，使全体干部职工职责更加明确，做到了各负其责，各司其职，形成了良好的竞争态势。由于综合实力的增强，在改革中引进竞争机制、激励机制和监督机制，加强了干部职工的理论学习和业务培训，开展了“团结、爱岗、奉献”活动，使广播电视台上下形成了争先创优的良好氛围。员工的素质不断提高，人力资源也得到了有效的开发，先后有 200 名员工接受了各种学历教育，其中有 100 名员工获得了大专以上文凭，55 名员工被评上各种专业职称，32 名员工加入了中国共产党，25 名员工担任了中层干部。团队精神空前高涨，员工之间、领导与员工之间在生活、工作中消除了误解，减少了埋怨，湮灭了抵触，杜绝了内耗，员工的凝聚力和向心力大大增强，大家都能以主人翁的态度对整体形象负责，其积极性、创造性在实际工作中得到了充分的发挥。“团结、拼搏、奉献”的博罗广电人精神发挥着巨大的作用。

显著的成绩、卓越的贡献得到了社会的认可和各级领导的充分肯定，也得到了一些专家学者的高度赞扬。1999 年以来，博罗县广播电视局均获得市、县文明单位、先进集体、先进党支部等光荣称号。在 2005 年的“广东省广播影视行业之星”评选活动中，博罗县广播电视局被评为先进集体，同时，局主要领导也被评为“行业之星”，成为全省广电系统唯一获得“双星座”（集体、个人之星）的单位。复旦大学首席教授李良荣曾两次到博罗广播电视台考察，看到一个县级台的综合实力那么强，他赞扬有加，从内心发出感叹：博罗台的经验值得推广。

第五节 博罗县广播电视台主要经验

回顾博罗县广播电视台这些年所走过的历程，其发展和壮大的经验主要体现在两个字上：创新。即观念创新、体制创新和机制创新。

一、观念创新

中国广播电视是“四级办”，还是“二级办”，县级广播电视台的“重复建设论”、“机构臃肿论”、“不合理论”、“无序竞争论”等争论，从 1997 年到现在，一直都没有停止过。这种争论似乎是一场极大的危机在影响着县级广播电视的生存与发展。博罗县广播电视台的领导人在这时候充分认识到危机之中蕴藏着极大的机遇，勇敢地面对“山雨欲来风满楼”的态势，把握机遇，知难而进，开创“新天地”。首先进行了一系列的观念创新。

1. 树立人才旺台的观念

社会的竞争也好，经济的竞争也罢，即使是意识形态的竞争，这些竞争都离不开一条规律：人才的竞争。县级广播电视能不能在竞争中站稳脚跟，求得生存与发展，根本的问题在人才，这就是人才观念。因此，博罗广播电视台非常重视人才的培训和使用。

在人才培训方面，一是鼓励自学。2002 年，经过局领导的努力，争取到暨南大学的大力支持，暨南大学新闻传播学院在博罗县广播电视台建立教学基地，通过这个平台来培训新闻专业人才。并要求新闻采编人员参加暨南大学新闻学院的自学考试培训学习，局决定，每考合格一科补助 1 000 元。全局有 10 多名采编人员参加培训和自学考试，多数人拿到多科合格证书，有两位同志拿到了自考新闻学本科毕业证书。二是上送培训。要求播音员普通话要达标，全部在职播音员都要到省广播电视培训中心进行培训，并取得合格证书。多年来选送了多名有培养前途的播音和编辑人员到北京广播学院学习，这些人都学有所成，成为广电的主力军。

在人才使用方面，一是重视人才。主要是大胆引进人才，1998—2006 年，从外地引入广播电视专业人才 50 人。二是人尽其才。局领导敢于使用专业人才，某技术员毕业于广播电视专业学校，有较强的专业知识，一直以来都没得到重用。1998 年后，局的领导解放思想，大胆起用他，将其从一般技术员提拔为事业股股长，负责技术工作，不久又向县委推荐，任命其为副局长。这些技术员得到重用后，加倍努力工作，对广播电视台的“科技兴台”发挥了重要作用。

2. 树立新闻立台的观念

博罗县广播电视台的新闻、资讯、专题栏目的数量之所以如此之多，规模如此之大，档次如此之高，精品如此之多，新闻节目收视率如此之高，是因为广播电视台的当家人用“新闻立台”的观念统帅着整个经营活动，他们充分认识到，媒体无论大小，新闻栏（节）目是办台的根本，没有新闻栏（节）目，就无所谓媒体，新闻节目质量的高低决定着媒体档次的高低，县一级广播电视媒体也同样如此。因此，新闻立台成为领导决策的重要基础，一切经营活动都必须围绕新闻立台而展开。从人员的培训到设备的更新都以“宣传出精品”为目标而进行。广播电视台只有拿出好的新闻节目，才能展示媒体的力量，才能得到县委、县政府的高度重视。由于认识到了新闻栏（节）目在媒体中的地位和作用，博罗广播电视人敢花钱、敢投入设备和大力培训人才，这种胆识和敢作为的思想，为赢得发展先机提供了思想保障。

3. 树立科技兴台的观念

广播电视是科技进步的产物，科学技术是广播电视发展的强大动力。我国科学技术的迅猛发展，传统媒体的技术变革不断加快，新媒体技术的日新月异，对广播电视产生了巨大的影响，广播电视事业的每一个进步，都与现代电子技术，尤其是广播电视专门技术的飞速发展密不可分。特别是近20年来，由于磁带记录技术、超高频传递技术、彩色电视技术、卫星广播技术、大规模集成电路技术及大功率固态器制造技术等的发明和大量的推广运用和近10年来，高清晰度电视、三维电视、数字音频广播、数字电视的使用，以及计算机网络技术给广播电视带来虚拟演播室、大容量编辑系统、网上广播、网上电视等，更使广播电视技术不断发生革命性的变化，也使得广播电视在扩大规模，提高覆盖率，改善覆盖手段，提高技术质量和宣传服务水平等方面有了日新月异的变化。因此，从1998年开始，博罗县广播电视台的领导们充分认识到科学技术是广播电视发展的重要因素，牢固树立"科技兴台"的观念，以"只争朝夕"的精神，抓好广播电视发射设备的更新换代；整合、改造、升级有线电视；高标准、高起点建设采、编、播、存一体化，网络化的数字技术新体系，广播台、电视台打造出高质高效、开放集成、资源共享的数字节目内容资源管理系统和集成交换平台，实现了节目制作、播出、存储一体化，全新的节目制作工艺流程、运行和管理的方式在县级广播电视台中独占鳌头。

4. 树立"发展才是硬道理"的观念

发展才是硬道理，一个国家或一个地区只有发展才能壮大实力。同样，一个单位，只有发展才能找到生存的空间。实践证明，改革是广播电视发展的动力，发展是广播电视解决矛盾的良方妙药。多年来，博罗广电人不断解放思想，牢固树立发展就是硬道理的观念，不断理顺发展思路，明确做强、做大广播电视的奋斗目标，在确保舆论导向正确，保证安全播出的同时，突出重点——有线电视网络建设。有线电视网络建设是县级广播电视的产业的龙头，也是广播电视生存与发展的根本出路。因此，博罗广播电视局抓住广播电视网络建设不放松，大踏步实施"有线电视村村通"工程，这种发展思路比国家广电总局提出的那种无线的"村村通广播电视"工程已经先行了一大步。博罗县从1998年改造县城有线电视网络，到2002

年实行全县光纤联网，再到2006年实行全县“村村通有线电视”，是地方广播电视发展的一种必然趋势。

二、体制创新

（一）制约博罗广电发展的主要因素

中国的广播电视体制是一种有系无统的松散型的体制。生产关系一定要适应生产力的发展，这是马克思主义哲学原理揭示的社会发展的一条客观规律。广播电视作为一种产业，它的生产关系主要表现在其本身的管理体制上。就博罗县来说，始建于20世纪六七十年代计划经济时期沿袭至今的管理体制，制约着广播电视生产力的发展，主要表现在以下六个方面：

（1）结构松散。县广播电视系统由县广播电视局领导下的电视台、广播电台、有线电视台所组成，而几个部门有着不同的性质和不同的财政供给渠道：广播电视局属行政编制，供给来源于县财政；广播电台、电视台属事业单位，部分供给来源于县财政；有线电视台属企业单位，实行自我供给制。不同性质的部门和不同的供给渠道无法形成合力。这是广播电视发展步履缓慢的主要原因之一。

（2）诸侯分割。由于长期以来实现“条块结合，以块为主”的管理模式，博罗县21个乡镇广播电视站分成各自独立的21个电视网络，而且各乡镇的电视网络发展极不平衡，绝大多数乡镇广播电视站的有线电视网络是低档次的铜轴电缆网络，甚至个别乡镇的网络仍属于私人经营。这“小而全”的诸侯分割的各自为政的小网，根本无法形成产业优势，更不能有效地发挥广播电视的喉舌作用。

（3）管理混乱。首先是在用人问题上，有的乡镇随意调动广播电视站的工作人员，用人离奇百出。有的站负责人长期跨行业从事其他工作；有的成为“父子站”、“兄弟站”、“朋友站”。其次是在业务方面，由于受经济利益的驱动，有的站违法乱放、滥放商业、医疗广告；有的站私设频道播放录像；有的播放要素残缺、粗制滥造、极不严肃的所谓本地新闻，安全播出后患无穷。再次是财务管理上的混乱。有的站父亲是站长，儿子是财务工作人员；有的站长期没有设立财务账，收支不分明，当地干部群众议论纷纷。

(4) 基础薄弱。由于乡镇广播电视站属于多头领导，谁也不愿出钱搞建设，基础非常薄弱，主要表现在存在着“五无”状态，即无办公用房、无服务场所、无技术用房、无技术员、无发展资金。

(5) 覆盖率低。全县各镇的有线电视网多数局限在圩镇，有线电视覆盖率还不到20%，实现全县村村通广播电视任重而道远。

(6) 人员素质差。博罗县广播电视系统的人员主要有以下几个方面来源：建台之初的“元老”；分配的大、中专毕业生、复员退伍军人；乡镇回城的干部；各镇调动而来的职工；由领导“照顾”而来的外单位下岗人员；借调、招聘的临时工等。这些人员基本上不懂得广播电视采、编、播技术，而且文化程度低，想干不会干、不敢干、不能干的现象非常突出。

(二) 体制创新的基本思路

1. 强化行政管理职能

创新体制的前提，是要强化广播电视的行政和行业的管理职能，要强化这些职能，就必须得到县委、县政府的大力支持，通过行政推动力来实施。1998年6月，博罗县委调整了博罗县广播电视局的领导班子，新组建的领导班子团结奋进，在局主要领导的努力下，广播电视局的工作得到了县领导的高度重视，县人民政府为了规范全县广播电视的管理，于1998年11月2日下发了《博罗县广播电视管理规定》。文件内容如下：

第一条　为加强我县广播电视的管理，根据中华人民共和国国务院1997年8月11日第228号令《广播电视管理条例》和《中共中央办公厅国务院办公厅关于加强新闻出版广播电视业管理的通知》等文件精神，结合我县的实际，制定本规定。

第二条　博罗县广播电视局是我县广播电视的行政部门，负责全县行政区域范围内的广播电视行政管理工作，并按照国家有关规定，负责县城广播电视传输网络的建设与管理及负责审查、监督和指导我县各镇有线电视网络的建设与管理。

第三条　县广播电台、电视台、县城有线电视站实行“三台合一”的体制，统称博罗县广播电视台。局台合并后实行“统一机构建制、统一人事管理、统一宣传规划、统一事业建设、统一经营创收”，各镇广播电视站属县广播电视局的派出机构，在局和当地党委、政府的共同领导下，开展各镇广播电视的管理工作。

按照“同一行政区域只能设立一个区域性有线电视传输覆盖网”的规定，各镇范围的有线电视网络（除县城外）统一收归镇广播电视站经营和管理，个别镇仍由私人建网或承包给他人经营的，在1999年元旦前其产权要一律收归广播电视站所有，并由站统一经营，届时没有收编的有线电视覆盖网由县广播电视局予以取缔，各镇偏远地区确需暂时独立建网的，要报镇广播电视站并送县广播电视局审批后方可建网。

第四条　有线电视网络必须符合广播电视发展的总体规划，按照“专网建设，自成体系”、“统一规划、统一设计、统一施工、统一管理、统一使用”原则进行管理，各镇广播电视覆盖网的工程选址、设计、施工、安装应按国家规定实行报批手续；工程竣工后要由县广播电视局组织验收，未经验收或验收不合格的，不得投入使用。

第五条　凡在我县辖区内安装和使用卫星广播电视地面接收设施的单位，必须向县广播电视局报批，经审批后方可安装和使用；接收境外电视节目须报省广播电影电视厅审批。已建成有线电视网络及卫星地面接收设施的，自本规定实行之日起，应重新向县广播电视局办理审核手续。未取得广播电视设施使用许可证的，由县广播电视局协同公安机关坚决依法拆除。个人不得安装和使用卫星地面接收设施，卫星地面接收设施的管理实行许可证和年审制度。

第六条　严格审查、管理各类广告播出。播放商业性广告必须符合商业行为，并不得超过规定的时间，播放公益性广告，不得少于规定时间。

第七条　任何单位和个人不得侵占哄抢或者以其他方式破坏广播电视传输覆盖网的实施。

第八条　各镇广播电视站收取的有线电视用户的管理费，是维护和发展各镇广播电视网络的专项费用，任何单位和个人不准挤占和挪作他用。

第九条　有线电视用户要按时缴交管理费用。每年 6 月底和 12 月底前要分别缴清上半年和全年的管理费用。

第十条　申请安装有线电视的用户，应到县城或乡镇有线电视站办理入户手续，对偷接或私接有线电视线路者，按破坏有线电视覆盖网论处。

第十一条　实行全县有线电视联网后，各镇有线电视网络的产权仍属各镇站所有，网络的维护和管理仍由各镇站负责。联网后凡直接或间接使用象头山发射台信号的有线电视网络，均应向县广播电视局缴交相应的信号服务费用。具体收费标准和范围由县物价部门审核确定。

第十二条　违反本规定的一切行为按照《广播电视管理条例》予以处罚。

2. 建立“三台合一”的局台体制。

所谓“三台合一”的局台体制，就是局及所属的电台、电视台、有线电视台实行一体化运行的管理体制。这种体制模式具有明显的优势：第一，更好地坚持实行精简、统一、高效的原则和大强度、快节奏、高效率、创一流的方针，全局实行局长负责制，在局领导班子的领导下，有序、有效地开展工作；第二，可以集中精力抓宣传、抓业务，促进宣传出精品；第三，可以集中财力、物力，加快事业上新台阶；第四，有利于理顺各台的利益关系，消除各种矛盾，解决广播电台、电视台、有线电视台发展不平衡的问题。博罗县从 1998 年 8 月开始，理顺了内部管理关系，建立了“三台合一”的局台体制，实行一套人马，两个牌子（广播电视局和广播电视台），四个统一（统一人事管理、统一宣传规划、统一事业建设、统一经营创收）的机构建制以后，广播电视的整体优势得到了充分发挥，促进了事业的发展。实践证明，县级广电实行“三台合一”的管理体制，有利于广播电视生产力的发展，有利于宣传出精品，事业上新台阶。

3. 实行县局对镇广播电视站垂直管理

镇广播电视站是县级广播电视系统的子系统，镇站的体制及其管理问题是县级广播电视改革的重大问题。乡镇广播电视站的改革势在必行，对乡镇站体制的改革必须按广电部 1997 年 458 号文件关于“乡镇不设广播电视机构，广播电视站作为县广播电视局的派出机构”的规定和国家广播电影电视总局 1999 年 34 号文《关于加强乡镇广播电视管理工作的通知》的要求，对乡镇站实行“条块结合，以条为主”的管理模式的精神。博罗县广电局做了大量的调查研究，在 2000 年乡镇机构改革的时候，抓住机遇，千方百计做好县领导思想工作，感动了“上帝”，得到了县委、县政府的大力支持，2000 年 11 月 15 日，博罗县机构编制委员会发文，同意县广播电视局实现对乡镇站实行垂直管理。2001 年 9 月 10 日，县广播电视局、县财政局、县编委办等单位根据县委、县政府镇级机构改革实施方案和县编委《关于各镇广播电视站由县局实行垂直管理的通知》（博机编〔2000〕39 号）文件的精神，联合下发《关于广播电视站实行垂直管理有关问题的通知》文件，对垂直管理的具体事项作了明确的规定：

（1）乡镇广播电视站的管理体制。各镇广播电视站作为县广播电视局的派出机构，由县广播电视局实行垂直管理，人、财、物由广播电视局按有关规定管理，站长的任免、调动应征得所在党委、政府的同意，再按干部任免管理权限办理任免或调动手续。站的党建工作由当地党委负责。站原建制、性质、编制和供给渠道不变。各站原则上设站长一名，个别大的站可增设副站长一名。

（2）广播电视站的职责任务。广播电视站的职责任务主要有：中央、省、市、县电台、电视台信号的传输与覆盖；当地党委、政府的各项宣传工作；当地有线电视网络的建设、维护与管理；事业的经营管理；在本辖区内贯彻和落实国务院的《广播电视管理条例》。

（3）关于资产问题。广播电视站的资产主要有如下三个方面：

①房产。各镇广播电视站的办公场地及部分员工的宿舍是属政府的，在站的大楼建好之前，这些房的用途不变，仍由各站使用，站大楼建好后这些房产归还镇政府。

②有线电视网络。各镇广播电视站的有线电视网络，其建造主要是以用户初装费的形式进行集资，通过广播电视站去组织和经营发展起来的。各镇广播电视站是一个独立法人代表的事业单位，故其网络属于各镇广播电视站所有。实行垂直管理后这些资产未转移，服务对象亦未改变，只是站的主管单位改变了。

③债权债务。各镇广播电视站的债权债务由县广播电视局承接。

（4）网络的收归。个别镇的有线电视网络由镇政府承包给私人经营的网，由县广播电视局按有关法规收回给广播电视站经营，所在镇必须给予积极协助，以确保不发生任何宣传事故和不影响广播电视站的正常运作。

（5）经营管理。鉴于各地广播电视事业发展极不平衡的状况，垂直管理过渡时期的财务管理采用“一局二制”的形式，即一级财务一级核算和一级财务二级核算。个别站暂时实行独立核算，其余各站均实行一级核算。

对乡镇站的垂直管理有利于规范行业管理，有利于整合发挥广电行业的整体优势、网络优势和产业优势。推行“县镇共管，以县为主”的县级广播电视体制，进一步振兴了镇级电视业，镇的广播电视站实行了“三有四员三确保”。“三有”即有规范的办公场所、有达标的机房、有严格的工作制度；

“四员”即摄像员、通讯员、维修维护员、事业管理员；“三确保”即确保人员工资待遇、确保设施配备、确保办公经费和维修维护经费。按照要求，各乡镇广播电视站都配备了相关人员和配齐了相关设备，站的各项工作有序运行。

4. 架构“三位一体”的领导体制

县级广播电视系统既是宣传机关，又是广播电视行政管理机关，也是产业经营实体，广电这种“三重属性”决定了它不仅肩负着重要的宣传任务，还要承担本区域的广播电视管理、本单位的事业建设和传输广播电视节目的服务工作。广播电视系统的特殊性，决定了它的领导管理机制的特殊性。必须架构“行政职能、事业单位、企业管理”的领导机制，不能因机构改革而削弱了广电的行政职能，改变其工作性质，只作事业单位管理，更不能以政事分开或政企分开为由，把其作为企业管理。要建立在县委宣传部领导下行使行政职能，在县政府管辖下保障财政供给，自身以强化成本核算为重点的企业管理的“三位一体”的领导机制。只有建立这“三位一体”的领导机制，才能充分行使广电的行政职能，坚持自筹资金、自负盈亏、自收自支、财政补贴、自我约束、自我发展的事业单位企业化管理体制。这是县级广播电视事业发展在新的历史时期的新路子。对此，博罗县广播电视局向县主管部门提出了架构“三位一体”的领导机制的改革方案。

2004 年 8 月 23 日，中共博罗县委批复，同意县广播电视局提出的关于《县广播电视局体制改革实施方案》。

改革的总体思路：按照博委发〔2004〕11 号和博府办〔2004〕11 号文有关规定，在县委、县政府的领导下，发挥喉舌作用，保证舆论导向正确，以事业（企业）法人资格，建立政事分开、政企分开的管理体制，实现“自主经营、自我积累、自负盈亏、自我发展”的经济实体。继续实行一个法人代表的“一套人马，两个牌子，局台合一”的“五统一”（统一机构建制、统一人事管理、统一宣传规划、统一事业建设、统一经营创收）管理体制。局台总体任务是：既要抓好广播电视行业管理，又要抓好宣传工作和事业建设。

改革的主要内容：

（1）精简机构，局台设立办公室和八个中心：

①办公室。

由现有的办公室、人事股、保卫股合并。

其职能是：综合协调各部门、站的有关工作，对本系统重大问题进行调查研究；草拟县广播电视发展规划、年度计划及重要文件；负责文秘、信息、档案、保密、保卫、信访、接待、后勤、安全生产的行政事务；负责工、青、妇、计划生育工作；负责全系统的机构编制、人事、劳动工资、福利、职改、社会保险、培训、离退休人员的管理服务工作；会同有关部门组织专业技术职务评聘工作；负责本局和指导直属各单位的党建、基建纪检、监察、政治思想、法规教育、岗位培训等工作；负责本系统的安全生产和保卫工作。

②财会中心。

即保留原有的财会股。

其职能是：负责本系统的财务、统计、审计、基建投资工作，审核和管理事业经费及专项资金；负责本系统创收项目的财务管理工作；参与建设工程的勘察、施工、验收工作；负责材料的购进、保管、发放等工作，指导和监督直属各单位的财务工作；按期统计全县各站的财务报表。

③网络中心。

根据《博罗县关于加快文化建设工作的若干配套经济政策》关于“新闻媒体实行宣传业务和经营业务分开的，经工商行政部门批准，可在事业法人登记的前提下进行企业法人登记”的精神和更好地与省、市网络中心接轨，结合实际情况，在全县广电行业实行宣传业务与经营业务分开、事企分开，将全县的有线电视网络组建“博罗有线电视网络中心”，实行企业化管理。

组建网络中心，以事业单位的法人代表为法人代表，单位性质是全民所有制，由博罗县广播电视局投资；经营方式主要以服务、零售为主；经营范围主要是全县有线电视网络建设和维护，以及有线电视多功能开发业务与管理，并按规定收取安装和收视费，发展数字电视等与有线电视有关的业务，销售有线电视器材、设备材料等。网络中心的人事、资金、投资等由县广播电视局统一安排、统一分配、统一结算。

④节目中心。

以现有的节目部为基础组建节目中心。

其职能是：负责转播中央、省、市台的广播节目；负责自办广播节目的采编、制作和播出工作；负责广播电视新闻、广告、专题节目的主持和录音工作；负责维护和保养广播设施设备工作；负责电台节目播出效果的监听工作。

⑤新闻中心。

将现有的新闻部、制作部、专题部、编辑部合并。

其职能是：草拟全县广播电视宣传计划；负责电台、电视台的宣传、协调和检查工作；负责电台、电视台新闻节目的策划；负责组织开展采编专业技术人员的业务评比、岗位培训工作；负责广播电视节目监听、监看工作；负责采写和编辑制作广播电视新闻、专题节目等业务；负责上送广播电视新闻、专题音像资料工作。

⑥工程技术中心。

以现有事业股为基础组建工程技术中心。

其职能是：负责全县广播电视覆盖网和有线电视技术网络的规划、建设及维护的管理工作；负责广播电视、有线电视多功能开发的规划和实施；负责广播电视网络所有器材、设备的鉴定和审批使用；安全填报事业报表；草拟并执行广播电视规划，组织协调本系统新技术的应用工作，审核重点科目；负责工程技术类专业人员的岗位培训的相关组织管理工作。

⑦广告中心。

以现有广告部为基础组建广告中心。

其职能是：依法管理全县广播电视广告工作，负责联系和承接广告业务，组织广告客源工作；负责广告内容的设计、策划、拍摄、制作以及公益广告的设计、制作工作；负责广告收费结算工作。

⑧社会管理中心

以现有的社会管理股与基层股合并组建社会管理中心。

其职能是：负责网络中心、电视共用天线系统、卫星广播电视地面接收设施、闭路电视设立审核、报批、发证、管理和视频点播节目的审查；负责有线电视和卫星电视设计安装单位的管理工作；负责广播电视管理规定的起草及执法检查、稽查；负责拟定并组织实施21个广播电视站的广播电视事业发展规划；负责协调各站广播电视覆盖网的建设和维护工作；负责指导和协调各站广播电视宣传工作；负责协调各站的事业管理工作；负责广播电视节目的监听、监看工作。

⑨播控中心。

以现有的播出部为基础组建播控中心。

其职能是：负责安排电视文艺节目、电视新闻、专题节目、电视广告播出工作；负责传送电视新闻、专题、广告录像带；负责点歌台、娱乐频道、数据广播的工作；负责电视台节目的播出效果的监看；按期统计电视台播控情况和电视台、电台的播出情况。

以上部门均为股级机构建制，隶属局台的统一领导。这样可使机构实现最优组合，充分发挥广电媒体的整体资源和合力，也符合社会化、专业化分工的要求，各司其职、各负其责，使社会效益、经济效益最大化。

（2）全面推行人事制度改革。

根据中央、省、市有关人事制度改革的精神，在全县广电系统全面推行人事制度改革，按照“定岗定员、竞争上岗、双向选择、全员聘用”的原则，实行进员、培训、调配、选拔、轮岗的人事制度改革，以吸引人才、培养人才、留住人才、发挥人才作用为出发点，努力为能人提供舞台，对庸人提出要求，为人人提供公平竞争的机会。

①实行全员聘任制。

定岗定员。重新核定各单位的岗位职权，核定各单位的人员数量。

竞争上岗。对下属各单位的中层职位，一律实行竞争上岗制。经竞争上岗的中层领导有权提出下属岗位的聘用人选。

双向选择。根据个人的意愿提出履职要求，由局台根据实际情况决定聘用与否。

全员聘用。全体人员实行聘用制，聘用期为两年。建立和完善聘用、解聘工作程序和方案。

②实行公开竞选领导和领导轮岗制。

局下属各单位的部分领导职位在系统内公开竞选。公选领导实行一年的试用期，合格者进行任命，不合格者另行安排。

局下属领导实行轮岗制。正职领导任满 5 年者，正副职连任 10 年者，副职连任 8 年者，都列入轮岗范围。如与上级有关规定有出入，则以上级规定为准。

③实行引进与培养使用人才机制。

所有调入人员，除专业对口，达到政治、身体等要求外，原则上应有大专以上学历，采编岗位人员必须有大学本科以上学历。

坚持“逢进必考”，调入人员主要以公开招考方式招聘，每年根据岗位缺额，不定期公开招聘优秀人才，进行公开公平招考。

新进人员一律要进行短期培训，经考试合格取得上岗资格后方可上岗。

现有采编人员没有达到本科学历，必须在三年内参加培训并达到要求，仍未达到要求者则调整岗位或待岗。

采取鼓励自学和组织培训相结合的方式，全面提高本系统人员的文化素质和业务素质。对自行参加学历培训、专业对口者，局将给予报销部分学费；对各专业、各岗位的人员，拟分期分批进行业务培训，获取有关专业岗位的上岗资格。

建立后备干部培养机制，每年根据群众推荐、组织考察，列出后备干部人选，进行重点跟踪培养，积极鼓励后备干部参加竞争上岗和公开竞选，使后备干部脱颖而出，为广电事业发展培养出大批管理人才和专业人才。

（3）改革分配制度。

根据国家广电总局《关于深化广播影视企事业单位人事制度改革的实施细则（试行）》（广发办〔2001〕1480号文）的通知精神，充分调动全体员工的积极性，对广电行业分配制度进行改革。

①分配改革的原则。

效率优先的原则。以完成任务与否，效率高低、效益好坏作为单位个人分配的标准。

兼顾公平的原则。适当拉开档次，对超额完成任务者给予最高收入与平均收入间的比例限制；对未能完成任务者给予适当的保底收入。

按劳分配的原则。实施量化工资制，尽量将工作进行量化考核，按考核分值进行分配。

特殊倾斜原则。对特殊岗位、重要岗位、艰苦岗位将给予相应倾斜。

②分配改革的办法。

全局按事业单位企业化管理的方式实行企业分配制度。

全局实行“工资挂钩”的二次分配方法。即按工作总额与工作绩效进行工资分配。

工资由三部分组成：一是基本工资，二是岗位工资（包括考勤奖），三是绩效工资。

根据分配原则，适当拉开距离，将分配的最高工资与平均工资额的比例控制在1.5∶1以内。

对完成任务指标的部门，完成任务后将超额部分按20%提成作为奖励金。

三、机制创新

高效能管理是广电事业发展的根本保证。随着广电事业的发展，过去“家庭式”的经营和“经验性”的管理已经不能适应广电事业发展的要求。近几年来，博罗广电局特别注重强化管理意识，树立“管理出效益”的观念，把高效管理作为事业建设和发展的根本保证，根据改革的总体方案，对管理机制进行了有效的创新。

（一）改革用工制度，实行全员聘任合同制

从1999年1月起，博罗广播电视台实行聘任合同制后，内部打破干部和工人的界限，除台级领导由县任命外，其他职工全部与台签订聘用合同，对台里的职工可以实施下岗、辞退或解除合同，打破了铁饭碗。台（局）对职工的管理从国家固定身份管理转变为聘用合同管理、岗位管理，从终身制变成有一定期限的劳动合同制，从而废除了用人上的终身制，有效地增强了职工的危机感、紧迫感、责任感。“今天工作不努力，明天努力找工作”这句顺口溜，成了员工的口号。

（二）改革用人机制，实行岗位竞聘制

除台长岗位之外，台内部岗位全部实行竞争上岗，形成了公平、公开、竞争上岗及择优聘任的用人机制。一批事业责任心、业务能力、管理能力较强的年轻职工通过竞聘走上了中层领导岗位，改变了过去由少数人选择少数人的选拔用人制度，用人机制逐步趋向规范，用人过程实现公开、透明，形成了人员能进能出，职务能上能下的良好局面。

（三）改革分配制度，实行以岗定薪

自1999年以来，博罗县广播电视台本着循序渐进，分步实施的原则，先后实施了两次分配制度改革。

第一次实行了岗位补贴制度，奖金分配逐步拉开距离。1999年全台（局）职工根据岗位实行不同标准的岗位补贴，最低为300元，最高为500元，并根据岗位实行不同标准的奖金系数，最低为1，最高为1.5。

第二次实行了新的薪酬制度，调整工资结构，考核结果与分配直接挂钩。一是实行新的薪酬制度，原工资体系成为档案工资，新的工资结构由基本生活费、工龄和职务补贴、津贴和福利、绩效工资等四部分组成。全台（局）岗位分为领导岗位、业务骨干岗位、管理岗位、一线采编岗位、一般岗位等五类，每个类别分不同等次。不同等次、不同类别的岗位实行不同标准的政绩工资。二是取消专业技术职务工资，职称不与工资挂钩。三是实行量化考核，实行考核结果与绩效工资分配直接挂钩，不同的岗位实行不同的考核计量方法。实行量化考核的部分岗位，绩效工资实行全额浮动，上不封顶，下不保底。具体来说：

①新闻采编人员实行基本工资+量化工资。将新闻稿件按新闻种类分成若干等级，各等级都有定级、计价、量化考核的标准。

②行政人员量化工资按新闻采编人员的量化平均工作乘以不同的系数计算。

③有线台（站）的量化工资与有线电视安装户数、维修工作量和收费总数挂钩。

④广告部门为量化基本工资加广告量的超产提成。

（四）强化管理，用制度管人、管事、管物

从1998年7月开始，博罗县广播电视局制定出一系列的规章制度，强化管理工作。这些制度有：

①博罗县广播电视管理规定；

②博罗县广播电视局工作制度；

③博罗县广播电视安全管理规定；

④新闻工作者职业道德准则；

⑤博罗县广播电视台播出部值班制度；

⑥博罗县广播电视台节目制作工作制度；

⑦博罗县广播电台技术维护制度；

⑧博罗县广播电视局安全保卫制度；

⑨博罗县广播电视台播出部、电台播音（控）室工作规则；

⑩博罗县广播电台网络联网工程施工维护管理规定；

⑪博罗县广播电视局关于做好新闻报道的有关规定；

⑫博罗县广播电视局财务制度；

⑬博罗县广播电视局财务管理实施细则

（一）——广播电视局费用支出管理规定；

⑭博罗县广播电视局财务管理实施细则

（二）——广播电视局设备材料管理规定；

⑮博罗县广播电视局财务管理实施细则

（三）——有线电视部财务管理规定；

⑯博罗县广播电视局财务管理实施细则

（四）——广播电视站财务管理规定；

⑰博罗县广播电视局财务管理实施细则

（五）——广播电视局资金管理规定；

⑱博罗县广播电视局工作量化实施方案；

⑲博罗县广播电视局建设工程管理规定；

⑳博罗县广播电视局关于对广播电视受众投诉及处理等问题的规定；

㉑博罗县广播电视局合同管理办法；

㉒博罗县广播电视中心大楼管理规定；

㉓博罗县广播电视局员工探亲假有关规定；

㉔博罗县广播电视局违纪、违规处罚规定；

㉕博罗县广播电视台有线电视安装工程材料管理规定；

㉖博罗县广播电视台技术维护管理工作制度；

㉗博罗县广播电视局设备材料购买和发放的有关规定；

㉘博罗县广播电视台有线电视传输工程安装施工定额预算标准；

㉙博罗县广播电视广告管理规定；

㉚博罗县广播电视局车辆管理规定；

㉛博罗县广播电视台 MMDS 工程管理规定；

㉜博罗县广播电视局领导干部党风廉政建设职责细则；

㉝博罗县广播电视行业服务承诺；

㉞博罗县广播电视局开展争创“文明机关”活动实施

方案。

第六节 改革与创新应思考的三个问题

县级广播电视管理体制改革创新是一项复杂的系统工程，要完成这项艰巨的任务，必须解放思想，实事求是，正确处理好以下三个方面的关系。

一、消除认识上和实践上的误区，正确处理好喉舌与产业的关系

在广播电视所有功能中，最重要的、不可动摇的是它的喉舌功能。这一点从我们党的广播电视事业诞生之日起，就以强烈的政治属性规范着广播电视的功能。广播电视的政治属性和经济属性决定了广播电视存在着喉舌与产业的关系。正确认识和处理好广播电视喉舌与产业的关系，必须消除两种倾向。

一是重喉舌轻产业。首先是误解广播电视的功能，县级广播电视业是以20世纪60年代的毛泽东思想宣传站（广播站）演变过来的，人们常常误以为喉舌功能是行政、事业机关上情下达的传声筒。其次是认为广播电视是党、政的喉舌，只要有党和政府的领导就可以开展工作，不存在改革不改革的问题，一说广电改革，就说是多此一举。再次是因广电下属单位的条块分割，隶属于当地党委政府统一领导，一讲广电的产业属性就摇头，思想冲不出计划经济的禁区。在这种思想的影响下，一些广播电视出现了一种逆反的现象，不但对广播电视产业的认识不足，而且，在广播电视工作中那种看气候、看行情、消极等待上级指令的习惯依然没有从根本上消除，新闻传播中“下情上达”做得远远没有“上情下达”好；新闻改革中那种只对上负责、不对下负责及追风赶浪的现象也远没有绝迹。表现在新闻内容中，就是过多政治教化成分，强调“喉舌”功

能，而忽视了对受众信息需求、对大众主体起码的尊重。①

二是重产业轻喉舌。一些人认为，建立社会主义市场经济体制后，经济领域各个方面都放开，广播电视既然是一种产业，应全面推向市场，参与市场竞争。还有些人提出广电可以多元化经营，可以引进外资办广电，私人经营广电。这种重产业轻喉舌的思想显然是十分错误的。随着改革开放的深入和市场经济的建立，各个利益主体都面向市场，参与市场资源配置，因而广播电视也毫不例外地置身于市场经济的大环境之中，它的生存和发展空间也发生了新的变化。为广播电视赋予了新任务，如从原来的广电基本业务扩展为拓展业务和增值业务，这为广电发展提出了新的课题。在市场经济条件下，广播电视是一种产业，但由于它本身所固有的政治属性，决定了它是一种特殊的行业。这种特殊行业一方面确定了其本身喉舌作用的重要地位；另一方面保持了其“独家”经营的状况，广播电视在市场经济产业大家庭中是一种“朝阳”产业，它的经营方式是在共产党领导下的政府经营，严禁私人办广电，不准引资办广电，这点国家已明文规定。虽然广播电视这种特殊行业造就了许许多多的优势，然而，从市场经济浪潮的冲击和它本身所处的位置看，它至少有下面四方面的劣势：一是服务对象要求高；二是制约因素多；三是机制松散；四是政治风险高。要保持广电适应市场经济的变化，健康发展，扬优弃劣，就要正确处理好喉舌与产业的关系，使之协调发展并发挥功能作用。

喉舌性与产业性应是辩证统一的，而不是对立的，充分发挥喉舌功能作用，必须拥有广泛的受众，必须占领市场。通过市场，广电所创造的精神文化产品和服务才得以实现，一旦失去了市场和受众，宣传喉舌的功能也就无从发挥。广播电视实力的提高，又为发挥喉舌功能提供了重要的经济保障和受众基

---

① 艾红红. 新时期电视希望改革研究. 北京：中国广播电视出版社，2003. 190

础，而且广播电视拥有庞大的资产，实现产业化经营，就要盘活创业的资源，实现生产要素的有机组合。所以我们要破除因循守旧、故步自封的思想，敢于改革、善于改革。只有改革，才能使广电适应广泛的受众、广阔的市场需要，真正把广电办成县委、县政府的舆论宣传阵地。

其实，广播电视的喉舌性与产业属性是对立统一、互相依存的，不注重广播电视的喉舌性，先不说党和政府不满意，就是受众对广播电视的信任程度也会降低，节目收视（听）率必然下降，经济效益的提高就无从谈起，从而也就无法体现产业属性。反过来，广播电视是一个大投入、重装备、高消耗的行业，事业的发展在一定程度上关系到办台的质量和舆论职能作用的发挥，关系到党委、政府中心工作的宣传、贯彻和落实。因此，对于广播电视的喉舌性和产业属性，既不能偏颇一方，也不能割裂开来，两者是相互依存、相辅相成的一个对立统一体。

要努力实现喉舌属性与产业属性有机统一、社会效益和经济效益“双赢”，要做到以下四点：

首先，要确立广播电视政治属性的“本质”属性地位，提高正确把握舆论导向的自觉性。耳目喉舌观是马克思主义新闻学的一个非常重要的观点。理解和坚持这个观点，对于县级广播电视部门来说，首要的一条就是必须完整地转播好上级台的节目；同时，按照党中央、国务院制定的路线、方针、政策和各级党委、政府的决策部署，确定宣传方针、制订宣传计划、明确宣传重点，坚持维护县委、政府权威，保证政令宣传畅通。广播电视的产业属性不能不重视，但绝不能用产业属性削弱和代替它的政治属性。政治属性是本质，它对广播电视的产业属性具有制约作用。坚持了广播电视政治属性的本质属性原则，才是坚持了社会效益第一的原则，才是坚持了党性与人民性的统一，才是顾大局、守纪律，才能起到广播电视宣传政策、鼓舞斗志的作用。

其次，要提高对广播电视“产业属性”的认识，充分发挥广播电视产业属性的造血功能。过去因为有财政拨款，人员、经费上面全管，对于事业发展是给多少钱办多少事，广播电视经营被视为无足轻重的副业。现在，在市场经济体制下，广播电视的“产业属性”日益突显，广播电视经营被赋予了颇高的地位。因为经营与宣传一样，成了广播电视不可缺少的轮子，只有一齐转动才能保证正常运行。不讲政治属性的产业，是无源之水的产业；不讲产业属性的政治，是无本之木的政治。如今，很难想象一个宣传上一塌糊涂的广播电视台，可以把经营创收搞上去；反之，很难想象在经营创收上无所作为的广播电视部门，能够在宣传上大有作为。所以，要提高对广播电视“产业属性”的认识，在坚持广播电视政治属性的本质属性前提下，努力搞好、搞活广告经营、节目经营、网络经营，为事业发展聚集资金。

再次，要树立正确的产业经营观念，坚持做到“三个结合”。产业属性决定了广播电视应该开展产业经营。但产业经营还有赖于广播电视节目质量的提高和权威形象的树立，以及忠实受众的不断增多，这是产业经营的基础，是提高经济效益的决定因素。每个广播电视部门都应该树立全局性的产业经营观念，从每条信息到每个节目、每个频道（率）都要精心打造，要将广播电视的产业属性与传播先进的时代精神与文化内涵结合起来，与出精品、创名牌结合起来，与树立良好的媒体形象结合起来。

最后，要透彻研究主体受众，充分满足受众要求。按照广播电视的政治属性，广播电视是喉舌，各级党委、政府是我们的“大脑”，发挥好舆论导向作用，当好领唱，是我们的神圣职责。按照广播电视的产业属性，广播电视是产业载体，受众是广播电视媒体的“上帝”，为广大受众提供服务，是我们必须要做的工作。况且，广播电视无论是社会效益还是经济效益的提高，都与受众密不可分。媒体只有正确地引导受众，真诚地服务受众，充分满足受众的要求，才能取得社会效益和经济效益的双丰收。而吸引受众的关键，是透彻研究受众，关心受众所需，真正实现与受众平等的交流与互动。

二、破除画地为牢、诸侯割据的局面，正确处理好全局与局部的关系

县级广播电视系统由两大子系统组成，一块是县属的广播电台、电视台、有线电视台，另一块是乡镇广播电视站。由于多方面的原因，乡镇广播电视站形成了一镇一网、画地为牢的诸侯割据局面，失去了广播电视的整体优势。

理顺局镇关系，对乡镇站实行垂直管理是县级广播电视体制改革的重点和难点，有些人一说到县广播电视局对乡镇广播站实行垂直管理，就纠缠于台镇利益关系中，认为垂直管理是县广播电视台对镇利益的侵吞，强调局部利益，忽略全局利益。其实，乡镇站有线电视的网络大部分是用有线电视用户初装费建成，通过广播电视站组织和经营逐步发展起来的，是在县广播电视局和各镇共同领导、组织下，以法人的形式由镇广播电视站经营的事业单位。另外，乡镇有线电视网络是公共事业，对它的处置与占有不同于一般企业的资产，实行垂直管理后，这些资产未作转移，服务对象也未改变，主管单位未变更，只是为了促进事业的发展，在经营方式上作了改革，即由原来的条块不清的经营明确为县广播电视局委托镇广播电视站经营，这并不矛盾。对乡镇站的收编（垂直管理）不等于收购，如县水电局对各镇水电会的收编管理，不可能拿出巨款收购各乡镇的堤围、水闸和电动排灌站等水利设施。对镇广播电视站的收编工作，各级领导应予重视，应从大局出发，不能因目前广播站有些经济收入，而把发展广播电视事业作为本镇的经济增长点。事实上，目前大多数广播电视站的经营收入只能维持本站的维护开支，所收取的管理费是“取之于民，用之于民”的，把广播电视站的经营收入作为本镇的财源的指导思想，在目前来说还不适合广播电视的发展。应把它作为精神文明建设的重要工作来抓；把它当成建设学校、医院等福利事业来办；把它等同水利、邮电、供电、交通等基础建设来考虑，为广电改革开绿灯。

三、正确处理好社会效益和经济效益的关系

我国广播电视业是各级党委和政府的“喉舌”，具有强烈的意识形态色彩，负有社会教育使命。因此，它不可能像国外的广播电视一样全部推向市场。坚持社会效益第一，是我国广播电视的生存与发展之本。但是从社会效益和经济效益相统一的观点来考察、考虑问题，就不能不考虑受众精神食粮的多样性。因为没有人听、没有人看的节目，肯定没有社会效益、没有经济效益。这就需要我们在保持广播电视社会主义性质，遵循党和国家制定的关于文化思想的各项方针的前提条件下，尽量考虑受众的精神需要，研究广播电视消费市场的需要，遵循市场规律办好节目。

广播电视改革的目的是解放和发展广播电视生产力，提高社会效益和经济效益。过去只认定广播电视的事业性质和公益属性，只讲社会效益，不讲经济效益，这是一种偏颇。社会主义市场经济体制建立之后，由于社会上涌起了讲求经济效益的热潮，加上广电队伍的壮大，经营成本的增加，政府投入的逐年减少，广电部门也受到影响，过分地看重经济效益则是另一种偏颇。同时，又出现另一种现象，即自觉或不自觉地强调“两个效益一肩挑”，既要讲求社会效益，又要讲求经济效益的提法。为了创收和提高收听率，不少广播电台成了“卖药台”；为了提高收视率，不少电视台抢占“阵地”，在其他电视台乱插广告。

如何在社会效益和经济效益上取得平衡，如何处理好公共利益最大化和媒体自身利益最大化的平衡仍是未解之题。因此，在处理两者的关系时显然应把社会效益、公共利益放在首位。这是媒体责任及职业良知的要求。

社会效益具有全局性，而经济效益主要表现为局部性，受益者首先是单位及其成员，其次才是在一定意义上的有益于全局。我们在处理两个效益的关系上，一定要坚持“重点论”

的哲学观点。

广播电视在两个效益上坚持“重点论”，社会效益放在第一位，还不能停留在观念上的确立，而需要从体制上确保。实践表明，比较可行的办法是局台合一，实行经营创收部门不办节目，采编部门不搞经营，镇有线电视只搞节目传输，不搞广告等经营。这一切都必须通过改革才能实现。

利益是市场经济运转的动力，这种动力体现在它有吸引力，能调动人的自发积极性。所以，在市场经济环境下的广播电视，只有通过改革，将内部自发追求经济利益的积极性引向基本业务以外的经营活动，方能既增强经济实力，又不会影响自身政治属性的显示和主要功能的发挥。

第六章　我国县级广播电视台生存与发展的建议与设想

第一节　县级广播电视台存在的必要性

一、新型县级广播电视台的基本特征

县级广播电视台在中国当代县域经济发展及城镇化进程中扮演着重要角色。根据县级广播电视台独特的个性，这种角色应具备如下五个方面基本特征：

（1）平民性。县级广播电视台面向乡镇居民（包括村民），急群众所急，想群众之所想，代表群众的利益是县级广播电视台的立足点和出发点。在社会主义制度面前，县级广播电视台固然不可能排除政治性，事实上，只要是阶级社会，大众媒体总会打上阶级的烙印，为统治阶级服务。县级广播电视台的政治性主要表现在在对政治体系基本认同的前提下，根据新闻传播的规律，进行新闻信息传播和各项社会服务。其政治性不是挂在口头上的、表面的、教条式的，而是不经意地表现在日常的传播活动之中。电视台应该有强大的亲和力，有丰富的人情味，关注民生新闻，同情弱势群体，监督政治权力，只有这样才能够自然地被群众视为自己的公共论坛和精神家园。

（2）服务性。县级广播电视台的价值表现在对群众的服务态度与水平上。即通过信息传播活动，服务于乡镇居民精神生活和信息需求，也便于他们的社会适应和政治参与，便于他们利用丰富的信息资源来改善自己的境遇。在市场经济条件下，广播电视是实行有偿服务的，这种服务是以平等互动为条件的。广播电视以周到的服务赢得受众的认同，引起受众参与

传播活动（如安装有线电视等），从而保证自己的生存；而居民也因此种服务变得眼界更开阔、信息更灵通、选择更多样、应对更自由。

（3）知识性。县级广播电视台的受众在社会转型过程中，他们的职业、收入、家庭、居住等状况，都面临着无法预测的不确定性。为了在多变的环境中生存和发展，他们必须不断地更新观念，不断地学习农业技术、商业知识和职业技能，只有这样才能获得生存与发展的本领。所以面对农民的县级广播电视必须充分地发挥其教育职能作用，充当农民继续教育的工具，在栏目策划、报道方式方面，在反映经济社会发展的同时，致力于各种知识的传播。

（4）综合性。县级广播电视台与上级台相比，其综合性非常突出。一是职能的综合性。如前面所述，它既是宣传部门，又是事业单位，也是经济实体。二是业务的综合性。它除了电台、电视台外，还有有线电视业务和广告业务；既有基本业务，又有拓展业务，还有增值业务。三是人员的综合性。人员的综合性是指广播电视的业务工作要求它的工作人员必须有综合素质和综合能力，人员的综合性为广电事业的发展提供了人力资源保障。因此，县级广播电视台的综合性为自身的生存与发展提供了无限的空间。

（5）接近性。县级广播电视台的接近性体现在两个方面：从地域空间来说，它最接近基层，最接近老百姓，这地域空间是县级广播电视台赖以生存和发展的土壤和巨大市场。从新闻的接近性来看，县级台最容易走近受众，最容易接近新闻现场，最能感受目标受众的心理和要求，最能面对和感受不同的文化习俗、语言习惯和风土人情。这种接近为县级台的新闻立台，以及在内容建设上搭建了广阔的舞台。

二、时代呼唤新的县级广播电视台

县级广播电视媒体是县委、县政府的喉舌，是文化事业的主要组成部分，其主要职责是负责和管理广播电视的宣传与经营，促进本县广播电视事业的健康发展。这种行政管理体制始于建台之初，确认于《广播电视条例》。这种管理体制对确保广播电视宣传工作的顺利开展，促进广播电视事业发展，为当地的改革、发展，促进经济社会发展，发挥了重要作用。这一切已被历史所证实。

发展中的中国需要面向市场、服务基层、充满活力的县级广播电视台。县级广播电视台在推进中国城镇化，推动中国县域经济社会发展、缩小城乡信息差距中发挥着重要作用。

第一，发展县级广播电视是推进中国城镇化进程的需要。城镇化是指随着经济社会的发展，人们的生活方式从农村生活向城镇生活升级转化的过程。[①] 中国是世界第一人口大国，但却是城镇化水平最低的国家之一。根据有关方面的资料统计，目前发达国家的城镇化水平已经达到70%～90%，一般发展中国家也达到了40%左右，而我国的城镇化水平到2001年仍只有37%。虽然，近年来城镇化水平有所提高，但在总体上仍然落后于工业化进程。推动城镇化进程已是全面繁荣农村经济，促进城乡经济协调发展，加快全面建设小康社会的客观要求。具体而言，推进城市化有利于优化城乡的经济结构，充分地发挥城镇聚集效应和辐射作用；同时还有利于为经济发展提供广阔的市场和持久的动力。通过发展小城镇，吸纳大量的农村剩余劳动力，能够在一定程度上缓解大中城市已经比较沉重的就业、交通及住房压力，同时也适合小城镇紧密联系城乡的特性，有利于发挥小城镇对周边农村的辐射功能。在发展城镇化过程中，县级广播电视台是必要条件，是塑造城镇文化、凝聚市民共识，领导城镇舆论，帮助进城农民适应城镇生活、融入社会的不可缺少的工具，是城镇居民的精神家园。

第二，发展县级广播电视是发展县域经济的需要。中国有9亿多农村人口，没有农民的小康，就没有中国的现代化。中共“十六大”报告提出，发展县域经济是全面建设小康社会

---

① 郑保卫. 论传媒改革与发展. 北京：新华出版社，2004. 55

的必然选择。所谓县域经济，就是“城乡一体化经济”，是指“县城范围内小城镇发展有着发挥聚集优势生产要素和带动辐射周边农村经济发展的功能，大量农民合理流入城镇，促进第二、三产业的发展，在这个意义上，县域经济就是中国特色的‘区域经济’”。① 要发展中国经济，必须建立三大服务体系作为支撑：一是销售体系，二是信息服务体系，三是科技教育培训体系。其中，信息服务体系和科技教育培训体系的职能在很大程度上必须依靠县级广播电视台来履行。县广播电视台为县域经济发展提供功能强大的信息服务平台，开展科技培训和各项咨询活动，提供针对性的广告信息，引领地方消费，拓展县域商品市场。

第三，发展县级广播电视是缩短城乡信息差距的需要。中国现时的城乡差别不仅表现在社会地位、经济收入、文化教育层面，而且还体现在信息消费的层面。城市居民可以利用的信息渠道远远多于乡村的农民，其每天消费的信息量更是远非后者所能比的。在这种情况下，乡村更有可能成为大众媒体特别是广电媒体覆盖的死角。县级广播电视台的使命之一，就是展开面向县域居民的针对性服务，增强贴近性，从而有利于缩短城乡居民之间的信息差距。

第四，发展县级广播电视是农村稳定的需要。农村、农业、农民问题是中国社会的基本问题。“三农”问题最重要的是农村稳定问题。农村是中国的基础，“基础不牢，地动山摇”，现阶段向农民灌输党的路线方针、政策的渠道非常狭窄。县级广播电视台成为县、镇党委和政府的重要宣传工具。对此，在农村工作的各级领导深有体会，县级广播电视台不仅是当地党委和政府的喉舌，而且成为各级领导与农民群众互动的“晴雨表”、“温度计”。

第五，发展县级广播电视是做强、做大我国广播电视的需要。受众是广播电视发展的支点。广播电视的受众群体在农

① 袁纯清．县域经济，全面建设小康社会必由之路．经济日报，2003－12－14

村。靠谁传送节目，靠谁覆盖，靠谁与受众沟通？必须靠县级广播电视台。过去是这样，现在是这样，将来也是这样。没有农村庞大的受众群体支撑，没有县级广播电视台的桥梁纽带作用，我国的广播电视事业不可能做强、做大。

第六，发展县级广播电视是公共利益诉求的需要。从目前我国所进行的经济和政治体制改革来看，县域的群众具有公共的利益诉求，人们需要县级广播电视台这样的媒介来表达群众的呼声，监督政府的公共政策，起到“第四权力”的作用。在美国或我国的台湾地区，虽然并没有像我国大陆地区这样按行政级别划分的广播电视台，但是在大的传媒集团和公司的掌控下，依然有地区的电台、电视台，它们在行政公共服务和舆论监督职能方面都起到了重要的作用。我国在农业社会向工业社会转型的过程中，社会利益分层日趋明显，城市的电台、电视台更多关注的是城市建设和市民社会的相关话题，而对农民的事情关注较少。如果直接撤销县级广播电视台，除了县级台的人员和相关资产、设备暂时没有办法处置外，最重要的还是占中国人口大多数的农民将失去一条表达话语权的有力途径。因此，保留、建立表达“三农”问题的县级广播电视台是一件刻不容缓的大事。

第七，新闻价值的接近性要求县级广播电视生存与发展。人们总是首先关注跟自己有关或相近的事情，这就决定了地方新闻与地方媒体存在的可能性与必要性。在老百姓的眼里，广播电视台是他们了解与自己息息相关的信息的主要来源之一，也是工作之余休闲的重要途径。对广电的改革应该关注的还包括民众的意愿。作为百姓，尤其是在中国人口中占据了9亿数字的农民，他们关心更多的是自己身边的事情，关注的是自己的广播电视台。笔者本人在县级广播电视台的时候，很多老百姓都在问：县级取消电视台了，那今后我们到哪里了解我们县的新闻呢？另外，随着我国社会主义政治文明的逐步提高，县级广电媒体也必将在本县公共事务中发挥更重要的作用，真正做到既宣传政府决议，又传达民众心声，甚至影响本县公共政策的制定，成为提供社区公共服务的平台。

至于实行二级办（中央、省），确实是针对于“四级办”所带来的种种弊病所能做到的较好的解决办法之一，但是，从另一种角度来说，削弱了竞争，也就限制了发展。广播电视台说到底是一个社会机构，它不但是赢利机构或公益机构，在更多的时候它还担负着社会舆论和道德价值监督教育的重任。因此，不论其改革或者发展都应以民众为主。正如一个广东博罗农村的农民永远都不会关心广州市中心是不是下过雨一样，群众在电视上希望看到更多的是与自己的生活相关的，而不仅仅是泛泛地、轻描淡写地掠过，而这些是两级办台无法满足的，至少现在还无法满足。

三、美国电视媒体体制对我国地方媒体发展的借鉴

美国的电视机构从覆盖的地域范围来看，大概分为这样几个层次：首先是全国性的无线电视传播网，如 NBC（全国广播公司）、CBS（哥伦比亚广播公司）和 ABC（美国广播公司），即著名的三大电视网；其次是地方性的无线电视台，这里面包括全国性电视网的附属台和独立台；再次是地方有线电视台（网）。另外还有一些社区电视台、教育机构的电视台、宗教电视台及少数族裔的电视台。全国有 2 000 家电视台，其中有 1 200 余家商业电视台，这些电视台大多是一些地方性商业电视台，并往往附属于传统或新兴的大商业电视网（如 CBS、ABC、NBC、CNN、FOX 等）。1995 年，美国广播电视年鉴数字显示：1994 年总部坐落在纽约和洛杉矶的 CBS 在全国拥有 200 多家附属台；总部坐落在纽约的 ABC 有 204 家附属台；NBS 最少，但也有 160 余家。①

地方电视台在美国电视传播结构中扮演着重要的角色。从传统上讲，地方电视台担负着将电视信号送到每个家庭的重

① 王纬. 镜头里的“第四势力”——美国电视新闻节目，http//www. book9911. com

任，因为电视网的节目也需要借助地方附属台才能进入全国各地家庭。所以，美国电视系统是建立在地方电视台和全国电视网并存的基础上的，而地方电视台则是美国全国性的电视系统的支柱。

美国向来有地方办媒体的传统，其中最具代表性的莫过于报业。《纽约时报》、《华盛顿邮报》、《洛杉矶时报》等都是从地方性报纸媒体逐渐发展壮大成为有世界影响的著名报纸媒体的。当然，这些报纸的诞生、发展都是建立在市场经济的基础上的。

美国地方电视媒体的成立、运作同样遵循市场经济规律。

一般来说，地方政府是不负责成立电视台的。提出这一动议的是当地议会。当议员们从他们的选民那里听到了需要成立本地电视台的呼声后，便可以在议会上提出这一动议。议会再听取选民、专家等各方面的意见，进行科学论证。而一旦动议在议会里通过，下一步便是绝对的市场化的公开招标了。招标过程中的投资主体无疑是多元化的，当地政府同样可以选择成为投资人之一。招标结束后，便由投资人成立董事会，并公开招聘职业经理人（台长）负责电视台的经营，让其直接对董事会负责。至此，一家地方电视台就算成立了。

相比之下，我国的地方电视台的成立就要“简便”许多。在“四级办”的时候，只要当地政府觉得有必要成立地方电视台，直接从财政拨款成立就是了，台长也由当地政府或党的组织部门直接任命，最多在上级广电部门备个案而已。

美国地方商业性媒体大多附属于大商业电视网。但这种附属性绝非我国电视业体制中“泛行政化”倾向所造成的“上下级”关系，而是建立在市场经济规律上的商业合作伙伴。私有私营，美国的商业广播电视体制居于主导地位。美国的对内广播和电视台，绝大部分是以广告费为主要收入的私营广播和电视台。它们直接或间接受全国性的最大的广播电视公司所控制，形成几个全国性的和一些地方性的广播网。美国电台和电视台经济上受垄断集团所控制，在政治上由联邦电讯委员会

(FCC）管理。

美国地方电视台作为美国电视业的一个主要组成部分，是美国电视节目的主要发行系统，因此也是美国观众最主要的收视目标。在美国激烈的电视市场竞争中，为了能争取更高的收视率和更多的广告资源，保持竞争的领先优势，美国各地方电视台纷纷采取不同的策略展开了激烈的竞争。这些重视地方新闻、合理编排电视节目、细分受众市场及加快数字化发展的竞争手段，大大提高了地方电视台的收视率，带动了经济效益的显著提高，也为我国地方电视台的发展提供了可资借鉴的经验。

由于两国在政治、文化、经济、传统诸多方面的差异，我们不可能照搬美国地方商业性附属电视台的体制，因为我国目前实行的是社会主义市场经济。但他们根据受众的现实需求进行高度市场化运作和重视地方广播电视媒体建设的做法则无疑值得我们借鉴。

市场经济最突出的特征之一是法制前提下的“小政府，大社会”，即政府是市场的监管者和服务者，其职能是公共服务与管理市场，搭建好市场交易的平台，既确保市场的公平，又保护市场中弱势群体的利益，其余的事都交给市场与社会来实现。在这一前提下，县级电视媒体体制改革的根本思路是：在确保党的领导的原则下，尽可能减少改革中行政命令的因素，而尽最大努力将市场的力量调动起来，真正做到运用市场机制来推动改革和解决这一问题。

第二节　县级广播电视台发展定位思考

“四级办”方针是中国广播电视发展史上一个重要的里程碑，开辟了中国广播电视事业的新天地。

20 年后的今天，这种四级办台，四级混合覆盖的事业发展道路是否仍具有生命力成为广播电视系统自上而下的热门话题。其中不乏对其观念上的抨击，当然更多的是一种探讨。在理论界，一些人士认为：全国广播电视“有系无统”、“块管理为主，条管理受弱化”的现状应该改革，他们提出：可以取消县甚至市一级办台资格，转变市、县台的职能，实行中央、省两级办台，以省为单位实行省对市、县垂直管理。在实际工作中，也有一些业内人士提出，广播电视的管理体制应该像中国电信那样，自上而下进行垂直管理，尤其是在新闻舆论宣传上，要实行人、财、物控制，拓宽宣传领域；在产业经营上，可根据当地实际情况自行掌握。不可否认，这些讨论对体制改革或多或少地起到了一定的积极作用。但我们同时认为，这些改革思路又都不尽完善，提出转变县级台职能的人士没有很好地了解到基层广播电视台的作用和存在自主办台的必要性。而一些人提出的新闻宣传进行垂直管理，只是看重了新闻舆论宣传的监督作用，而忽视了以正面宣传为主的办台方针，提出的产业经营搞自主，也恰恰是看重了其中的经济利益所在。宣传搞垂直，产业不搞垂直，这实际是“条块结合”管理体制的具体化罢了，即宣传工作实行“以条为主”，产业运作实行“以块为主”。

笔者在基层广播电视机构工作多年，恰好是在人们对“四级办”的争议最多的时间段里，经历了风风雨雨的10年。实践证明，县级广播电视台的地位只能加强，不能削弱，县级广播电视机构不能取消。县级广播电视台的特点与作用等问题在前面已经作了初步的阐述。笔者最为刻骨铭心的是这么一句话：县级广播电视台在县级，尤其是在人口占绝大多数的农村仍有不可代替的地位。因为从传播学角度分析，受众有地域亲和力和熟知亲和力倾向，他们最关心身边的人和事，以及与他们有关联的人和事，他们认为这些信息对他们来说是“有用的”。从县级台的定位来讲，县级台的喉舌作用主要是通过围绕县委、县政府的中心工作开展舆论宣传。县级作为工作最具体、与农村接触最直接的基层政府，上级的方针政策需要结合当地实际，县里的各项工作需要县级媒体进行舆论支持和营造氛围，进而推进工作开展；县级广播电视台要围绕建设社会主义新农村开办栏目，为农村经济社会发展提供信息帮助；县级广播电视台还要为人口占绝大多数的农民观众提供针对性强的科技、致富信息和政策法规等方面的服务，为农民群众解难释疑等。而这些恰恰是一些上级台所无暇顾及和无法全面满足的。我们不能把解决这些问题的希望寄托于越来越城市化、时尚化的上级大台。因此，只要县领导重视，县级台充分发挥主观能动性，就能办好县级广播电视台，甚至还要呼吁上级台支持办好县级台，而不是片面地强调转变县级台职能，更不能取消县级办台资格。

取消县级办广播电视台的资格，不但不可能有利于上级台的发展，相反，会造成两败俱伤，影响中国广播电视发展的进程。

取消县级办广播电视台不可行，上级台对县级台进行垂直管理的主张也不完全，而坚守自己的阵地抵抗垂直管理也会阻碍整个广播电视系统的发展。笔者主张，各级广播电视机构的改革绝不能搞一刀切。

不可否认，处在最基层的县级广播电视机构仍然有着政治家办台的色彩，因此，新闻媒体的政治属性必须放在首要的位置予以突出。县级广播电视机构的主要职责是为全县服务，受众市场主要在县内，而作为经济基础的各种创收来源也主要在县内，如果在舆论宣传上实行垂直管理，当地领导对广播电视台失去了领导权，如县内的一些工作要不要宣传，要宣传是否要县委向上级台请示；又如，垂直管理后又怎么样来进行舆论监督，县内工作在推进过程中出现的问题如果没有经过县委、县政府同意作了报道，后果又会怎样？不难想象，在这种形势下，如果县级台的主要领导愿意与县委、县政府配合，可能一切会相安无事，如果县级台的领导在经营过程中“看上不看下”，一味追求本部门的利益，一味追求那些有轰动效应的曝光新闻，那县级台不仅不会为县内服务好，相反在一定程度上会阻碍当地的发展，这同时也违背了以正面宣传为主的方针。

因此，笔者认为，在新闻舆论宣传上，必须实行“条块结合，以块为主”，即以同级党委、政府领导为主的管理体制。而“条”的管理则主要体现在业务技术等一些具体工作中。

从产业经营上考虑，笔者认为可以采取自上而下垂直管理体制。因为这样可以实现资源重新组合，合理配置，资源共享，而避免重复投资，重复建设，这样也利于整个广播电视产业做强、做大。针对有线电视网络建设，可以以省为单位组建网络公司，实行政企分开，走企业化管理这样一条产业化经营之路。网络公司接受主管部门的统筹规划和行业管理，以现存的广播电视网络为基础，在省级建公司，市（地）、县相应建立分公司或子公司，统一经营管理广播电视网络传输业务。在这方面，广东省的经验值得借鉴。

为了整合分散在全省各地的各自为政的局域网络，充分发挥全省有线广播电视网络的规模优势和特殊产业优势，以适应广播电视事业和产业改革的发展，根据国务院国办〔1999〕82 号文件和广东省政府粤办〔2000〕304 号批复及中共广东省委宣传部、省广电局粤广局发〔2000〕111 号通知精神，全国第一家股份制省级网络公司——广东有线广播电视网络股份有限公司于 2000 年 12 月 28 日正式成立。该公司是以原广东有线电视台的网络为主要经营资产，由全省 21 个省辖市、84 个建制市（县、区）广播电视局、有线电视台及广电系统相关企业共 113 家，股东共同出资共同发起设立的，总资产 704 亿元，净资产 502 亿元。

广东省组建网络公司的特点是，以资本级网络资产为纽带，引入现代企业制度运营的原则，即普遍认同的广电领导，网络共建，资源共享，利益分成的运营原则。其基本原则有[①]：

一是坚持“五不”原则：“党管意识形态不能变，党管媒

① 王克曼，冯冷沂. 中国广电体制改革——南方模式. 广州：广东人民出版社，2008. 39

体不能变，党管干部不能变，国有经济的主体地位不能变，党的喉舌性质不能变”。坚持有线广播电视网络股份有限公司的主功能，确保安全优质播出，确保中央和省级广播电视节目的有效覆盖，确保党中央、国务院和省委、省政府的政令畅通。

二是通过资产入股和资金入股的形式，全省的省、市、县113 家广电机构合成一个三级贯通的全省性的广播电视网络公司。公司既保证了市、县网络产权不变，又通过股份合作统一了全省传输业务，并统一了全省的网络经营业务（如数字电视），真正实行了“全省一张网”。

三是坚持体制创新的原则。遵循广电事业自身的发展规律，按照广电总局“有线不设台，主要职能是传输”的要求和上市公司关于公司的管理层不得兼任其他职务的有关法则，有线广播电视台实行网台分离，在干部配备上网台领导班子成员互不兼职，不搞翻牌公司。

四是根据中央关于国有独资和控股企业“董事长和总经理分设”的有关规定，为有利于加强管理，有利于加强和改善党的领导，有利于建立健全自我监督和约束机制，公司董事长和总经理采取分设的规范配置。

该股份公司主要经营范围是：有线广播电视网建设、升级改造、经营、维护和运营管理，广播电视传输业务、增值业务及其他业务，宽带网技术开发咨询、服务和电子信息网络技术产品转让，网上视听节目传播等。公司按照现代企业制度的要求，设立股东会、董事会、监事会和经理班子，内部机构有办公室、人事部、财务部、经营部、技术部、用户部、传输部、工程部、数字业务部、点播节目部、客服中心等部门。

实现台网分离，对于有线电视来说无疑是一次巨大的阵痛，但改革的成效是非常显著的。经过全省 113 家股东的共同努力，广东广电传输网已经成为电信网之外的又一张全省联通的网络。这标志着干线网以广州为中心，连接全省 21 个省辖市和全省各个县（县、区），且与海南、广西、湖南和福建四省国家广播电视干线光缆网连接的广东省有线电视网络正式建成并投入使用。至此，广东广电的信息网络已走在全国前列，全省县以上城市和大部分乡镇建立了电视网，全省共有 1 551 个电视网台（站），现在，全省网络已发展到：光纤电缆总长 12 764公里，有线电视用户总数从 700 万户增长到 1 000 多万户。有线电视网已从传统的同轴电缆系统和微波电缆系统发展到光纤/同轴电缆混合系统，不仅频带宽、容量大、成本低、双向性和抗干扰性强，而且还可提供包括视频、音频、文本、图像在内的交互或综合业务。广州、深圳、珠海、汕头、佛山、东莞等市的网络利用 ATM、TP、CABLEMODEM 等网络技术在新建改造的光纤同轴（HFC）有线电视网上开通了数据通信服务/电子邮件服务、计算机技术服务等多功能增值业务。几年来，在省广电局的统一调配下，网络公司低成本地传输节目信号，为广东省文化大省的建设和广东省广电系统的产业化发展作出了巨大的贡献，同时为各台的经营创收打下了基础；省台、各市台的广告经营都有大幅度的增长，全省网络经营效益大幅增长，仅省公司直接经营的收入，五年就翻了一番，从成立时的 1 亿元增长至 2006 年的 3. 18 亿元。公司成立以来，按照“统一技术体系、全省互联互通、分级设置前端、共享频道资源，合理分配收益”的原则，确保了中央和省广播电视节目的安全传输及有效覆盖，网络基本建设不断得到发展，建成了可以保障实施全省有线数字电视整体转换的统一节目、传输、服务平台，实现了国有资产的保值、增值，为我省有线广播电视网络的整合运营和全省广电系统的集团化管理创造了良好的条件。不可否定，这些成绩就是在网络公司打下的基础上取得的。

广东有线电视台实现台网分离，整合资源，不仅产生了很好的经济和社会效益，更是广东广电改革走集团化道路的第一步，也是基础性的第一步。

笔者认为，第十一次全国广播电视工作会议确定的“四级办”方针和管理体制，时至今日仍具有旺盛的生命力，至于存在的弊端和问题，可以在局部方面作一些调整。这是笔者可以代表基层广播电视大多数员工说的一句心里话。

第三节　县级广播电视台管理体制改革探索

广播电视是“文化事业单位”，是文化领域的一个重要组成部分。目前，全国文化体制改革工作已经在全国开展。面对激烈的竞争和冲击，面对千载难逢的机遇，县级广播电视台只有用胆识和谋略将广播电视与本地现状相结合，突出本地特色，做强、做大、做精，才能有立足之地。对此，笔者就县级广播电视体制改革等方面的问题作如下粗浅的探讨。

一、统一思想，转变观念

20 多年来，我国广播电视有三次重大突破，第一次始于 20 世纪 80 年代初，以政策突破为特征；第二次始于 20 世纪 90 年代初，以技术突破为特征；第三次始于 21 世纪初，以体制突破为特征。以体制改革为特征的改革，它所包含的是以数字化发展为标志，以体制机制创新、从模拟向数字转换、大力发展广播电视产业为主要内容。但是广电系统的改革是一个非常复杂的过程，特别是县级广播电视台的改革则更为困难，在强大的舆论压力下，在职能调整处于迷茫的关键时刻，县级广播电视台都在寻找绝处逢生的机会。

从 2002 年 7 月 1 日起，全国同时推出省级电视公共频道，这是酝酿已久的广播电视体制改革出现的“大动作”。从它推出之日起，我国原有的“四级办电视”将转变为“三级办电视”。也就是说，县级广播电视台将关闭其目前所有的自办电视频道，从而改为以转播中央、省和市级电视台的节目为主的播出格局。

县级台职能转变是一次重要的改革，这次改革的一个重要突破是改变了原来四级办台的格局，县级由办台改为办时段。这一格局的改变必然促使人们思想观念发生转变。就目前的情况来看，在县级广播电视职能的转变过程中，出现省、市、县台发生了一些矛盾、一些分歧。对职能的转换，省台、中央台举手支持，市（地）台袖手旁观，县级台怨声载道。省台认为县级广播电视台办频道，是限制市、县播出机构发展的“尚方宝剑”、“紧箍咒”，减少县播出机构在广告上与它们竞争，认为公共频道划给县级台的播出时间越少越好。以广东为例，省公共频道划出各县的时间每天只是三个小时，而在“公共播出时间”不留“天窗”给县台播出节目，而是继续播“黄金时段节目”。当县台启用公共时间播放自办节目时，观众纷纷打电话到电视台质询，要求电视台转播省台节目。因而，省公共频道变成了“一家资源”。在这种挤压的情况下，县级台认为喉舌功能被削弱了，收入减少了，广电事业萎缩了，甚至悲观地认为这项改革将断送 1983 年“四级办台”带来的农村广播电视发展的大好局面。这些担心不是没有道理，但这些担心也说明我们的思想观念跟不上广电职能转变的需要，我们的思想观念需要转变。

一是强化全局意识。广播电视是一个整体，中央台和地方台都是整体中不可分割的一部分。无论是职能转变的改革，还是今后的网络和体制整合，都要从这个整体的利益出发。首先，上级台要尽量关照下级台的利益，特别是在整合网络资源，实行联合发展的改革与发展中，要考虑县级台的利益。不要忘记县级台在节目传送给上级台带来巨大效益所作出的努力和贡献。上级台反哺县级台的发展是合情合理、天经地义的。下级台要服从和维护这个整体利益，绝不能只从局部利益出发而形成“窝里斗”。特别是有些县级台为了自身的生存与发展，置法律、道德和纪律于不顾，把公共频道当作是自办频道，全天播放自办节目（主要播放 VCD），更严重的是有些县级台在上级台和一些省外台插播广告。这种行为不但损害了别人的利益，更损害了自身的形象，有碍本身的发展。所以，增强全局意识是双向的。要从大局出发，讲原则，讲风格，讲奉献。只有广电系统的整体实力强了，局部的利益才有保障。

二是要有经营动力。回顾中国的历史，无视世界发展的大势，故步自封，导致国家和民族衰亡的教训很多。历史是一面镜子，大到一个国家、一个民族的前途命运，小到一个系统、一个单位的事业发展，缺少发奋和发展意识都会如此。特别是新世纪面对新生媒体、先进媒体的挑战，广播电视要发展壮大，就必须要有“大”的思维，要杜绝急功近利和小富即安的思想，参与市场、参与竞争，多渠道向外延伸拓展发展项目，寻求新的经济增长点，才能把新世纪的广播电视不断做好、做强、做大。

在市场经济条件下，广播电视既要讲社会效益，又要讲经济效益，既要抓宣传，又要抓经营。要辩证地、清醒地认识县级广播电视台的职能与作用，笔者认为，县级广播电视台的职能和作用，首先是当好喉舌，为党委、政府的中心工作发挥舆论的宣传和导向作用，文艺和娱乐的功能是次要的。况且从经营成本方面考虑，县级广播电视台搞文艺和娱乐节目是很不合算的，无论是人力、财力还是收看率等方面都无法与上级台抗衡。这就要求我们从单一抓宣传的思想羁绊中解脱出来，从“小而全”的框框中跳出来，进一步明确工作重心，宣传经营两手抓，社会效益、经济效益两兼顾，坚持社会效益优先，不断拓展与广播电视相关的经营业务。

三是强化竞争意识。在市场经济条件下，没有竞争意识，任何媒体都不能健康、持久地发展，县级广播电视台要想改变落后的面貌，就要积极地参与市场竞争，树立竞争意识。

县级广播电视台覆盖面有限，无论从设备、人才、资源上，还是从收视（听）率、广告收入等方面，都无法与中央、省市级台相比。但也正是由于县级广播电视台覆盖面狭窄这一缺陷，才使它更有针对性，更能对当地受众造成影响。县级台的劣势从另一个角度看恰恰是它最大的优势。广播电视台主要经营的是节目内容，如果没有一个紧跟时代发展、紧贴社会需要的内容产出机制，那么广播电视台的其他环节就失去了“灵魂”。广播电视台的核心竞争力体现在节目的内容上，而优秀的节目内容往往和人才、体制等因素分不开，因此，提升县级广播电视台的核心竞争力应该从以下三个环节着手：一是以“三贴近”为原则，精心编排节目内容：二是以价格优势吸引广告商青睐；三是以科学规范的人力资源管理模式积累人才资本。

县级电视台节目利用省、市公共频道播出，这就改变了过去那种“干好干坏一个样”的状况，大家都在一个频道播出，这就要求县台的节目在交流和竞争中不断提高质量，办出地方特色。县级电视台只有增强竞争意识，才能提高自己的节目质量，才能在公共频道中有自己的立足之地。

四是强化责任意识。“责任重于泰山”，这是由“喉舌”性质所决定的。县级广播电视台的责任就是要对县委、县政府和人民群众高度负责。增强责任意识，不仅是对广播电视管理体制改革和广播电视的经营活动的高度负责，更重要的是对广播电视的宣传工作高度负责。新闻宣传工作要做到“两个确保”，即确保舆论导向正确，确保安全播出。把握舆论导向和安全播出是广播电视工作的重中之重，也是广播电视事业建设和发展的出发点和落脚点。因此，必须坚持正确的政治方向，紧紧围绕党的路线、方针、政策，服从和服务于党的政治路线和思想路线，服务于社会主义政治文明、精神文明和物质文明。首先，新闻工作者要增强政治意识、社会责任意识，努力提高自己的政治理论水平和业务能力，深入群众，深入基层，采写出高质量、上档次的新闻作品；其次，要明确宣传纪律，严格按章办事，不出问题，尤其不能出大问题；再次，要做好广播电视节目的采、编、制作、播出的把关工作；最后，还要落实完善监听、监看机制。坚持正确的舆论导向，确保安全播出，必须坚持“四项原则”：

一是坚持真实性原则。事实是新闻的本源，没有事实就没有新闻。事实是第一性的，新闻是第二性的，在新闻报道中，要把“讲事实、讲真话、讲真理”贯穿于整个过程。

二是坚持党性原则。社会主义国家的媒体姓“党”，要听党的话，无条件服从党的领导。第一，在政治上与中央保持一致；第二，在思想上坚持马列主义、毛泽东思想、邓小平理论、“三个代表”重要思想和科学发展观；第三，在组织上坚持和服从党的领导。

三是坚持指导性原则。舆论作为一种民众的共同意见，代表人心向背，顺者昌，逆者亡。所以要坚持和实行正确的舆论导向，高度重视新闻工作的舆论导向，通过新闻的传播指导舆论、指导工作、指导学习、指导生活。

四是坚持群众性原则。坚持群众性原则必须做到：①树立全心全意为人民服务的思想；②甘当人民群众的公仆；③鼓励和支持群众参与新闻工作；④以人民群众为新闻报道主角；⑤内容和形式为群众喜闻乐见的。

“导向正确是党和人民的福，导向错误是党和人民的祸”，“安全播出重于泰山”，县级广播电视台的领导者们任何时候都不能忘记这一点。

另外，还要强化产业意识。众所周知，由于种种原因，目前广播电视的产业功能的开发相对薄弱，除了网络经营和收入甚少的广告经营之外，可以说，大部分的功能都没有得到有效的开发，更不要说实现“一业为主，多业并举”了。导致产业发展速度慢或不能发展的根本原因是思想观念的问题。虽然这些年形势的发展变化使人们对发展广播电视产业经营的重要性有了新的认识，但认识方法和认识程度仍有很大的区别。从总体上看，相当一部分同志把发展广播电视产业经营放在只是为广播电视宣传提供经费保障这一层面上，而没有看到广播电视产业作为文化产业的重要组成部分，是树立科学发展观，促进社会经济全面发展的重要支柱产业。一些人还不同程度地存在非产业化思维方式，常常以宣传业务的思维方式代替产业经营的思维方式，以行政手段的思维方式代替市场取向的思维方式，以长官意志的思维方式代替遵循客观规律的思维方式，从而使广播电视产业经营水平难以提高，错失了一次又一次的发展机遇。在广播电视产业做强、做大的问题上，也存在着一些模糊认识，以为做大了，自然就做强了；以为什么领域都经营了，就是多元化发展了。另外，受长期计划经济影响，重节目、轻经营的思想观念仍然存在。广播电视产业化发展作为广电发展的必经之路，已经被中国传媒产业界普遍认同，就县级广播电视来讲，全面推进产业化进程是其发展的必然选择。

二、理顺关系，拓展平台

在建立公共频道之前是四级办电视，推出公共频道以后转变为三级办电视。职能转变的改革对于县级广播电视台来说是一次严峻的考验。由于县级台频道取消，节目大量压缩，如前文所述，很现实的问题就是广告的大量流失。作为办电视台的生存支柱——广告收入锐减，直接影响到县级广播电视台的生存，将会极大地挫伤县级办广播电视的积极性。公共频道如果只顾省台的利益而忽视了县级广播电视的利益，这样的改革也是不成功的。据笔者所知，转变职能以后，一些县级广播电视台“上有政策，下有对策”，我行我素。一方面保留原有频道，继续播出自办的电视节目；另一方面在公共频道规定的播出时间段播出节目，由于自办节目量少，大多数时间都是播其本台的广告节目，甚至将整个时间段播放医疗讲座节目，县级台的节目时间段成为名副其实的广告时间段。

要真正搞活公共频道，使公共频道成为省、市（地）、县三级的信息交流的平台，首先要理顺关系，创新机制。国家广电总局明确规定：“公共频道是省市、区县两级广电部门的共同资源”、“要充分考虑和照顾基层利益”、“两级广电部门共同受益、共同发展”。这些规定指明了公共频道是上下两级广电部门的资源，它将和县级的资源和业务紧密联系起来，在保证公共频道顺利进行的前提下，要考虑和照顾基层的利益，利用好县级广电部门的人、财、物资源，充分调动基层广播电视台的积极性，制定切实可行、具体可操作的措施。公共频道应加快建立现代企业制度，可实行股份制，让县级台以人才、设备、资金、客户资源等方式入股，共同投入，共担风险，共享利益。明确公共频道省、市（地）、县应承担的义务和享受的权利，保证公共频道的部分收益，即除在生产节目等必须开支以外的盈利部分应支持县广电事业的发展。只有理顺关系，创新机制，真正调动起县级台的积极性，公共频道才能获得持续发展的动力。有些文章说，“公共频道是广播电视机构改革催生出的产物，它的直接后果是县级办电视台和频道的消减，但同时也为县级广播电视机构提供了一个更大的平台”。笔者很赞同这个观点，县级台要利用这个平台，施展“才能”，扩大本地的宣传，展示地方形象。要利用公共频道的影响力“借船”出“海”。“船”是公共频道的主办方，即省级或市级台开设的联办节目，这艘“船”与县级台播出平台中的“小船”相比，节目容量更大，覆盖范围更广。同时，县级广电不能仅满足于在公共频道节目时段插播节目来产生影响力，还要制作出一批地域特色浓郁的精品节目来获取更大的市场，展现地方台的魅力。

三、清晰产权，明确主体

县级广播电视台与其他媒介一样，具有一是喉舌性质，二是事业单位，三是产业化经营，既有行政职能，又有“事业性质、企业运作”的双重属性的具体运作模式。“这一模式造就了中国传媒业的10年繁荣。但目前却深深地困扰着中国的传媒业”。[①] 同样，县级广播电视台这种模式也困扰着自身的发展。

县级广播电视事业是在当地政府支持下，由广电部门自力更生，艰苦奋斗发展起来的。然而，县级广播电视台处在一个只有义务、没有权利的尴尬境地，它有事业单位的义务，却不能享受事业单位的权利。用“驼背落地——两头不着力”来

① 李良荣. 李良荣自选集——新闻改革的探索. 上海：复旦大学出版社，2004. 16

形容中国传媒业的境况是再恰当不过了。① 存在这种现象，除了对媒体“双重性”的淡漠之外，很重要的一个原因是产权不清，主体不明，这种关系具体反映了事业单位与国家之间的产权关系问题。县级广播电视台的产权关系不清楚，虽然资产性质属全民所有，由广播电视台经营，台长是法人代表，然而，财产的处理权是县长一个人说了算。以博罗县为例，2002年博罗台自筹资金新建立了广播电视中心，原定将600平方米的旧楼房安排部分干部职工居住。但是县长一纸令下，这座20世纪70年代由广播电视局干部自筹资金建设的建筑物就被县收走安排作公安局用房。广电部门的固定资产不可否认有一部分由县政府投资，但大部分是由广电部门通过增值形成的，这增值部分（大部分）的权属就有一定的模糊度。比照我国全民所有制工业的有关办法，其中至少有一部分是属于集体资产的，实践中也有媒体将这部分资产大部分收为集体所有的情况，这种做法未必妥当，却也有缘由。一些经济学界人士的主张是政府发挥主导作用，自上而下地安排产权制度，加快产权制度改革步伐，采取措施，推动传媒产权明晰的进程。

在新的一轮广电改革中，出现了一个经营管理上的新概念——“管办分离”，而过去的广电改革，不论如何改，都是在“事业单位，企业化管理”的名义下进行的。广电作为“政企不分”的产业化进程中资源配置的权力，在党政机关基本排斥市场的配置作用。广播电视不具有市场主体的明确身份，“企业化管理”仅仅作为党政拨款的补充，广电没法取得法人财产所有权和人力资源权，因而积极性有限。这种政企不分也容易导致权力利益化或利益部门化。

现在提出的“管办分离”，基本上明确了广电的“产业”属性，它们自主经营、独立核算，可以面向市场，成为市场的主体。主管部门履行的是“管”，对国有资产使用及舆论导向

① 李良荣. 李良荣自选集——新闻改革的探索. 上海：复旦大学出版社，2004. 17

进行监督。而且，政府通过市场及其杠杆作用收取税收，基本上解决了产权、财权和人事权的问题。因此，实行“管办分离”可以解决广电行业结构调整中的障碍，使得广电名正言顺进入市场。

四、创新体制，整合资源

所谓创新体制，就是创新管理体制。一般来说，所谓管理体制，就是管理制度和管理方法的总称。广播电视管理体制是有关广播电视系统的各项管理制度和管理方法的总称。它包含领导体制、传媒组织和运行当中的各项管理制度、管理方法等方面内容。本章节主要是阐述领导体制问题。

创新县级广播电视体制，就是要积极推进广播电视产业体制改革。以符合社会主义市场经济体制和促进广播电视生产力发展为基本目标，建立新型的广播电视产业管理体制，是今后一段时期内的一项重要任务。要按照党的十六大精神和中央有关文件的要求，“发展必须坚持和深化改革。一切妨碍发展的思想观念都要坚决冲破，一切束缚发展的做法和规定都要坚决改变，一切影响发展的体制弊端都要坚决革除”。对于县级广播电视台来说，过分强调意识形态属性不符合实际，也不利于发展；过分强调市场和产业属性也脱离了我国现行政治体制的现状。从目前的情况来看，县级广播电视创新体制、整合资源，必须坚持“从实际出发、统筹考虑、全面安排、分类指导、分步实施、逐步到位”的原则，积极稳妥地进行。根据广播电视产业体制改革“建立起完善的、有中国特色的、既符合社会主义市场经济要求，又符合社会主义精神文明建设要求，反映广播电视产业内在规律的管理体制和运行机制，理顺各种关系，通过体制创新来理顺各种关系”的根本任务和总体目标，县级广播电视体制创新重点包括以下四个方面：

其一，“三台合一”。根据中办、国办和原广播电视部的相关文件规定，对同一县的广播电视机构进行“三台合一”的管理体制模式的改革精神，要将原有的广播电台、无线电视台、有线电视台合为一个播出实体，统称为广播电视台，实行“七个统一”，即机构建制统一、宣传管理统一、人事管理统一、技术管理统一、财务管理统一、事业建设统一、经营管理统一。

其二，对乡镇站进行垂直管理。现行的县级广播电视管理体制导致各自为政的网络建设，不仅严重地浪费了资源，阻碍了县级广播电视事业的发展，而且完全架空了县级广播电视播出机构。笔者1998年调进博罗县广电局时，县级广播电视播出机构无法管理乡镇广播电视站，有线电视网络只覆盖县城，县广播电视台实际上是一个县城的广播电视站。对乡镇站垂直管理势在必行，根据上级有关规定，各镇站作为县广播电视台的派出机构，站里的人财物全部归县广播电视台管理，债权、债务归县广播电视台负责。

对乡镇站垂直管理是县级广播电视台的一次严峻考验，因为收编乡镇站的难度主要是观念和利益问题。目前，乡镇的管理体制大致有三种情况，有的是乡镇直管部门；有的是“条块结合，以条为主”的垂直部门；有的是“条块结合，以块为主”的“双管”部门。一般来说，“以条为主”的部门都是权力较大、有经济收入的部门，而“以块为主”的部门都是权小的“清水衙门”。乡镇广播电视站在当地来说是一个为数不多的有“前途”的部门，因此，乡镇的领导们“情有独钟”地死死抱着这个“金娃娃”不放。又如，乡镇广播电视站的财产问题是收编工作的焦点，乡镇的领导认为乡镇广播电视站的财产属于镇级所有，如果县要垂直管理，就必须以钱收编，等价收购。这是一种不合理的要求，理由有二：①乡镇站的财产主要是网络资产，这种资产是由有线电视用户通过缴交初装费的形式（集资）发展起来的，乡镇财政投入很少或者没有投入，这种资产属于广播电视站所有；②镇广播电视站收编后由县广播电视部门管理，只是管理部门的变更，而服务对象没有改变，其服务的还是当地的群众，因此，等价交换显然是错误的。综上所述，只要政府以行政力推动，做好思想工作，就能够按照“机构健全，技术领先、投入到位、保证长效”的原则，进一步理顺乡镇广播电视站的组织体系和投入机制，对乡镇广播电视站实行垂直管理就能变成现实。

其三，管办分离。2004 年是国家进行文化体制改革全面试点的一年，中央下发了《关于在文化体制改革综合试点地区建立文化市场综合执法机构的意见》专项文件。广东等地区根据中央有关文件精神的具体意见，对广播电视体制进行了“管办分离”的改革：①地级市、县（市、区）两级广播电视系统管办分离，取消广播电视局，将广播电视的行政管理职能剥离出来，完整划入新设立的广电新闻出版局；②地级市、县（市、区）原有的广播电台、电视台、有线电视台、广播电视发射台等机构合并组建事业性质的广播电视台。这一重大改革改变了广电系统长期以来存在的政事不分、政企不分、管办不分的体制弊端，在真正意义上实现了“管办分离”，促使广播电视产业经营跳出了行政的束缚，有利于县级广播电视的产业发展。管办分离在策略上应注意四个问题：

一是观念要转变。要进一步把思想观念从计划经济体制的羁绊中解放出来，从适应计划经济体制向适应市场经济体制转变；从过去以追求数量为主向以提高质量为主转变；要从分散经营向规模经营转变；从过去单一的喉舌功能向广播电视的多功能转变。

二是步子要稳妥。县广电实行管办分离和职能转变关系到播出机构和行政管理机构的思想观念、工作重心、工作方式的转变，同时也关系到利益格局的调整。这不是一个单纯的业务工作问题，而是一个利益问题。因为员工担心管办分离和职能调整后节目不能办了，网络已统管了，财政“断奶”了，吃饭问题怎么解决？所以在管办分离和职能转变过程中必须稳步推进，要统筹考虑问题，而且要按照宣传规律、新闻规律和市场规律进行调整和转变。要从保证中央台和省台传输覆盖和县市党政利用现代化宣传媒体的要求和可能，从广播电视行业技术和产业的属性、特征和集团化发展的层次、分工方面进行全面的分析比较，趋利避害、实事求是地采取有效的措施、积极稳步地推进县级播出机构职能调整。

三是要懂得依法经营。管办分离后，县级广播电视真正成为事业单位，在事业体制下，县级广播电视真正以法人的身份在市场经济的大风大浪中翱翔。市场经济首先是法制经济，广电领域市场经济的建立，也将呼唤全行业的法律、规则意识的全面提升，更要求政府执法部门依法行政和广电部门依法经营。在广电的行业的宏观管理上，政府的角色从“裁判员加运动员”过渡到单一“裁判员”角色；在具体管理方式上，则应从直接命令和行政力推动向依靠产业政策、法律法规的制定、执行等间接管理方式转变；在管理和调控时机上，则从大量的事前批准向事后的责任追究转变；在管理目标上，则从社会效益第一、经济效益第二，向在符合社会效益的前提下允许经济利益最大化的方向发展。总之，通过这种“转换”来实行依法行政和依法经营，为广电行业的“产业化”变革提供良好的宏观环境和微观服务。

四是要有良好的经营思维。随着改革开放的不断深入，随着国内外竞争的日趋激烈，广播电视的产业属性已被越来越多的广播电视同仁所认识。特别是在管办分离的情况下，要经营好这份产业要求我们要重视市场经济的作用，学会在市场经济的“大潮”中发展有特色的广播电视产业，努力创新广播电视生存与发展的战略思维。这正如一个企业要生存发展，首先要有适销对路的产品，这样才能赢得市场；其次要以质量取胜，这样才能站稳市场；最后要有远景规划，适时开发新产品，才能长久地在市场中立于不败之地。因此，我们要赢得观众、听众，提高收（视）听率，就要了解受众需求，生产出广播电视精品。

此外，要建立现代产权制度和现代企业制度。现代产权制度要求产权“归属清晰、权责明确、保护严格、流转顺畅”。

只有抓好上述几项重大改革，县级广播电视才能谋得生存与发展之伟业。其成功之处体现在以下“四个有利于”：

第一，有利于“治散治乱”。广电的“散”与“乱”的现象源于“小而全”。“小而全”是当前中国广播电视发展的两个主要问题，要彻底解决，则外要破“小”，内要破“全”。在外部通过结构调整理顺体制，优化组合、重新配置和整合媒介资源，走集约化经营之路，做强、做大，凸显规模效应；在内部则应充分适应受众和市场的需要，坚定不移地深入发展专业化，彻底抛弃“求全”心理，走以特色取胜的类型化发展道路。

第二，有利于转变职能。其实，县级广播电视播出机构职能转变，只是电视频道的转变，因为各台呼号、机构没有取消，电视播出前端和时段及广播电台仍然保留。主要是通过“转职”，采取整合手段，让基层广播电视台集中精力，从粗办广播电视节目转移到精办节目上来，从单一经营转到多种经营上来。这种机制结构的调整、优化组合，更顺应了职能转变的需要，通过内部结构的调整，使电台、有线电视、无线电视台的人力资源互为补充。

第三，有利于整合资源。县级广播电视改革的目的在于增强其活力，这种活力应该体现在资源的整合上。首先是新闻资源的整合，“三台合一”后，一条新闻线索变多路记者采访为一路记者采访，一条新闻变多个环节制作把关为一个环节制作把关，多个播出实体变为一个播出实体。其次是网络资源的整合，实现一县一网。对乡镇站垂直管理后，将各镇的网连接成一线，形成一城一网一信号，取消各镇站的播出前端，既确保了安全播出，又为有线电视数字化及网络信息化夯实了发展基础，既确保了同一信号的有效覆盖，又有利于广告业务和网络增值业务的开发，同时有利于提高服务质量，为用户提供优质、稳定的信号。

第四，有利于“村村通”广播电视。2007 年 8 月，中共中央办公厅、国务院办公厅印发《关于进一步加强公共文化服务体系建设的若干意见》（中办发［2007］21 号），将广播电视“村村通”工程列入实施重大公共文化服务工程的首要任务，明确要求：在巩固现有成果的基础上，按照《国家“十五”时期文化发展规划纲要》要求，进一步明确责任，加大力度，因地制宜，讲求实效。以消灭覆盖盲区和增强覆盖效果为重点，采用地面无线、直播卫星和有线网络等方式，扩大对农村广播电视的有效覆盖。加快对现有无线台站的改造，加强日常维护，确保有效运行。完善农村广播电视基础设施建设，积极创造条件，推进县对乡镇广播电视的垂直管理运行体制建设。建立以县为核心、乡镇为依托，服务农户的农村广播电视公共服务覆盖网络。到2010年年底全面实现20户以上已通电自然村广播电视村村通，到2020年基本实现农村广播电视户户通。由此可见，实现广播电视村村通，必须以县、乡镇广播电视体制的上下贯通为基础。

第四节　县级广播电视台事业发展探索

一、强化意识，增强信心

在社会主义市场经济条件下，县级广播电视面临着前所未有的压力和挑战，这一次前所未有的严峻考验，把县级广电推向了生与死的抉择。“物竞天择，适者生存”，这是事物演化的基本规则。这一规则完全适用于县级广播电视的生存与发展，遵循“适者生存”规则，必须增强以下五种意识：

（1）坚定的“喉舌”意识。“喉舌”是广播电视作为党的宣传舆论工具的最本质的特征。面对复杂多变的形势，强化县级广电部门的“喉舌”意识显得尤为重要。一方面，市场经济是自主经济，它以社会需求为导向，消费引导生产是市场经济的基本运行规律。广播电视节目是特殊的劳动产品，在市场经济条件下有很大的自主性，如节目生产越来越需要随着受众的收看（听）率来运作。由此，一些负面效应随之产生。因此，面对市场经济的自主性，县级广播电视工作者要牢记自己的使命，增强党性和政治敏锐性，把握正确的政治方向，强化“喉舌”意识。另一方面，广播电视的经济属性和产业功能越来越广泛地被认识，作为产业，它也需要追求最大化的经济效益，而且直接与部门和个人的经济利益挂钩，于是有些单位、有些人的价值取向逐渐趋向于经济效益，而淡化了广播电视最本质的社会效益。因此，要正确处理广播电视社会效益与经济效益的关系，坚持把社会效益放在第一位，在思想上明确宣传方向，在实践上把握舆论导向，不断加强“喉舌”意识。只有坚定了“喉舌”意识，才能得到广大受众的欢迎和县领导的大力支持，才能突破重围，攻克难关，丢掉包袱，把握大局，赢得胜利。

（2）强烈的发展意识。要圆满地完成党和人民赋予广播电视的光荣使命，为人民提供更多、更好的精神产品，以满足不断增长的多层次文化生活需要，以取得更多、更好的社会效益和经济效益，要做强、做大广播电视产业，县级广播电视台的事业就必须不断向前发展。“发展才是硬道理”，发展是解决诸多问题的灵丹妙药。因此，县级广播电视台要树立强烈的发展意识，要站在一定的高度上，以更长的时间维度、更宽的空间范围，分析所处形势，增强忧患意识，明确奋斗目标，探索发展之路，在改革中发展，在发展中改革。要以增强队伍的凝聚力为目标，心往一处想，劲往一处使，以事业发展为己任，上下同心，形成合力；要增强单位的内驱力，发愤图强，居安思危，开拓进取，争创佳绩。

（3）牢固的服务意识。随着改革开放的不断深化，“天上一颗星（卫星电视），地下一张网（有线传输网），市面书报刊（零售亭），外加虚拟空间（互联网）”全方位走向受众，受众对媒体有了越来越大的选择余地。这就打破了县级广播电视以前的“我播什么，你听（看）什么”的局面。迫使县级广播电视走近生活、贴近群众，切合实际，把受众的需要作为办好节目的出发点和落脚点，按照受众市场的行情变化来改进提高自己的宣传报道形式和节目内容。正由于县级广播电视面临着这种新情况、新形势、新要求，这就要求广大员工务必树立牢固的服务意识，明确广播电视的服务对象是社会、是受众，受众就是广播电视的上帝。要时刻把受众放在心上，去了解他们，研究他们，报道他们，尽可能地满足他们。唯有如此，才能克服工作中的盲目性，避免工作中的被动性，从而保持广播电视事业的旺盛生命力。

（4）高度的质量意识。质量是企业的生命，同样，质量也是县级广播电视的生命所在。质量不好，不仅会影响广播电视媒体的发展环境，而且会影响县领导对媒体支持的态度。市场经济的平等性，为各种媒体提供了公平竞争的机会。各种媒体无论大小，都机会均等地进入了受众市场，站到了同一条起跑线上。受众不会根据部门的大小、级别的高低、载体的不同来取舍，而主要是以节目质量的高低为标准。因此，在市场经济条件下，县级广播电视工作者要有高度的质量意识，要敢于竞争，善于竞争，避免浮躁，多出精品，创建名牌栏目，培养名牌记者、编辑、名主持人、名工程师，写出好稿子、办出好节目、播出好信号，从而以质量取胜。

（5）较强的法治意识。市场经济是法治经济，县级广播电视要适应市场经济，了解市场经济，宣传好市场经济，就必须增强法治意识，认真学法、知法、守法，将广播电视一切行为置于法治规定的运行轨道中，包括每一次采访、每一个镜头、每一句解说、每一笔业务、每一篇批评性报道，都必须严格依法行事。只有这样，才能在市场经济条件下更好地完成广播电视宣传等各项任务；也只有这样，才能更好地进行自我保护，减少无谓的新闻官司。

二、破危为机，势在必行

按照哈贝马斯的研究和考证，危机最早是作为一个医学术语使用的。危机是疾病的一个阶段，这个阶段决定一个实体的自我健康的恢复能力。现在县级广播电视台在经过20余年的高速发展后也进入了这个危机阶段，它面临着诸多的困难与问题，徘徊在“生死边缘”。

管理学大师韦伯为“危机”下的定义是：“艰困，不幸的时刻。”“危机”，我们通常所说的是“危险”加上“机遇”。危险与机遇总是如影随形，相依相伴。中国有古诗云：“山重水复疑无路，柳暗花明又一村。”西方也有一句谚语：“当上帝关上一扇门时，他便会为你打开一扇窗。”

按照哈贝马斯的危机理论，事物发展中出现的危机常常是两面性的，也就是说，危机不只产生消极负面的效应，如果主体的应对措施得当，危机也能转化为机遇，起到正面积极的作用。陆地先生在其《中国电视产业的危机与转机》一书中说到，任何危机都只会出现三种后果：第一种是主体有足够的自我免疫能力克服危机，以使主体保持常态；第二种是主体内部缺乏自我调节能力，陷入“病态”之中；第三种是危机作用的主体不仅有足够的克服危机的机能，还能利用危机推动整体向着理性的状态发展，即将危机转化为发展的契机。

县级广播电视台所面临的危机是前所未有的，然而其挑战也是前所未有的。迎接挑战，转危为机，关键在广播电视人的精神状态。

首先，抛开畏惧心理，鼓起战胜困难的勇气和信心。县级广播电视台尽管有各种弊端，然而笔者认为这只是传统旧有的新闻宣传体制带来的，只要对体制进行改革，县级广播电视台仍然大有作为，而且可以成为大台的补充。

其次，冷静面对，认真思考。分析危机的根源是什么（不要把危机的原因统统归于政策问题），有利因素是什么，如何采取有效措施。有了分析、思考，还要有积极、主动的态度，有坚定、昂扬的斗志，有向上、奋发的精神。

再次，必须具有自我突破的精神和创新精神。困难像弹簧，你强它就弱，你弱它就强，办法总比困难多。要克服墨守成规、故步自封的无所作为思想，发扬“只争朝夕”的精神，为县级广电事业发展杀出一条“血路”。

同时，要开拓创新，积极进取。认识问题解决了，不迈向实践的领域，就不能实现量的提升和质的飞跃。不能做思想的巨人，行动的矮子。要积极行动起来，主动出击，打破现有环境和条件的局限，开拓进取。

三、资本运营，点石成金

何谓资本运营？资本运营就是以利润最大化和资本的增值为目的，通过生产要素的优化配置和产业结构的动态调整，对企业的有形与无形资本进行综合有效运营的一种经营方式。①

按照经济学家魏杰的说法，资本经营就是买卖资产与企业的经营行为。企业的资产甚至企业本身通过这一买一卖就能产生经济效益。实际上，资本经营的依托是生产经营。因为只有买卖的资产或企业能够带来利润，资本经营才有意义，资本经营买卖的资产才是有价值的资产，有价值的资产经由资本经营才能体现其价值。在社会主义市场经济的大环境下，资本经营是广播电视发展的助推器。

中国的电视业从无到有，经过了50多年的发展历程，改革开放后，伴随着上海电视台第一条广告的出现，广播电视的经营属性逐渐凸显。广播电视台通过经营广告，一方面减轻了国家的财政负担，另一方面也为自身的发展提供了资金支持，从而生产出更多的优秀文化产品，满足人民的精神文化需求，在产生经济效益的同时，也产生了巨大的社会效益。但是，随着信息产业市场的开放程度不断提高，作为信息产业重要组成部分的中国媒体，迎来了许多强大的竞争对手，必须在“强者更强，适者生存”的规律中摔打，作为“弱势群体”的县级广播电视台更加要适应这条法则，借助资本经营的手段让自己像“滚雪球”似的越搞越大。

目前，县级广播电视的主要收入是靠广告和有线电视收视费。然而，县级广播电视面对上挤下压的态势，其竞争手段必须与科技结合，需要大量资金来武装。又由于广电系统存在贷款难的问题，至今无法解决。在这种情况下，县级广播电视台

① 李晓枫．中国电视传媒资本运营．北京：中国广播电视出版社，2004. 47

的生存与发展所需的资本有赖于除银行资本以外的社会资本的支持，而社会资本的集散地在资本市场。

县级广播电视资本经营可以考虑重组，通过经营权及相应的管理权吸引投资。因为媒体的经营权在中国有垄断性，拥有媒体的经营权就意味着可以有广告收入和有线电视用户收费，甚至将来的数字电视的用户收费等。这种资本经营有如下三种方式：

一是以“51∶49”的底线进行合作投资，共享组建公司。控股权在媒体方，双方股东根据公司股份进行利润分配。

二是以项目合作经营的方式进行。双方共同投入，由媒体经营项目，双方通过项目的收入分成实现各自的回报。

三是以有线电视网络收费权为担保，向银行贷款。县级广播电视台属于宣传单位，上级明文规定不准以固定资产作担保。而县财政又不能拨款支持广电发展事业，现阶段向干部职工集资又不行，建设工程超100万元的必须公开招标，公开招标的工程又不准由中标方带资建设，这极大地阻碍了事业的发展。因此只能在政策的允许下，用收视费权作担保，向金融部门贷款。

四是组建网络公司实行委托代理。组建网络公司的前提是公司的模式必须是股份公司，以形成多元化产权结构。多元化的产权结构意味着广播电视台的出资者不局限于国家，也可以是其他法人，甚至是自然人。多元化的产权结构由于存在多方投资者的博弈，最能促成所有权与经营权的分离，并按照委托代理关系来确定媒体的管理者。社会化大生产对专业化提出了更高的要求，这就要求资本所有者将经营权授予专门的代理阶层。所有者是委托人，经营者是代理人，两者之间通过预先达成的契约将双方的权、责、利作出明确界定，从而形成相互制约、相互鼓励的组织机制。在此意义上讲，委托代理过程也就是所有权与经营权分离的过程，也就是整个组织及组织里的每个成员都被推向了市场经济的风口浪尖的过程。

资本经营有利于电视媒体建立起产权明晰、责任明确、政企分开、管理科学的现代企业制度。县级广播电视的产权结构是单一的国家所有制。只有通过多方的资本经营的运作，才能实现产权结构多元化。资本运营的作用不仅如此，通过资本运营还可以解决至少两个问题：第一，可以解决“条子”进入问题；第二，可以解决“条子”调动资金问题。这两个问题解决了，县级广播电视的天空就会万里无云，一片湛蓝。

四、新闻立台，做强、做大

时下，媒体战常常演化为新闻战，可见新闻传播能力对于媒体的重要性。多年来，县级广播电视力求在竞争中提高影响力，首选突破口也都在新闻。在广播电视圈内有一句行话，叫做“新闻立台”。新闻节目是广播电视的主体，也是广播电视的生命，而能否办好新闻节目更是决定一个广播电视台兴衰成败的关键。这对处于中国广播电视最基层的县级广播电视来说，尤显重要。

县级广播电视台的地位和特征决定了它所反映的内容是贴近实际、贴近生活、贴近群众的；它所宣传的地域是“以本地为主，外地为辅”；它所报道的范围直接是本县的物质文明、精神文明、政治文明、生态文明等各方面的变化，以及发生在老百姓身边的事；它的受众就是当地的老百姓。这是县级广播电视的最大优势。然而，县级广播电视台与中央、省、市媒体一样，都具有特有的政治属性，因此，县级广播电视台在节目经营中必须坚持两点：

其一，要严格执行宣传纪律。要严格执行上级广电部门的有关规定，完整地传送法定的中央、省、市广播电视节目，特别是要严格执行中宣部、广电部 1993 年 12 月 8 日的通知：“各级广播电台、电视台、转播台、电视差转台及有线电视台（站）和有线广播台（站）都必须以专用频道完整转播中央人民广播电台、中央电视台的第一套节目。”“在转播中央台节目时，不得插播自办节目和广告”。

其二，办好本县新闻节目。县级台新闻节目收视率低已成为不容回避的问题，造成这些局面的原因是多方面的。作为设备和人才都不能和上级台相比拟的县级台，如何把新闻做强呢？出路在于“做大、特色、个性”六个字，即把新闻做大、突出地方特色、培养节目个性。

对于县级广播电视台来说，新闻立台不应该只是一句口号，而必须贯穿于改革发展的整个过程。纵观我国广播电视几十年的发展史，无论从其地位和性质去观察，还是从现实状况和发展态势来分析，新闻始终是县级台生存的灵魂，只有大新闻才是县级广播电视台张扬的旗帜。

大新闻是县级台立台之基。当初县级台是因为新闻的发布而设立的，成立县广电台最重要的目的是报道本县每天发生的新事，传达县委、县政府的意图，表达县域黎民百姓的呼声，使其成为当地党委和人民的“喉舌”。可以说，没有新闻就没有县级广播电视台。

大新闻是县级台强台之本。在多媒体竞争下，势单力薄的县级台相对上级台而越界越位，全面出击是不现实的。县级台有自己的地盘、有与新闻事件距离近的优势，采制新闻有着得天独厚的条件，有着省、市台难以代替的优势，应从自身实际出发，关注大局，从“大处”着眼，“小处”着手，挖掘新闻。要扬长避短、发挥优势、以大新闻强台，从而在这场荧屏大战中，坚守住自己的最后一块阵地。

大新闻是县级台的发展之路。目前，县级台播出职能改变，仅取消自办频道，总体职能弱化。但广播电视这块充分体现县党委、政府宣传意图的阵地在相当长的时间内其职能仍将会被强化。即使有一天完全取消县级台自办节目职能，新闻也会是县级台保留的最后一个节目。因此，县级广播电视台的发展必然依靠新闻，必须立足本地采掘报道大新闻，通过大新闻来扩大传播效果，在新闻阵地站稳脚跟。

大新闻是县级台升值之举。县级台转换职能后，自办节目在省、(地）市公共频道规定的时间播出，是一次难得的提升节目价值之机遇。县级台长期存在的无法解决的节目粗制滥造的问题，一下子变得迎刃而解了。因为播出的节目时间短了，栏目开办受到限制，节目自然就需要精益求精了。这就要求县级台在自办节目的质量上下工夫，认真探索节目的内容形式，努力体现自己的特色和个性，挖掘和提升新闻价值。通过提升新闻价值，强化自己的威望，这便是实现县级台自身价值的重要之举。

如何做好大新闻呢?

（一）实现“三个转变”，强力推进新闻龙头

（1）实现由理论上的新闻立台向全方位的新闻立台转变。在实力雄厚的大广播、大电视媒体的压力下，县级广播电视媒体必须认真研究如何吸引本地受众，为本地受众服务，对与本地受众息息相关的本地新闻事件进行及时报道，把自己打造成为本地受众讨论本地公共事务的平台，从而巩固自己在本地的影响与市场。这就是“新闻立台”。

实施新闻立台战略，要实行由理论上的新闻立台向全方位的新闻立台转变。第一，要从机构、人员上进行优化配置。在机构配置上，要把新闻采编作为重要部门来设置，让有新闻专业、有经验、有责任心的人员担任采编部门的负责人或栏目负责人。第二，以新取胜。要适时对新闻栏目进行改版，以新的新闻栏目吸引受众。第三，加快新闻播报的速度，增加新闻的信息量，有条件的县级台可开办滚动式栏目，以提高新闻立台的档次。第四，要抢占播出时机。县级台要赶在上级台新闻节目前推出自己的地方新闻节目，做到当天的新闻在最早的时间播出。第五，注重节目编排。随着广播电视业的发展，广播电视频道（率）的增多和广播电视媒体之间的竞争加剧，节目编排逐渐成为影响节目收视（听）的一个重要因素，越来越受到广播电视从业人员的重视。按照美国地方电视台的播出策略，地方新闻放在美国 ABC、CBS、NBC 这三大网络电视台的新闻节目之前播放。因为除非有爆炸性的全国性事件，各地受众对本地新闻的关注程度要高于国家新闻，因此各地方电视台非常重视把每一个节目安排在最合适的时段播出，以便争取尽

可能多的受众。

(2) 实行新闻节目的说教性向亲民性转变。节目设置要以新闻、资讯类内容为主体，以社教、专题、服务类节目为补充。节目表现要以“说”新闻为主要表现形式，改善节目形态，提升节目的亲和力。节目内容要按照科学发展观的要求，实现向以人为本、多元化、独具特色的方向发展。节目形式要大力提倡娱乐化的新闻风格和增加软新闻，尽量使新闻故事化、娱乐化，在当地广播电视台激烈的竞争中逐步占据收视(听) 率排名的前列。

(3) 实行由粗放型向科学管理的转变。“管理出效益。”一要精简机构，消除机构臃肿现象；二要建立起“统与分相结合”的财务体制，必须毫不动摇地把各部门的收入统到台里，按照年度创收指标和绩效，实行比例分配或提成奖励，以调动员工的积极性；三是要树立成本办台的理念，在节目制作、设备投入、栏目设置、后勤保障等各方面都要建立成本核算机制和制度，控制办台成本，提高办台经济效益。同时，还要建立各项有用、科学、可操作的规则制度。以目标责任制和成本考核制来规范和约束员工的行为，坚持用制度管人、管事、管权、管物。充分发挥现有和内在的潜力，最大限度地调动采、编、播人员的积极性和创造性，出多精品，出好精品。

(二) 处理好“三个关系”，确保舆论导向正确

1. 全局与局部的关系

1994 年 1 月 24 日，江泽民同志在全国宣传思想工作会议上指出：“正确引导舆论，重要的是正确把握形势，增强全局观念。”什么是大局？大局就是政治。首先，要不断增强全局观念，牢固树立大局意识。在反映舆论、引导舆论的总方向、总基调上要以正面宣传为主。自觉地吃透一个时期党和国家的方针、政策、发展目标及工作思路，在具体宣传中要找准结合点，既不能空洞肤浅地照本宣科，又不能概念化地图解。要站在全局的高度，涉“深水”、抓“活鱼”，用广大人民群众的生活实践和工作成效，准确、生动地宣传好党的路线、方针、

政策。其次，要在突出个性中体现共性。县级台的边缘性决定了它是最基层的新闻单位，面对的是最直接的以农民为主体的广播电视受众，这种直接性、接近性决定了县级台在新闻节目的运营中完全有能力在体现特色上出新意。因此，县级台的新闻从业人员应当勇于实践、大胆创新，在新闻采编、制作上突出个性特征，从内容到形式上，更加贴近实际、贴近生活、贴近群众。

2. “宣导”与服务的关系

现在，很多传媒尤其是县级广播电视媒体，在新闻报道上所关注的更多的是当地党委、政府发布了什么，领导讲了什么，出台了什么政策等，很少关注老百姓反映了什么，老百姓需要什么方面的消息。在报道的方式上，更多的是居高临下的“宣导”，很少入情入理，贴近民生、民情、民意的报道，缺少在党和政府发布的信息与百姓所关注的和需求上构建的关联度，阻隔在政府与百姓间的那层影影绰绰、或明或暗的膜还没有被捅破。我们要清醒地认识到，在人们的生存质量正日益与社会利益关系调整密切关的今天，人们关注的重点正在发生深刻的变化，由过去更多地关注国家利益、集体利益向更多地从自我的角度关注公平、关注利益、关注生存、关注发展的转变。如果我们不能把党和政府在加快发展、深化改革上的意见和举措与公平、利益、生存、发展等这些当前社会公众密切关注的问题结合起来、统一起来，那么，传媒的影响力就要大打折扣，社会公众就会认为你所传播的东西对他们来说是无用的、无益的、无关的，同时，也很难动员广大群众一道投身到改革和发展中来。可以这样说，任何一种媒体如果不能很好地从“宣导”向服务公众、为公众提供有效有用的资讯服务转变，其生存能力就会受到极大的影响，县级广电媒体也是如此。报道方式由“宣导”向服务转变，是大势所趋，是受众需求。社会效益和经济效益的关系，尽管是市场经济的建立和第三产业的划分，但不能改变广播电视的“喉舌”性质和党管宣传的要求。因此，广播电视工作者要把自己置身于党的领导之下，始终坚持关于党的思想建设、作风建设、组织建设方面的原则和方针。在这个前提下，做到“坚持把社会效益放在首位，在这个前提下实现经济效益和社会效益的统一”，“当经济效益同社会效益发生矛盾时，自觉服从社会效益”。这是我们把握经济效益和社会效益辩证关系的基本准则。

3. 转播节目与自办节目的关系

就县级台每天播出的节目数量而言，转播上级台节目时间占据了80%以上。就县级台投入的资金、人力来说，自办节目占据了80%的精力。这是一对矛盾，要处理好这对矛盾必须解决认识问题。广播电视职能转变后，县级台的节目要在省台的公共频道播出，这既有利于在更高的层面上扩大自身的影响，同时又能够为本台增加频道（率），丰富节目内容，增加信息总量。同时，它增强了竞争力，有利于多出精品、多出人才。职能转变后，县级台的节目在高层次的平台播出，这就要求县级台的节目不断提高质量，办出特色。只有拥有高的质量，才能在公共频道中拥有立足之地，才能赢得观众，获得更大的社会效益和经济效益。县级台的特色体现在自办节目上。自办节目必须发挥县级台的特点和优势，面向基层、贴近群众、正确反映群众呼声，增强服务功能，使县级台真正成为党和政府与人民群众的桥梁。同时，还要从政治的高度强化纪律，必须明确，按规定完整转播上级台的节目是一项纪律要求，必须无条件服从。

（三）坚持“三个结合”，全力打造主流媒体

广播电视是县级仅有的一个媒体，要立足于以打造主流媒体为方向办好广播电视新闻节目。在打造主流媒体中，要坚持做到“三个结合”：

（1）坚持把宣传党的路线、方针、政策和县域的改革与发展结合起来，办好新闻，办活新闻。宣传党的路线、方针、政策是县级媒体的首要任务。在宣传党的路线、方针、政策的同时，要坚持围绕经济建设这个中心，服务改革发展大局的新闻宣传主题，结合实际、找准重点、突出特色，做大新闻。

办好新闻，办活新闻，就要在内容和形式上拉近与群众的距离，要多反映百姓的生活。真正做到“眼睛向下”，把报道的重点从以往的“领导新闻”转到“平民新闻”上来，从“机关新闻”转到“社区新闻”上来，从重视“上层路线”转到“当地老百姓的基础实践”上来。

办好新闻，办活新闻，就必须坚持按新闻规律办好新闻节目。首先要增强新闻的时效性。时效是新闻的生命，没有时效的新闻就称不上真正的新闻。要在坚持正确舆论导向的前提下，以最快的速度、最有效的手段进行传播。其次要注重新闻价值。所谓新闻价值，就是新闻一定要报道具有新闻价值的事实，而不是简单地报道所有的事实。注重新闻价值，要从改进会议报道开始，解决会议报道的公式化、形式主义的问题。要善于在会议中挖掘其中具有新闻价值的东西。按照新闻规律办好新闻节目，新闻宣传质量才会提高，宣传效果才会增强，新闻宣传的公信力、影响力才会不断增强和扩大。

（2）坚持把自身改革与县委、县政府的各项改革结合起来，做大媒体，做强媒体。县级广播电视媒体的性质决定了其本身所处的位置，在实施新闻立台的战略中，要明确和紧紧抓住县委、县政府的改革与发展思路，为县域的改革、发展做宣传，并紧紧依靠县委、县政府的正确领导，搞好自身的改革与发展。县级台的改革与发展如果没有县委、县政府的支持，就会寸步难行。要想得到领导们的大力支持，必须做到两条：一是做好工作，感动“上帝”；二是勤汇报多请示，打动“上帝”。前者是最主要的，只有做好工作，成绩凸显，才能得到领导重视；只有领导重视了，媒体的做强、做大就有基础和前提了。

（3）把自身的新闻改革与上级台的新闻改革结合起来，强化参与度，提升媒体权威。现行的广电体制是“条块结合，以块为主”，作为上级的广电行政部门的重要性不可低估，用好当今的体制关系，不能顾此失彼，县级台的新闻改革要在上级台的领导和支持下进行，要考虑本身的特点，结合自己的实际，用共性指导个性。要充分开发好上级广电行政管理部门和上一级广播电视台的领导资源和舆论监督权威，通过这些资源和舆论监督权威来解决好新闻改革和舆论监督难的问题。要吸取上级台新闻改革的经验，把上级台的经验为我所用。同时，要加强与上级台的联系，强化参与度，融入“大家庭”，借上级媒体之力，为我所用，以提升自己的权威。

（四）突出“三个特色”，实行精品带动

1. 突出本土特色

每个地方都有自己的历史轨迹、传统文化、风土人情、名优特产等表现出特色的东西。不管这块土地是肥沃还是贫瘠，老百姓生于斯、长于斯，总有一种难以舍弃的依恋情怀，外来人员也会产生兴趣。传播规律告诉我们，新闻地域性的强弱直接影响受众对新闻的关注度。很好地挖掘本土特色的深刻内涵，并通过新闻报道广为传播，是县级台做好大新闻的重头戏。县级台应将具有特色的群众文化、风土人情、名胜古迹、名优特产、历史轨迹等新闻题材作为重要新闻资源，而且要把其中的重点做深，把特点做活，把亮点做精。通过表现地域历史文化，古为今用，为社会经济发展服务。所以，县级广播电视台的新闻节目应突出“本土特色”，在“内容为主，节目为本”的内容建设中，各类栏目都要体现“本土特色”。

(1) 办好“本县新闻”。本县新闻主要围绕县委、县政府各个时期、各个阶段的中心工作，宣传党的路线、方针、政策，反映本地区的经济社会发展的重大事件、重要活动和各项成果、各种变化。这些新闻消息，在一个县的范围，无疑是老百姓最关心的内容。制作本地新闻要量力而行，不要搞那些天天滚动新闻播出，每周一次“一周新闻回顾”等“大而全”的形式主义。每天有 15 ~ 20 分钟，6 ~ 10 条新闻就可以了。由于受时间和长度的限制，这就要求在播放新闻时不能插播广告，更要在新闻的“精”、“深”、“活”上下工夫，在有限的空间里包含最大的信息量。

长期以来，困扰县级广播电视台宣传报道的问题是新闻的

“三多三少”，即会议报道多、实际工作报道少；一般化报道多、典型深度报道少；领导活动报道多、群众活动报道少。要解决“三多三少”问题，除了县领导要做出表率外，新闻内容要体现“三贴近”原则。新闻节目能不能贴近实际、贴近生活、贴近群众，将直接影响节目的收视（听）效果。广播电视新闻的着眼点是它的新闻价值和对公众的影响，这就要求从事新闻采编的人员注重每个时期的新闻宣传的重点策划，关注党和国家的大政方针和决策，关注行业、部门、农村发展和农民利益的动态，审时度势，选好题材。新闻节目在传递党和政府声音的同时，要花大力气反映群众的呼声，在新闻题材的取舍、角度的选择、表达的方式上都要适合受众群体的口味，多采访、编播群众关注的新闻节目，做到内容上贴近百姓生活，选取的素材能最大限度地反映乡村、社区居民的精神面貌，真实地展现广大人民群众的社会生活。本县新闻报道的是本县内的人和事，必须把内在的人情味发掘出来，在情感上贴近百姓心理。要从大的角度写新闻，突出人的思想、人的感情、人的活动、人的作用，反映现实生活的丰富多彩，用人类共有的情感来影响受众，使新闻节目具有普遍吸引力。

（2）办好专题节目。广播电视的专题节目，不仅大台能够办好，而且小台也可以办好。专题节目相对于一般性新闻节目而言，是指每期内容只有单一专题报道的新闻栏目，其特征是着重于新闻事实的挖掘与分析，即深度报道。“节目要好看，选题最关键”，专题节目题材的选择要突出“重要性、社会性、故事性、教育性”的特点。农村是一个广阔的天地，为县级广播电视台开辟了办好专题节目的广阔空间。农业、农村、农民中有大量的素材和丰富的题材可挖掘。因此，办好专题节目不仅是宣传工作的要求，同时也是提高县级广播电视台综合能力的必修课，更是展示县级台实力的一个主要窗口。办好专题节目，就要切合新农村建设主题，围绕“生产发展、生活富裕、乡风文明、村容整洁、管理民主”20 字要求，做好专题节目。

①生产发展。县级台应始终将推进现代农业建设的宣传放在首位。大力宣传提高农业科技创新和转化能力的典型；宣传农村现代流通体系建设的典型；宣传稳定发展粮食生产的典型；宣传推进农业结构调整、坚持科学发展、和谐发展、可持续发展的典型；宣传发展农业生产化经营的典型等。通过典型的带动，强化对社会主义新农村建设的产业支撑。另外，也要通过对坑农、伤农、害农的各种不稳定因素进行适当的劝导和批评监督，化解各类矛盾，维护社会稳定，确保新农村建设有个和谐、安定的环境。

②生活富裕。县级台应十分关注农民的增收问题，只有农民收入持续稳步增长，农民家家户户达小康，才有农村的小康，全面小康社会的宏伟目标才能如期实现。因此，县级台应向农民宣传身边各类发家致富的典型，传递各类致富信息，引导农民拓宽增收渠道；通过向农民进行普法教育，提高农民保护耕地的积极性，引导务工农民依法维护自己的合法权益；强化惠农政策的宣传，引导农民加大农业基础设施投入。

③乡风文明。县级台在引导广大农民破除封建迷信、大操大办、铺张浪费、重男轻女等消极落后思想，抵制赌博等陈规陋习方面应大有作为，要积极宣传文明、健康、向上的新风尚，推进和谐家庭、和谐村组、和谐村镇创建活动的开展。要努力弘扬正气，提高农民整体素质，培养有理想、有道德、有纪律、有文化、懂技术、会经营的新型农民，形成团结互助、扶贫济困、理解宽容、融洽和谐的良好社会风气。

④村容整洁。县级台应在引导农村推广使用沼气、太阳能、风力发电等清洁能源技术方面多做文章。以沼气建设带动农村改圈、改厕、改厨，引导农民加强人居环境治理，大力宣传科学合理的村庄规划；引导和帮助农民切实解决好住宅和畜禽圈舍混杂的问题；引导农民搞好农村污水、垃圾治理，改善农村环境卫生。

⑤管理民主。县级台应通过深入开展保持共产党员先进性教育活动的宣传，引导农村基层组织加强阵地建设，健全党组

织领导的村民自治机制，宣传民主理财、村务公开等民主管理方式。

总之，只要县级广播电视台能够按照社会主义新农村建设的新要求，贴近农村、农业和农民的实际，对农宣传就会有层出不穷的新内容，广播电视台也会重新找回失去的受众群。广播电视宣传在社会主义新农村建设中将会发挥越来越重要的作用，并且在“启迪民智、武装民魂、愉悦民心、鼓舞民主”中立新功。

（3）办好民生新闻。众所周知，时效性差、会议新闻多、领导活动多是县级广播电视新闻给受众的印象。一般情况下，在县级广播电视台新闻中出现频率最高的是会议报道，或是某某领导来视察、调研活动的报道，而真正能深入基层、深入群众的新闻少之又少！大多数新闻是给领导看的，县级广播电视新闻收视（听）率很低的原因大概在此。

县级广播电视台作为地方台，在空间距离上更接近群众，对于多数老百姓来说，远程信息仅是资讯本身而已，而近距离的信息更关系到他们的日常生活，成为他们关心的所在。所以当地党委、政府的决定、决策和身边所发生的事情远比区域外如美国选总统更有吸引力、更有看头。对于广大群众来说，本地发生的事才是最重要的。尤其是与他们生活息息相关的新闻，更加具有可观性。这就为县级广播电视新闻的收视（听）率打下了上级台无法竞争的基础，成为自身的优势。这些优势就是县级广播电视台所追求的最大的特色，这种本土特色对当地受众的影响力是其他外来电视媒体无法比拟的。

近年来，党和政府提出“以人为本”的执政理念，新闻媒体比以往任何时代更注重人文关怀，在这种形势下，民生新闻应运而生。民生新闻自一出现起，政府就把它当作联系群众的纽带，而百姓则把它当作代言人，收听（视）率一路攀升。民生新闻对开拓县级广播电视台新闻报道领域，扩大广播电视新闻影响起到了不可低估的作用。所以，各级广播电视台纷纷开始各类民生新闻节目，民生新闻成为各台改版的重点。令人遗憾的是，在“民生新闻”已成为一种时髦和浪潮的今天，作为最靠近老百姓的县级广播电视台，新闻节目基本上还是沿袭过去的内容、形式，其贴近程度远远不如上级台。相反，在民生新闻上，县级台却被弱化了。办好民生新闻是县级广播电视台坚持“三贴近”最根本的态度。我们在节目的经营中，要充分认识到文化层次不高的农村居民是县级广播电视台的目标受众。因此，县级广播电视台就要围绕这些目标受众进行节目的编排和制作，坚持“三贴近”原则，凸显地域特色，制作出当地老百姓喜闻乐见的民生新闻节目。在题材的选择上，凸显服务特色，贴近百姓生活。县级广播电视台作为县委、县政府的喉舌，每天总要围绕县委、县政府的中心工作进行重点宣传，这样做固然离不开领导讲话、检查工作、专题会议，但作为县级台的记者，如若仍按老办法始终跟着领导跑，围着会议转，时间一长，必会流于形式，失去受众。要重视塑造县级台的个性，就必须深入生活，深入群众，实实在在地将镜头、话筒对准广大老百姓，热心为群众服务。因此，在采编节目时，应尽可能将触角伸向全县每一个角落，让村边地头、街头巷尾的普通百姓走近话筒前，走进节目里，多报道农村中的新人新事，使新闻内容贴近实际、贴近生活、贴近群众。

立足身处基层优势，把镜头、话筒对准民生，即办好适应县情的民生新闻，关键是从县的实际出发，定好位，寻求好突破口和抓手。民生新闻说到底，是关注老百姓生计的新闻，涉及生产、生活的方方面面。县级广播电视台作为基层的新闻单位，立足农村，面向农村办节目，把节目定位在为农村服务上，是县级广播电视台办好新闻节目，关注民生问题的立足点。否则，县级台的广播电视新闻节目就失去了针对性和吸引力，也就失去了广播电视台的生命力。其实，办好民生新闻，有两层含义，其一是指传播民生新闻；其二是关注民生。这里所说的关注民生，就是用平等的积极的态度缩短记者与受众、节目与受众的距离，通过广播电视节目沟通与受众的情感，更好地为广播电视受众服务。

（4）改进会议报道。县级广播电视台会议新闻过多、过泛、过粗的状况早已引起观众的不满，也一直困扰着新闻从业人员。要较好地解决这个问题，就要强化编辑意识、强化采访作风、强化报道角度、强化时效性。

①强化编辑意识。县级广播电视台要改进会议新闻报道，提高会议新闻的实际效果，关键是要强化编辑意识。台的领导要经常组织采编人员学好新闻理论，懂得什么是新闻，什么是新闻价值。在此基础上提高编辑和记者们的新闻价值观念，树立高度的责任心，放弃一切应付态度，严格按新闻规律采编新闻节目。首先要加强协调。平时，要经常与县领导和“四大办”沟通，让他们认识和了解广播电视新闻的规律与特点，以取得他们的理解和支持。记者要做好会议采访前的准备，要同主办会议的负责人商讨会议的报道价值，说服有关负责人从传播的角度来考虑会议新闻的效果，减少逢会必报的负面影响。只要新闻工作者严格按照新闻规律办事，并做好说服工作，相信县的领导、会议组织者会理解我们。其次，关于会议报道和领导活动的报道问题，有必要由县委宣传部作出明确规定，除了事关全局的重要会议和领导重要活动外，一般性会议和领导活动不作报道。需要报道的也要变换报道角度，突出新闻内容，突出需要抓的工作，突出需要解决的问题，不搞程序化的报道。

②强化采访作风。县级广播电视台要做好会议新闻的改革，很重要的一环是记者要加强业务研究，提高综合素质，转变采访作风，多了解观众的需要。记者必须克服靠会议获取新闻信息的习惯，要坚持“三贴近”，多下基层，跑田头，入工厂，逛商场，博取素材，挖掘主题，采写更多、更好、更有价值的新闻。报道会议新闻要做到会前多了解情况，明确采访要点，准备好与会议有关的素材画面和声音资料，尽量使“会议新闻”走出“会场”，变得生动多姿；在会场拍摄中，除拍摄好常规性的“远、全、中、近、特、摇、移”镜头和必要的现场同期声外，还要尽量捕捉一些特别的细节与典型镜头。

③强化报道角度。这里的强化报道角度是指报道角度的选择。改进会议报道关键在于报道角度的选择。会议报道角度掌握得好，立场观点鲜明，可以达到激励斗志，鼓舞人心，推动事业向前发展的目的。会议报道角度的选择应考虑以下五个方面：一是角度要高。所谓高，就是放眼远望，登高望远，以高取胜。即从当前的中心工作寻找有指导意义的新闻，认真把握会议的精神实质，写出有新意的会议新闻。二是角度要新。所谓新，就是角度要新颖，要有强烈的新鲜感。要创新采编思维，围绕"新"字做文章，即在问题新、道理新、语言新上动脑筋，摒弃原来那种"一因一果式、终结式、图解式的思维方式，建构立体、多向、动态的新闻思维"。① 三是角度要广。所谓广，就是新闻选题要由大及小，小中见大，相辅相成，相得益彰。四是要精。所谓精，就是对重要会议作"精编精报"，一般会议作"精编简报"，对行业会议和其他会议作"精简合报"。五是要巧，所谓巧，就是巧妙选取角度。要出人意料，令人叫绝，让人耳目一新。

④强化时效性。即加强时效性、提倡短新闻。一些县级台的新闻报道经常听到"日前、最近、前不久"等词语，而"今天"的报道极少。时效性是新闻的生命要素之一，在一定意义上，时效比内容更重要。报道时间与事件发生的时间越近，新闻价值就越大，影响就越大。县级台改进会议报道，精办新闻节目要特别注意抓好最新消息，以快制胜。目前一些台的新闻每条都在一分钟以上，特别是一些会议报道，长达四五分钟，殊不知播发的时间长了，反而冲淡了主题，减少了有效消息量，所以要尽量播发短新闻。

（5）创新表现功能。突出本土特色，还要在表现功能上进行创新。

①整合本土资源，办出特色节目。县级广播电视台的本土特色及对当地受众的影响力是其他外来广播电视媒体无法比拟

---

① 向郢．面向市场的报纸需要什么样的会议新闻．新闻窗，2000（2）：23

的。要千方百计地挖掘、整合本土资源，用当地受众易于接受的形式精心制作节目，提高受众对节目的认知度、接受度和热爱度。要实事求是地反映客观现实，在内容上推陈出新。整合本土资源，要以“三贴近”为原则，精心编排节目内容。县级广播电视台面对的是广大的农村受众市场，这就要求广播电视台的新闻节目与农村建设相结合，在“农”字上做文章，使新闻节目“农”味浓郁，农“气”旺盛，进而细化为关注农事、农时、农家，关注农村、农业、农民，真正成为广大农村受众的耳目喉舌，成为农民的知心朋友，办出本地特色，办出“农”的特色。

②加强策划，提高报道质量。县级台在新闻报道上要尽量控制面上概况的综合稿件，更多地关注乡镇、街道的新闻，更多地去挖掘普通人的丰富情感和真实的内心世界，改革新闻报道方式，提倡现场短新闻，改进“结论式”的报道，多采编跟踪新闻事件发展的“进行式”报道，恰当运用新闻背景，宏观选题，微观选材，吸引受众，感染受众。这样，新闻才最新鲜、最具有本地特色。同时，县级台也要敏锐地抓住国内外重大新闻与本地域的联系点，使县级台既成为当地的信息总汇，又能够独家地弘扬地方文化，催生出特色名牌栏目。

③创新节目形态，丰富报道形式。首先，新闻节目的内容要鲜活。既要报出新意，常报常新，挖掘新闻题材并善于发现其新颖的内涵，做到“年年岁岁花相似，岁岁年年人不同”；又要报出精彩，常报常精，对于同类题材，要善于对比发现，做到“花开两朵，各表一枝”。其次，新闻节目的形式要新颖。新闻报道的体裁和表达的手段多种多样，新闻节目的表现形式要不拘一格，不断创新。要以强烈的现场感满足受众期待完整的心理需求，深入现场，捕抓现场中每一个新闻细节，现场解说的叙述与描绘、节奏与画面要协调一致，达到新闻现场、画面气氛与情节连贯，使受众产生强烈的现场感。力争做到“四新”，即新鲜、新奇、新颖、新意。报道形式上要讲究形式美，让新闻特写、现场短消息、新闻评论、人物访谈等客

观形式相互辉映，各放光彩，配音洗练、优美、富有节奏感、音乐感，让受众听起来亲切、轻松、悦耳，真正使新闻达到图文并茂、声画合一，给人以美的享受。只有这样，才能够办出人无我有、人有我优的新闻节目。再次，新闻节目的风格要独特。节目风格是节目魅力的所在，它包括节目内容风格、编辑风格、播音、主持人的播音主持风格、节目包装形式等方面。风格要独特，就是要符合本地的地域特点，符合自己的办台理念，符合自己的立台宗旨及节目的编辑思想，更要体现积极、进取、向上的政治要求，切不可一味求“新”求“异”，盲目出“风头”。

（6）改进舆论监督。媒介像一面悬天巨镜，使舆论的身影作为一种镜像，被人们看得异常清晰。新闻媒介迅速把一种观点变成许多人的观点，当众多媒介同时传播一种正确的见解时，整个社会就能响应，为推动社会变革创造良好的舆论环境。①

舆论这种社会现象始终贯穿于人类历史发展进程的各个阶段，以“公众意见”这种具体的外在形态表现着自身，并对社会政治、经济、思想和生活施加着深刻的影响，体现着舆论本质的特征和共性，不因历史的变迁而改变。②

媒体的舆论监督通常以批评报道的形式进行。对错误的东西进行公开批评，让各种假、恶、丑的行为曝光，无疑是有力的舆论监督。

近年来，我国各地党委和政府非常重视发挥新闻舆论作用，这无疑提高了媒介的社会作用和地位。从公共性方面来说，真正体现了媒介是党和政府的喉舌，同时又体现了它是人民群众的喉舌。前者的意义具有一种权力背景，体现了党和政府的权威。因此，重要的批评、监督都是上级党委、政府认可

① 刘建明．当代新闻学原理．北京：清华大学出版社，2003. 330

② 中国社会科学院新闻研究所．马克思恩格斯论新闻．北京：新华出版社，1985. 264

的，是一种政府权力态度的转化。后者把它纳入到一般意义上的媒介舆论监督。从制度层面上讲，政府把舆论监督纳入到一种治理技术，无疑是一种社会进步。因为在以往，媒体只是意识形态的工具，无从谈及公众舆论。现在把媒体纳入到社会治理的权力过程中，很自然地显现出它的公众批评的形象威力，为党和政府提供了一个合法的舆论平台。因此，从一定意义上讲，在建设我国社会主义和谐社会的进程中，新闻媒体可以说正在成为公众精神、公众意愿的代言人。毫不例外，成长在同一片蓝天下的县级广播电视媒体，同样肩负着这一重大的历史使命。

随着经济社会的发展，农村一些低层次的矛盾和问题逐步出现，行车难、看病难、上学难、饮水难、看电视难，以及农民工劳资纠纷、土地林权、社会保障、医疗保险、社会治安、信访维稳、干部作风等一系列带有时代特征的民生问题随之而来。这就对媒体提出了新的要求。舆论监督是媒体的责任和战斗力所在。县级媒介有责任引导群众关心国家和社会的发展，维护和实行社会公平，营造良好的社会氛围，形成和谐相处的人际环境。要充分发挥现代广播电视传媒具有的速度更快、传播面更广、解读效果更佳的优势，做好舆论监督工作。具体来说，应把握以下三个方面：

一是要克服“无为”思想。基层广播电视舆论监督的“无为”思想，从它建台初始就存在着，克服无为的思想，必须解决县级台新闻从业人员的“采访难”、“取材难”、“报道难”、处境难”等消极态度和行为。全面建设小康社会是全国各族人民的共同理想，而构建和谐社会是实现这一共同理想的重要社会基础。各级广播电视媒体任重而道远，它不是局外人，它是最活跃和最有生命力的参与者、建设者，它不仅要引领文化的前进方向，发挥党和人民的喉舌和桥梁作用，同时又要成为一个重要的公共舆论平台。县级广播电视媒体要利用好这个公民精神的神圣使命，努力在构建和谐社会中增强凝聚力，真正成为全面建设小康社会过程中的重要力量。面对舆论监督这一神圣职能，县级广电媒体唯一的选择是责无旁贷，强化责任，全面履行。

二是要摆好位置。即广播电视台要摆好舆论者的位置。开展有效的舆论监督，目的在于揭露丑恶现象，促进经济、社会健康有序发展。开展舆论监督者本身应保持客观、公正的态度，摆好位置、扮好角色。首先要清楚自身的“定位”。广播电视媒体不是执法机关和行政机关，没有执法权和行政处罚权。因此，在舆论监督的过程中，不能“越位”，也不能“串岗”。媒体开展舆论监督的职责是客观全面、公正地反映事实真相，而是非曲直应该让受众去评判。只有摆好位置，才能保证舆论监督的完美性。

三是要把握好度。县级台在开展新闻舆论监督时，一定要讲原则、讲策略、讲艺术、讲方法，具体来说应该把握“四个当”：

①力度要适当。力度要适当，包括两重意思：其一，后台要“硬”，即县级台和记者的后台要“硬”。这里说的“后台”，包括两个方面。首先是县委、县政府的领导要为广播电视台的舆论监督当“后台”。要采取“怀柔”手段，加强沟通，力求与县领导达成共识，明确舆论监督只是手段，目的在于为百姓解忧，推动政府工作，发展经济，从而让他们支持舆论监督。其次是广播电视台的领导为记者发批评稿当“后台”。广播电视台的领导一方面要支持记者大胆开展舆论监督工作，同时，更要勇于承担责任，记者在舆论监督过程中如果出差错，要勇于面对，并做好各方面的协调工作。其二，监督要“稳”。稳定是新农村建设的前提和基础，县级广播电视台的新闻节目要通过全面、准确的报道，进行有效的沟通和舆论监督，舆论监督的重点应在保护农民合法权益的同时，缓解和化解矛盾，把农村稳定放在首位。要当好和谐舆论的“播种机”。

②动机要得当。就是出发点要端正，要处以公心，而不是感情用事，利用职业之便为个人或少数人牟私利。动机要得

当，就要强化法律意识和政策观念。记者在从事舆论监督的过程中，该报道什么不该报道什么，不能凭着个人的好恶而定，而应当多从法律和政策上考虑问题。舆论监督不能无视法律和政策。因此，记者应学法懂法，依法从事舆论监督。

③方法要恰当。方法恰当就是要有良好的监督技巧。即一定要确保舆论监督的准确性。要注意以下三点：首先要“适量”。舆论监督报道不能盲目追求数量，要以质取胜。采访要深入，不但要采访“举报人”、“投诉者”，而且要采访举报者以及持不同意见的人；不但要看“举报”的文字材料，而且要深入现场，力争获取第一手资料。做到不轻信、不偏信，慎之又慎。其次要“适度”。批评报道多数是敏感性题材，把握不当会造成不良影响。因此，除采用批评曝光形式外，还可以采用群众参与、专家访谈、平等讨论的报道形式，既要做到创新，又要把握好“度”。再次要“适时”。舆论监督的稿件并不是播发得越快越好，要在适当的时候“看对人，说对话”。

④行为要正当。行为要正当，就是要严格遵循新闻报道的真实性原则，用客观事实说话。要善于保护自己，作为新闻工作者，在目前《新闻法》还没有出台之时，应该用好现有的法律法规，从中寻求保护。合理、恰当地运用法律法规赋予的权利，争取做到舆论报道字字有据可查，句句有法可依。此外，在稿件写作过程中，对那些无法以其他采访对象和事实予以佐证的“孤证”细节或事实的选用要慎之又慎，甚至可以放弃不用，以免遇到新闻纠纷或官司时陷入被动。

在加强舆论监督，进行新闻报道的同时，还要特别注意以下几个问题：一是以正面报道为主，通过先进的典型事例来弘扬正气，鞭挞歪风邪气。二是注重客观公正，要尊重客观事实，不能弄虚作假。三是平衡当事人，采访双方当事人，即使有一方当事人不在，记者也要力争上门或通过电话等形式采访。同时，对于难以解决的问题，不要作连续报道，以免“惹火上身”。把着力点放在促进问题的解决上，成为党联系群众的桥梁和纽带，成为化解社会矛盾的“调解器”。

深入发掘本土特色要与时俱进，不仅要很好地表现文化特色，更要从新的角度、新的视野分析、审视本土特色的内在动力，力求展示出一种全新的文化概念。

2. 突出个性特色

县级广播电视台与中央、省、市新闻媒体相比，具有独特的个性特色。第一，它的宣传覆盖范围只是一个县，限于县之间，由于地理区位和经济、人文状况的差异，又呈现出不同的区位特色和发展态势。第二，县级行政区域处于信息覆盖的边缘地带，这种边缘性对县级广播电视台的传播产生了直接的影响，造成信息的时效性与广泛性的差异，使县级台成为新闻信息向下延伸扩散的最终载体。第三，县级广播电视台是一个县行政区域唯一的新闻媒体，是县委、县政府的喉舌，是一个地方的新闻总汇。第四，县级台覆盖能力比较薄弱，无论是从设备、人才、资源，还是从收视（听）率、广告收入等方面，都无法与上级台相比。但也正是县级台覆盖面薄弱狭窄这一个缺陷才使它具有节目内容上的针对性，更能对当地受众造成影响，县级广播电视台的劣势从另一个角度看也恰恰是它最大的优势。

突出个性特色，就是培养节目个性，对于县级广播电视台来说，就是突出“平民化”本色，办好、办活广播电视新闻。

作为县级台，置身于广阔农村，离农村、农民最近，其生存和服务空间主要在农村。对农民来说，农副产品的价格比伊拉克战争、比记者向美国总统布什“扔鞋”来得重要，村干部挪用公款要比省、部干部贪污受贿更受关注。县级台新闻要把精力集中在反映“三农”问题上，把镜头话筒对准广大农民，多用群众的语言，多联系群众身边的事例，多采用群众喜闻乐见的形式，反映他们的喜怒哀乐，报道他们的所思、所盼、所想。

首先，要确立以“农”为先的立台意识。尽管有很多县以 GDP 数字而进入了工业社会，但是，县级广播电视台的主要服务对象仍然是占人口 80% 的广大农民群众。面对这一最大的受众群体，发挥以喉舌功能为主的广播电视宣传多项功能是县级台的政治使命和长期任务。因此，县级广播电视台从节目内容到形式都应面向农民、面向农村。反映农村的新人、新事、新气象、新风貌，使新闻节目牢牢吸引观众，成为每日必看的节目，最大限度地发挥县级台新闻节目的舆论导向作用，用健康向上的新闻作品激励、鼓舞广大农民的生活热情。必须发挥地处基层、贴近群众的优势，要求广大新闻从业人员转变工作作风，更新新闻观念，把新闻报道的视角从“仰角”改为“俯角”，站在人文关怀的立场，着力反映群众的欲望、意志和情感，以增强新闻的人情味、亲和力和感染力。

其次，要坚持统筹兼顾，防止城乡分割。县级台的广播电视宣传，从广义上讲就是对农宣传。但是在具体操作过程中，由于一个县“麻雀虽小，五脏俱全”，这就要求在节目设置等方面统筹兼顾，尽量满足不同对象、不同层面的受众的需求，这也符合中央提出的“统筹城乡”的要求。近年来，不少县级台实行节目改版，节目和栏目的花样不少，但姓“农”的不多。部分县级台对农宣传的内容和形式在一定程度上仍停留在传统的套路上。而在其他节目编排时，农村这一块又排不上应有的位置。这样一来，县级台往往会出现城乡两块分割的局面。要解决好这一问题，应在城乡结合上多动脑筋。其中办好涉农专题节目是一个很好的办法，可以与“农”字头的部门和单位联办专题栏目。这样，既立足服务“三农”的办台宗旨，又有时代特色；既使农民满意，又受城里人欢迎。

节目的个性化也要体现在播音员、主持人的个性化上。每个栏目要有个性，而播音员、主持人的风格就要符合栏目的个性。过去，由于过分强调媒介的“喉舌”作用和意识形态功能，电视新闻从诞生那天起就是播报新闻。播音员表情严肃，看着文字稿，正襟危坐、字正腔圆地播音。这种方式虽具有庄重、严肃、简洁、准确可信、四平八稳的优点，但也让人觉得居高临下，呆板、刻板，缺少人情味和亲和力。当今社会，广播电视已成为人们日常生活的一个重要组成部分，人们通过听广播、看电视休息娱乐，广播电视新闻成了人们了解国家大事、获取外界信息的一个重要桥梁。当劳累了一天的人们悠闲自在地坐在电视机前面时，都不愿意看电视新闻播音员绷着面孔，刻板地“播新闻”，追求的是轻轻松松看新闻。媒介的选择权在他们手中。为了适应这种变化，于是一股清新的“说新闻”之风在许多电视台风行起来。电视新闻屏幕上，播音员“千人一面，万人一腔”成为过去式。

“说新闻”，是指电视节目主持人用讲话的语态对新闻节目进行传播的口语化表述方式。这种方式的表现特点是：节目主持人通过“说”的形式对所表达的信息作出评论、解释或说明。主持人在荧屏上、镜头里的播放如同和观众私底下说话一样，交流性很强，不同于简单的讲新闻。

“说新闻”能够缩短传、受双方的心理距离。“说新闻”没有义正词严的腔调，却有平实如邻家兄妹的诉说，让受众在接受信息时感到亲切、自然、舒适。“说新闻”能够拓宽新闻节目的容量。传统的新闻节目，大多偏重于政治而说不起来，而“说新闻”，则把时间转向了更广泛的空间，涵盖的内容更丰富。播音、主持人以“说理和叙事相结合，分析和引导相辅助”的方式，对新闻事件作入情入理的阐述，信息量大，冲击力强，带给观众一种全新的感受。

3. 突出创新特色

作为基层的新闻媒体，它的受众是基层群众，他们盼望的是朴实的、鲜活的报道，因此，要突出创新特色，即创新报道手法，使新闻节目更符合当地观众的口味，能够吸引观众的“眼球”，激发观众的兴趣点。具体可以从以下方面着手：

（1）快。即报道新闻要快。县级台新闻节目收视率低，已成为不容回避的事实，造成这种局面的原因是多方面的，但其中节目时效差，不能不说是一个重要因素。新闻的竞争是时间速度的竞争，是首发权的竞争。先睹为快是一般观众的收视心理，县级台接触群众近，信息灵，反应快，有时上级台老远赶过来时，县级台已完成采访报道。以最快的速度反映当地发生的新闻事件是县级台的优势所在，如果县级台不发挥这一长处，那无疑会退出收视市场。

（2）俗。即播报新闻要通俗化。根据基层群众文化程度相对比较低的特点，要改变传统的“说教”、“灌输”和“居高临下”的传播方式，多做些解释性报道。编辑和节目主持人要学会用讲故事的方式来做新闻，因为以这种方式向群众提供信息，容易让人放松，觉得有趣，进而更容易理解和记忆。

新闻节目的通俗化，要体现在对农节目的平民化、乡土味上。节目形式要适合当地受众的欣赏习惯，博采精制，创新创优。要尽量使节目通俗易懂、富有情趣，更加有效地吸引和影响受众，激发农民受众的参与意识，活跃节目形态。包括对观众来电、来信的公开解答；把农技专家、种养能手请上荧屏和电台直播室，与观（听）众交流。在节目包装上，要适合农村受众习惯，使画面既平实、庄重、注意节奏，又丰富、生动，增强对农节目的直观性和可看性，提高节目的亲和力。

（3）小。即以“小”见大。与中央、省、市台相比，县级台的新闻更应着眼于一个“小”字。“把握‘小’字，就是在策划上大题小做，在主题上以小见大，在篇幅上短小精悍。”① 特别是在策划大新闻时必须以小见大，抓住新闻事实的一个侧面，取其发展过程中的插曲，做大、做深，通过小角度凸现大主题，让受众“见一芽而知天下春”、“窥一斑而知全豹”。同时应多写一些高度小巧、新颖的“小”新闻，稿件要短小精悍。

（4）活。即新闻报道形式要灵活，以“活”取胜。多写现场新闻、新闻特写。只要是上级台还没有发现的题材，或者同一题材但有不同的意义，就可以在报道时变换另一个角度，或者用同期声，都会让受众有“柳暗花明又一村”的感受。此外，在节目的组合编排上，注重打造头条亮点，突出重要新闻，做到动静搭配适宜，信息量大而不繁，节奏快而不乱。

---

① 陆伟岗．地方文艺节目要突出地方特色．中国广播电视学刊，2004（5）：68

（5）新。即采编手法要新。一是在“声画”中求新，处理好声画对位，多用同期声，巧用背景画面。二是在“提炼”中求新。提炼就是提炼新闻主题。新闻主题是新闻的中心思想，它贯穿于一篇新闻的主题和灵魂，是决定新闻的思想意义和指导作用的根本因素。一次成功的新闻采访，一篇质量高、价值大、思想指导性强的新闻作品，无一不同新闻主题的选择、提炼得好息息相关。古人说，“文章成败在立意”，新闻作品的成败也在立意。立意是通过“提炼”来实现的，提炼新闻主题，要活跃思维，审时度势，精心策划，对准焦点，挖出真实、鲜明、深刻、新颖而又引人深思的新闻。三是在“含蓄”中求新，新闻报道切忌就事论事，要善于运用新闻现场充满活力和幽默诙谐的花絮，通过“趣”来充实和凸显新闻报道的主题。四是在“对比”中求新。对比是广播电视新闻常用的手法，通过新闻背景资料的数字对比、新闻事件前因后果的对比来展现新闻主题，通过采访对象的回忆、讲述来表现他们的内心世界，折射出新闻主题。五是在“细节”中求新。把握“细节美”是衬托新闻主题的一种报道艺术。一个生动的细节，一句睿智的说辞，一幅形象的画面，一条生动的标题，往往具有丰富的内容和深刻的内涵，起到小中见大、出神入化的作用。善于捕捉细节是每个广播电视新闻记者的永恒追求。

五、运用高新科技，促进产业升级

当前和今后一段时期，县级广播电视科技发展的主要任务包括三个方面：

（一）加强科技创新，扩大广播电视人口的有效覆盖

科技创新是推动广播电视发展的不竭动力。数字化、网络化、双向化是农村有线网络提供多种业务的前提和基础。县级广播电视机构扩大广播电视人口的覆盖率的任务重大而又艰巨。

目前，农村广播电视有效覆盖的主要制约因素有如下三个

方面：

（1）有线网络覆盖发展受到地理和经济条件限制。农村地域广阔，居住分散，有线电视覆盖的难度很大，有线电视的投资是城市的几倍甚至几十倍。从经济角度分析，由于县域经济相对落后，政府的基础公共服务设施投资非常大，不可能拿出更多的资金发展有线电视网络。再加上成本过高，收益过低，向银行贷款难。这些经济因素制约了县域有线电视网络的发展。

（2）无线覆盖管理缺乏法律法规保障。一是现行法规操作性不强。现行的《卫星电视广播地面接收设施管理规定》（国务院第129号令）、《广播电视设施保护条例》等广电法规跟不上形势发展变化的要求，在实施过程中，由于刚性不足，操作性不强，处罚往往不了了之。以2007年的卫星转星工作为例，129号令明确规定卫星接收实行行政许可制度，但转星工作确实让大量非法卫星接收变成了事实上的合法。这些弊端非常明显地显露出现行法规与形势发展的极不相符。二是多头管理、体制不全。卫星地面接收设施管理的特殊性是多头管理，工商部门管理的是销售许可，公安部门管理的是国家安全，广播电视部门管理的是安装范围和技术维护，广电部门履行执法职能要和工商、公安联合行动，三家缺一不可。有时会出现扯皮现象。多头管理的体制给“小耳朵”、“小天锅”的管理和整治带来一定的困难。

（3）直播卫星管理面临考验和竞争。首先是直播卫星管理任重道远。由于缺乏相应的维护管理配套资金投入、用户对设备管理不善等因素，导致了一些地方的“村村通”出现返盲现象。从长远来看，县级广播电视部门的技术力量远远满足不了“村村通”广播电视工程的管理需求，发展直播卫星“村村通”工程，是对县级广播电视部门一项长期的严峻考验，为确保农村广播电视覆盖率稳步增长，广播电视部门既责无旁贷，又任重道远。其次是直播卫星对有线电视有一定冲击。直播卫星工作推进以来，广电系统业内人士普遍认为，卫星电视与有线电视的竞争最为直接，一旦开放，将会对有线电视运营造成巨大冲击。对于观众来说，有线电视已经不是唯一的选择，由此看来，直播卫星与有线电视能否做到协调发展，是广播电视部门今后无法回避的问题。

扩大县级广播电视人口的有效覆盖，加强农村广播电视公共服务体系建设，是落实科学发展观、构建和谐社会的重要内容，是建设社会主义新农村、满足广大农民群众多层次多方面精神文化需求的有效途径。当前和今后一个时期，县级广播电视部门要把广播电视建设的重点覆盖放在农村，致力于服务“三农”，坚持有线网络、地面电视、直播卫星“三位一体”覆盖战略，着力在提高传输信号质量、覆盖率和入户率、建立长效机制和维护管理体制上下工夫，以巩固有线电视和推进“村村通”广播电视建设成果，多管齐下，提高和巩固农村广播电视覆盖率，促进农村“三个文明”建设。

要扩大广播电视人口有效覆盖，当前应重点做好以下两项工作：

（1）提高村级网络覆盖率和网络服务质量，巩固有线电视发展成果。一是以发展基础用户为基础，不断扩大村级光缆网络覆盖范围。要通过新架设光缆线路、开通村级有线电视网络等有效方式，进一步加快村级网络建设，大力推进有线电视进村入户工作，最大限度地提高村级网络覆盖率。二是逐步加大基础网络的改造力度。在合理规划的基础上，加大对原有线电视网络的改造建设的力度，进一步提升乡镇有线电视网络的档次，为发展农村有线电视数字化打下基础。

（2）提高管理维护工作质量，巩固广播电视“村村通”发展成果。“村村通”广播电视工程的终端是农村，形象地说，就像国家财政的触角延伸到了千家万户，公共财政的阳光洒满了农村每一个角落。长期以来，政府投入的城市文化基础设施一直优先于农村，这也是造成农村落后的原因之一。“村村通”工程有力地改变了这一状况，把千家万户的文化生活作为重要的民生工程、作为新农村建设的重要举措。“村村通”广播电视工程，是国家投资、农民收益的一项民生工程，是加强基层文化建设，丰富农民精神文化生活的一个重要内容。对广大农民来讲，“村村通”不仅可以及时了解党的路线方针政策，学习各类科学文化知识，观看丰富多彩的文化娱乐节目，而最实惠的就是能够了解到更多的实用信息和农业科技知识。但有些地方入户率很低，“返盲”率很高。主要原因是：“小锅盖”、“小耳朵”在农村抢占先机，地位牢固；用户缺乏维护资金和技术；“村村通”缺乏基层组织的强有力支持。因此，县级广播电视部门要责无旁贷地做好“村村通”各项工作。

一是从组织体系上务必坚持“五个纳入”，即纳入各级党委、政府工作的重要议事日程，纳入当地经济社会发展和新农村建设的总体规划，纳入各级政府公共财政支出预算，纳入各级政府扶贫攻坚计划，纳入干部的考核内容。切实保证“村村通”广播电视的权利、责任、制度、措施落到实处。

二是在技术手段和建设模式上要因地制宜。本着“先进、安全、可行”的原则，统一规划、统一建设、统一技术标准，避免各行其是。推行有线联网和无线覆盖相结合，“村锅”、“村网”相结合的建设模式。

三是要建立广播电视“村村通”的服务体系，确保村村通实现天天通、月月通、长期通。“村村通”工程庞大，设备的专业性能强，又是一个长期性的工作，要保证设备的正常运行，必须建立相对应的服务机构，要把进一步理顺县级广播电视管理体制和运行机制作为基础，坚持“县乡共管、以县为主”的“条管”模式，从组织、人力、物力、技术等方面保证“村村通”、长期通。

四是建立支撑广播电视公共服务的财政专项资金。其经费来源有三个渠道：各级财政转移支付的广播电视费用、广播电视系统税收返还一部分、各级广播电视部门在收入中提取一部分。

五是要建立有利于广播电视“村村通”的监管机制。要加强“村村通”设备的维护，培训维护人员，提高他们的业务和管理水平；要加强对“村村通”工程建设的检查验收，确保工程质量；同时，要加强日常工作的监督管理。保证“村村通”设备按规定接收广播电视信号，坚决杜绝违规接收境外节目。要重拳打击违法经营和安装“小锅盖”、“小耳朵”行为。

六是要强化服务意识，进一步提高服务质量。加强和提升对用户服务的服务质量，认真做好故障处理、终端维护、用户回访等各项服务事宜。同时在服务上有所创新，在用户保障上要下更多工夫，落实好各项配套服务措施，从服务体系上推进有线电视用户市场的发展和壮大。

（二）循序渐进，大力推进广播电视数字化进程

1. 统一思想，强化认识

数字技术的发展是广播电视自诞生以来最大的一次变革，给县级广播电视产业带来了难得的发展机遇。一是发展空间大大扩展。有线电视实行数字化之后，传输容量可以从目前的几十套增加到500套，极大地丰富了频道资源。二是服务领域大大拓宽。实行数字化之后，不仅能提高电视节目的服务质量，还能提供信息服务、增值服务。实行数字化后，既能看又能听广播，还能点播节目；既能看节目，还能享受电子政务、电子商务和多方面的资讯服务，还可以为手机用户、计算机用户和其他终端用户服务，这将大大增强电视的竞争力。因此，拓宽视野，创新思路，加快数字技术的推广和应用，全面推进数字化建设，必将为电视产业的持续发展、快速发展增添新的空间和活力。加快有线电视数字化建设是一项复杂而又艰巨的系统工程，必须进一步增强对有线电视数字化整体转换的重要性和必要性的认识。

（1）加快农村有线电视数字化进程，是实现农村信息化社会建设目标的必然要求。县级有线电视数字化是县域信息化建设的重要组成部分，全面实现信息化建设目标，本身就包含有线电视数字化。我们要从信息化社会建设的高度来认识有线

电视数字化。数字电视不仅能给广大人民群众提供政务类、商务类、生活类、娱乐类等各种信息，还可以为各级党委、政府实施“阳光政务”提供电子政务平台，使电视机这个普通家电成为一个多媒体信息终端，推动家庭和社会信息化。因此，要把有线电视数字化纳入县级信息化建设的战略全局中去考虑，通过信息化社会建设，带动农村有线电视数字化进程；通过农村有线电视数字化整体转换，促进农村信息化社会建设。

（2）加快农村有线电视数字化进程，是促进县域经济社会发展的必然要求。实行县域有线电视数字化，一方面，使广播电视更好地围绕经济建设这个中心，服务大局，服务人民；另一方面，数字电视的发展给做强、做大广电产业提供了广阔的发展空间，同时，又将带动县域地方民族文化产业的发展，形成新的增长点。

（3）加快农村有线电视数字化进程，是更好地满足人民群众日益增长的精神文化需求的必然要求。随着经济社会的发展，农村居民生活水平的提高，人民群众不仅对物质生活有新的、更高的要求，而且对精神文化生活也有新的、更高的、更为广泛的需求。随着广播电视业的发展，这种需求必将呈现出多样化、多元化、大众化、专业化、个性化的态势，即由过去的少数几套节目发展到今天的多套节目并举，由模拟信号传输向数字信号传输转变，广播电视节目由标清向高清过渡，受众和广播电视媒体的关系也由单向传输变为双向互动。从人类社会经济发展的历史看，需求是发展的依据，有需求就有动力，就有潜力，就有发展空间。群众的需求、社会的需求，就是有线电视数字化的依据和动力。因此，要不断满足人民群众日益增长的精神文化需求，更好地为人民群众服务，就必须加快有线电视数字化整体转换工作。

（4）加快农村有线电视数字化进程，是县级广播电视事业生存与发展的必然要求。有线电视数字化，是加快国家信息化进程的重要组成部分，是传达中央政令、建设社会主义精神文明，不断满足城乡居民收看电视、享受文化娱乐、获取信息的重要工程，也是广播电视行业提高宣传水平和安全传输质量，为广大群众提供最便捷的信息工具和丰富多彩的文化产品的重要途径。

高新技术的发展，尤其是数字技术的发展，给广播电视尤其是县级广播电视带来了极佳的发展机遇，同时也使广播电视面临更为严峻的考验。数字化不仅能改造、提升传统媒体业务，而且可以拓展很多新的相关业务，占领更大的市场。目前国外同类行业、国内相关行业已经实现了数字化，广电行业如果不加快有线电视数字化进程，节目内容得不到充实和丰富，播出传输质量得不到提高，广播电视的内容优势、网络优势、用户优势和安全播出优势就难以充分发挥和得到保证。因此，必须从讲政治和顺应形势、新技术发展的高度，推进有线电视数字化整体转换工作。

2. 把握原则，有序推进

早在2003年国家启动有线电视数字化时，为使有线电视数字化整体转换工作顺利进行，国务院在转发国家广电总局《关于有线电视数字化整体转换实施意见》的通知中，就明确提出有线电视数字化整体转换工作的总原则和总体要求。

（1）总原则。坚持以“高标准建设信息化基础工程、高起点打造文化产业平台、高性能经营管理广电网络”为总原则，以“统一规划、统一标准、统一施工、统一运营、统一服务”为基本前提。

（2）总体要求。按照“政府引导、广电实施、社会参与、群众认可、整体推进、市场运作”的总体要求，推进有线电视数字化工作。

①坚持政府引导。坚持政府引导就是各级政府要成为有线电视数字化整体转换工作的坚强后盾，对整体转换工作实施有效的领导。

②坚持广电实施。坚持广电实施就是广电部门要按照因地制宜、合理布局、统筹兼顾、统一标准的原则，积极主动组织实施整体转换工作，认真处理好网络与数字化的关系、整体转

换与网络升级换代的关系，数模并存与过渡整体转换的关系，确保转换工作安全、有序、有效进行。

③坚持社会参与。坚持社会参与就是要树立数字化带来的开放、融合、竞争、合作的理念，使有线电视系统节目供应、网络传输、终端接收等各个环节形成完整的产业链。按照“生产商提供产品、投资商提供资金、运营商提供服务、市场提供资源”的产业链分工，鼓励和支持县内外资金实力强、技术力量雄厚、诚信度高、品牌优的企业进入有线电视数字化领域，推进节目制作、传输网络集约化、规模化、产业化经营。

④坚持群众许可。坚持群众许可就是要通过增加节目和信息内容，提高服务质量；宣传动员群众，推广普及数字电视机顶盒；对残疾人家庭、低保家庭等社会弱势群体给予适当照顾等；为党委、政府和企事业单位提供大众化的电子政务平台，为社会各界搭建网络化的信息平台，为人民群众构建多样化的服务平台，使有线电视数字化整体转换工作赢得人民群众的支持和认可，让人民群众满意。

⑤坚持整体推进。坚持整体推进就是要在免费提供与销售数字机顶盒、合理制定和执行有线电视基本收费标准、全面提高服务内容和服务标准的前提下，在规定时间内全面完成有线电视数字化整体转换工作任务。

⑥坚持市场运作。坚持市场运作就是在有线电视整体转换工作中，要积极利用市场机制的杠杆作用，开拓业务领域。在标准化、开放化的数字电视平台上，积极拓展有线电视基本服务内涵，同时大力发展视频点播、付费频道、电视商务等增值服务。使有线电视网络建设成为进入千家万户的一对一、端到端服务的多媒体信息平台，成为城乡一体化、现代化服务业务的重要支撑平台。坚持市场运作，还要积极扩大融资渠道，多方筹集资金。

（3）转换模式。在确保广播电视安全播出、导向正确的前提下，按照“政府推动、市场运作、资源共享、存量保值、增量分成”的要求，以数字化带动网络整体运营，逐步完成网络整合，实现有线网络化经营的目标。主要模式有：数字电视前端的建设和网络改造资金（硬件和软件），主要通过银行贷款解决；机顶盒问题，通过与机顶盒生产厂家以每年增量分成的方式合作解决。在数字机顶盒的融资方式上，由机顶盒生产厂家直接负责机顶盒的生产、配送、安装和维护，其全部投入由厂家先垫付。在整体转换工作完成后，在数字电视收费增量中分期支付给机顶盒厂商。这种方法可以化解机顶盒资金压力，降低投资运营风险和解决机顶盒的长期维护管理问题。

（4）有序推进。坚持宣传功能、服务对象、资金存量不变，对现有的电视网络采取“先试点后铺开”、“先城镇后乡镇”、“先易后难”、先“数模并举”后全面实行数字化的策略。积极、稳妥、分步完成县整体转换工作，最终实行全县统一、完整、全程全网的广电网，形成县镇联网、上下贯通、优势互补、集约经营、共同受益的广电网络运行机制和经营模式，形成完整的广电网络产业链，把县级广电网建成集公共传播、信息服务、文化娱乐、交流互动为一体的多媒体平台。

3. 明确目标，落实任务

根据国务院和国家广电总局的要求，县级有线电视数字化的发展应分为长远目标、工作目标和产业目标。

（1）长远目标。充分运用高新科技构建党的宣传思想工作新载体，拓展广电现代传媒的传播渠道和传播空间，确保党和政府的声音高效、安全、可控地传送到千家万户，满足人民群众不断增长的精神文化需求，拉动节目产业、信息服务业的基地建设和消费增长，加快农村信息化进程，为构建信息社会作出贡献。

（2）工作目标。内容可观、成本可控、技术可靠、发展可续、成效可嘉。即内容要满足人民群众的需求，争取用较低的成本实行整体转换，技术要求成熟、稳定、安全、先进，实现可持续发展，实现社会效益和经济效益的有机统一，做到让党委、政府满意，让人民群众满意。

（3）产业目标。以有线电视数字化为切入口，加强推广和普及数字电视广播，加快农村有线电视网络由模拟向数字化整体转换。

4. 以人为本，强化服务

有线电视数字化是由国家政策推动，带有产业属性的公益事业。实施有线电视数字化整体转换工程，要坚持以人为本，紧紧围绕大局，强化工作责任，着力构建城乡广播电视信息服务平台和多媒体信息服务中心，传播先进文化，满足人民群众日益增长的精神文化需求，不断提高广播电视竞争力，进一步做强、做大广电产业，服务于新农村小康社会建设。

（1）以人为本，坚持公益性的原则。有线电视是城乡居民收看电视的主要手段，其带有自然垄断的性质，担负着公共服务的义务，具有很强的政治属性和公益属性，国家有明确的优惠政策和资金扶持。有线电视数字化整体转换工作全面启动以后，由于受众对新生事物认识存在差异，实施有线电视数字化的好处用户不一定马上就能认识到。要加强对数字化的宣传解释和正面引导工作，要通过各种方式积极普及数字电视知识，解答群众疑问，引导消费观念，使社会各界和人民群众理解、认可、解释和支持数字电视。推广有线数字电视，要尊重用户的选择权，要与用户协商签订服务协议，明确各自的权利和义务，对于暂时不愿收看数字电视的用户，要妥善处理好，要按规定保留一些模拟电视节目，保证没有机顶盒的用户最基本的收视需求，以确保最基本的公共服务。不能简单地搞“一刀切”，更不能以行政手段强行关断模拟信号。同时，要加紧推出各种不同功能、不同价位的机顶盒，供群众自由选择、自由选购。

有线电视数字化建设是广播电视公共服务的重要组成部分，可以免费提供多套高质量的标清和高清节目，满足人民群众不断增长的视听新需求。然而，推进有线电视数字化是一个长期的过程，从国外的情况来看，完成模拟向数字的转换需要十年甚至更长的时间。目前我国有广播电视播出机构 2 500 多家，有电视转播发射台 18 000 多座、电视机社会拥有量达 5 亿台，要全部完成数字化转换，任务非常艰巨。① 作为县级广播电视机构，对此不要急于求成，更不能盲目地追求一步到位——整体转换，在坚持公益性原则的同时，必须按照国家广电总局的要求，坚持以下五个原则：一要坚持确保公共服务的原则，保证最广大人民群众能够免费接收到多套节目。二要坚持统一规划、统一建设、统一运行管理，保证数字电视健康有序发展。三要坚持数模同播，保证现有模拟电视和数字电视的有效覆盖。四要坚持经济效能的原则，最大限度发挥现有无线台站的资源，努力以较短时间、较低成本实现模拟向数字的平稳过渡。五要严肃无线电管理纪律，严格审批程序，查处违法违规行为，维护广播电视空中电波秩序。②

（2）以用户为本，坚持服务至上的原则。实施有线电视数字化的目的，就是要为人民群众提供更多更好的节目内容和信息服务，这是实施有线电视数字化整体转换的根本出发点和落脚点。要进一步增强服务意识，规范服务流程，向社会公布服务标准。用户服务的质量和水平是群众认可有线数字电视的关键。

一是建立体系，上门服务。要把为用户服务作为数字化整体转换的重要组成部分，建立与数字化相适应的客服体系。加大投入，组建高效的专业服务和技术维护队伍，变过去的坐等服务为主动上门服务，及时处理数字化过程中出现的各种问题。

二是以人为本，高效服务。数字电视与模拟电视在操作上确实有区别、有变化，用户需要一个适应的过程，我们要充分考虑数字化给群众带来的收视习惯的变化，在节目设置、安装

① 引自 2009 年中国国际广播电视信息网络展览会上国家广电总局张海涛的讲话。

② 引自 2009 年中国国际广播电视信息网络展览会上国家广电总局张海涛的讲话。

服务、操作规程及产品设计上，要做到以人为本，通过提供优质、高效的服务，尽量缩短这个适应过程。

三是要严格规范，强化服务。强化服务要做到：其一，热心服务。对前来办事的每一位客户，做到一张笑脸、一份热情、一声问好、一句请坐、一杯热茶，给予最周到、最热情、最真挚的服务。其二，耐心服务。对每一位客户都能做到不厌其烦，耐心解释，积极解答，不能以“制度”、“原则”和“程序”为借口给客户出难题，让客户了解业务情况，理解政策法规。其三，方便用户。要规范机顶盒发放、安装、维护等服务项目，增加服务网点，用一流的质量、诚信的经营、优质的服务，让客户感受到本质的变化。其四，要接受用户监督。要向社会公布有线数字电视的服务项目和服务规范，开通热线电话，方便用户监督，真正让群众满意。

（3）拓展内容，坚持功能第一的原则。数字化不是目的，整体转换也不是目的，目的是为群众提供更多更好的节目内容和服务。数字电视与模拟电视相比，除传输广播电视节目外，还增加了信息服务和商务服务等内容，尽管有线电视的功能和服务项目增多了，但最基本的功能和服务仍然是为百姓提供电视节目，这是有线数字电视的立足之本，必须确保数字电视信号质量和节目内容要优于模拟电视，必须方便群众收看（听）到丰富的广播电视节目。这就要按照贴近实际、贴近生活、贴近群众的要求，加大节目内容生产力度，加大信息服务开发力度，使有线数字电视真正成为家家户户的多媒体信息平台，使电视机不仅是文化娱乐工具，而且也是百姓生活的信息工具、生活工具。

（4）先易后难，坚持整体推进的原则。在具体转换工作中，要坚持先改造升级网络后整体转换；先数模同网后全面转换；先城镇后农村；先小区后分散；循序渐进，分步推进，平稳有序地做好整体转换工作。

六、多元经营，壮大实力

广播电视产业多元经营（多种经营）是20世纪90年代初提出来的。20多年的实践，证明了一条真理：任何一种形式的广播电视产业，凡是科学地开展多种经营，它就发展、就壮大；否则，它就会落后、就会停止发展。

在今天数字化、网络化、产业化的环境中，县级广播电视台的经营开发，实际上是在两个领域三个层面的探索。两个领域即传统的业务领域和超传统的业务领域；三个局面是指在这两个领域的三大业务。

其一，基本业务。即传输上级广播电视台规定传播的广播电视节目、自办新闻类节目。当前和今后一个时期的重点任务是强化农村"村村通"广播电视工作。

其二，主要业务。即建设有线电视网络。有线电视覆盖网是县级广播电视的生存与发展的基础，它不仅为区域内的老百姓提供喜闻乐见的广播电视节目，提供发家致富的技术和信息，同时又是传达、贯彻党的路线、方针、政策和县委、县政府决策的重要载体，更是广播电视台经济收入的主要渠道。县级广播电视的职能调整以后，原来通过节目带广告的经营方式已经不存在了，出路在哪里？毫无疑问，出路在网络。

其三，拓展业务。即在完成基本业务的基础上（指传输节目），根据实际情况，通过技术手段，利用有线电视网络开展其他业务。从目前的情况来看，拓展业务主要是广告经营和网络经营。

（一）广告经营

广告收入一直是县级台得以运营的经济支柱，广告经营将是电视产业一个相当长的时期内经营的重点。县级台的广告部门是一个纯粹的经济实体，它们的劳动产品就是广告。在市场竞争日趋激烈，产品品种日益丰富的今天，商家和消费者同时、同样对广告产生很大的依赖。县级广播电视台作为一个县域唯一的媒介，其经营的广告业务本应具有强大的生命力。但是因县级台由办台改为办频道后，自办节目被大量压缩，广告时间段大大缩短，广告收入严重下滑。在有限的广告时间段里，如何才能取得最佳的广告效益呢?

1. 服务宣传大局，正确处理好“三个关系”

（1）新闻与广告的关系。广播电视具有的党和政府的喉舌的性质，决定了广告与宣传一样必须接受党和政府的领导和管理，为社会主义经济服务，通过广告传播沟通产销，繁荣经济，并以这种特殊的宣传方式来指导消费，影响社会，促进社会主义物质文明和精神文明建设。因此说，广告是广播电视节目内容的一部分，在整个广播电视中的作用不应与新闻割裂开来，它同样起着舆论引导作用，反映在广播电视上的广告必须与新闻一样准确、真实、合法、科学。广告作为县级广播电视台的重要创收手段之一，是服从和服务于宣传的，同时又与广播电视节目休戚相关、密不可分。

（2）增加创收总量与提高节目质量的关系。县级广播电视广告创收受地方经济总量的影响，同时又与广告节目的质量紧密相关。长期以来，县级广播电视台受“销售热线”和“医疗讲座”的充斥，广告冗长而又无创意，受众怨声不断，长此以往，严重影响了广播电视台的声誉，削弱了其对受众的影响力。因此，县级台要正确处理提高创收总量和提高节目质量之间的关系，坚持以优秀节目和优秀创意吸引客户，提高广告质量，适当压缩单个广告的时长，逐步提高单位时间的产出效率。尤其应减少“销售热线”、“医疗讲座”在县级台的广告创收的比例，对已有的节目进行分类和压缩，以防止由短期效应带来的风险。

（3）广告专业化趋势与传统广告管理方式的关系。广播电视台一心一意做节目，时段（节目）广告由广告公司代理，这是一种现代的广告运作方式，但这种方式在县级广播电视台是无法实现的。目前，县级广播电视广告（除“销售热线”和“医疗讲座”外）依然是买方市场，而且广告创收一般依靠人海战术、人情关系来运作，台内广告经营部门既承接广告，又负责广告节目的制作和播出，缺乏竞争和监督。因此，县级广播电视台的当务之急在于强化对广告的有效管理，尤其要做好广告的承接、审核、登记、备案等工作，有条件的要实现制播分离。与此同时，逐步引入竞争机制，对“销售热线”和“医疗讲座”实施竞标，对部分广告适当尝试招标代理。

2. 突出地域特色，建立多元化的广告经营模式

区域内的企业、商家要想在激烈的市场竞争中争得一席之地，除了要搞好产品质量外，还需要通过媒体对外发布新闻和产品广告，创造消费者认可的品牌。这就为县级广播电视台的广告经营提供了广大的市场空间和地域性的优势。县级台要充分发挥自身在本地域内具有权威性、可信度高、影响力强、传播面广的优势，必须立足本地，主动联系本地企业、商家，着手培养建立县级台自己的忠实广告客户群，帮助他们做好各个时期的广告宣传策划，并着重帮助企业商家打响品牌，树立形象，为其建立市场打下坚实的基础。在此基础上，建立多元的广告经营模式，可以从以下五方面着手：

第一，自制广告节目。改变广告经营状态，改出卖“播出时间”为自制广告节目。就目前广播电台与电视台经营业态来看，主要是出卖“播出时间”。播出时间的价格与收视（听）率相匹配。也就是说，收视（听）率高，“播出时间”的价格就高，反之就低。这就是业内人士对收视（听）率高度重视的根本原因所在。应当说，高度重视收视（听）率以提高“播出时间”的单位时间价格无疑是正确的。但仅仅把广告市场的经营局限于卖时间，那显然是大大缩小了广告市场的。① 县级台要凭借自身的人才优势与技术优势，介入到广告制作、传播的全过程，如广告调查、广告策划、广告预算、广告策略、广告测评等。这样一来，广告市场空间与经营项目将成倍扩大，就不再需要靠人情去拉广告，而是凭借实力做广告了。唯有如此，才能真正守住并扩大自己的广告市场份额。

---

① 徐丽玲，王克. 广播电视管理学. 北京：社会科学文献出版社，2002

第二，特约播映广告。特约播映广告是广播电视台为广告客户提供的特定广告播出时间，客户通过订购这类广告时间，把自己的产品广告在指定的广播电视节目的前后或中间播出的一种广告发布形式。特约播放广告时间可以由一家客户独家购买，也可以由多家客户共同购买。

第三，直销广告。直销广告是指广播电视台为客户专门设置的广告时间段，利用这个小时间段专门为某一个厂家或企业介绍其生产或销售的产品。这类广告的特点是：直接广告推销的产品由于是通过热线电话购买的，商品的价格比商场的零售价要低得多；直销广告对商品的特点和使用知识介绍得比较详细，播出时间比较长，而且是定期定时播出。直销广告非常适用于广播电台，因此，要充分发挥县级电台的优势。

第四，文字广告。文字广告只是在电视屏幕上打出文字并配上声音的一种简单的广告播放方式。文字广告包括：广告商品信息、寻人和遗失启事等。这类广告具有价格便宜、制作简单、播出及时的特点。

第五，游动字幕广告。游动字幕广告是在电视屏幕上打出游动文字的一种最简单的广告播放方式。这类广告的特点与文字广告相同，但它可以“见缝插针”，效果非常之大。

3. 灵活经营，强化服务

（1）创新经营方式。县级广播电视台应探索多种经营方式，可以独立经营，可以对外承包，可以全面代理等。但是无论以哪种方式经营广告，对广告的管理绝不能放松。受众对县级广电媒体的信任度本来就低，如果再像以前一样只认广告费，不认广告法；只求数量，不讲质量，最终只能是先失受众，后失市场。广告经营在经营理念上要从“守株待兔”式转向主动出击式服务，应积极争取与广告代理公司建立良好的合作沟通关系，经常进行信息互换，借助广告公司拓展市场。在广告节目编排上，要变集中性大容量播出为分散播出，将广告节目分散在各档自办节目中；要依托品牌栏目，以与企业联办、冠名、特约点播等播出形式增加广告创收；要提高广告节目的艺术性，尽量消除受众对广告播放时间过长、内容过滥带来的反感和抵触情绪。

(2）低价经营。以价格优势吸引广告商青睐。现在县域的企业已经进入广告投放的理性时代，“小投入，大回报”成为做广告的原则。随着农村经济的不断发展，农村居民的消费水平也在日益提高。一些企业家已经开始转移自己的视线，把目光投向巨大的农村市场，以化整为零的方式把广告投放在县级广播电视台。县级广播电视台要想抓住这些机遇，就要树立“客户至上”的经营理念，以价格的优势和优质的服务赢得客商。

(3）加强服务。县级台广告人员接触的客户绝大多数是当地的客户，他们普遍存在着企业规模小、资金少，广告意识不强等诸多不利因素。因此，处理好关系、帮助不同的客户出点子，做好深层次的服务，提高广告创意水平，是对广告人员的一个基本要求。县级台广告部门在发展中曾经经历了由坐等到上门服务；由纯文字字幕到图文并茂型的跨越；改过去“拉广告”的观念为与客户的互惠关系，在做好本台广告的同时，能帮助客户选择其他媒体、整理文稿，用良好的服务意识和富有新意的作品来赢得客户的信赖和社会的认可。

（二）网络经营

广播电视网与电信业务网、计算机信息网是我国信息化网络的三大业务网，在推进和实施国家信息化的进程中，担负着光荣而又艰巨的任务。广播电视网络包括无线电视网、无线广播网、有线电视网和广播网，县级广播电视网络是中国广播电视的最大接入网。由于篇幅问题，本章节重点分析县级台有线电视网络经营问题。

有线电视网是以电缆、光纤为主要传输媒介，向用户传输本地、远地及自办节目的电视广播系统。这是一个集节目组织、节目传送及分配于一体的区域型网络。有线电视网的最大特点和优点是光纤和电缆传输，带宽可达1GHz，其数据传输速度比电视传输速度高几万倍，可传输高质量的数字电视、高保真的数字电话及高速率的数据，在一条线上传输百多套节目。同时，宽频带入户这一特点为信息的综合开发提供了重要条件，是传输多媒体信息的关键之一。

广播电视信息网络是广播电视三大核心资源（节目资源、频道资源和信息网络资源）之一，也是广播电视产业新的增长点。广播电视信息产业的开发价值大、潜力大，其市场也很大。所以，职能转变后，发展有线电视网络市场要有紧迫感。近几年来，我国信息产业发展迅猛，计算机的普及，带动互联网的快速兴起；数字电视的应用，致使直播卫星电视的逼近；尤其是电信行业要求与广电部门对等准入的呼声更是一阵比一阵高，这些咄咄逼人的攻势，无非是想进入广电行业分得一杯羹。国家广电总局正是意识到这一点，以总揽全局的高度提出：市（地）、县（市）广播电视机构职能的转变，要把工作重点转移到提高广播电视的覆盖率和服务水平上来，工作精力转移到改造、完善广播电视网络，发展有线电视用户、拓展广播电视业务上来。要集中必要的人力、物力和财力搞好广播电视信息网络的互联互通，进一步扩展广播电视网络。具体而言，广播电视网络经营要做好以下几项工作：

（1）整合农村网络，扩大广播电视的有效覆盖。

农村有线电视是我国有线电视网络向农村延伸的重要组成部分，也是广播电视网络的基础，更是基层广电媒体的最大优势。所以县级广电媒体要集中力量搞好网络建设，才有可能发挥其优势所在，为自身的发展壮大积累资本。做好农村网络建设是县级广电媒体要承担的另一项重要职责。因为不论是国外传媒巨头进入中国市场也好，还是中央、省级广电系统组建广电集团也好，都离不开网络的依托，离不开网络的发展。而目前有线电视用户网基本掌握在市、县一级广播电视机构手中。县级广电媒体如果能做好网络建设，发展尽可能多的本地有线用户，不仅可以给自己带来稳定的收入，而且即使将来被收购，也可以有更大的发言权。网络传输是否全程全网，网络的质量高低直接关系着广电传媒的竞争能力，因此，要重点把网络做大、做强，这既是县级广电媒体自身做强、做大的绝好机会，也是县级广电媒体在与国外传媒的竞争中能发挥的最大作用。

目前，广播电视覆盖的发展空间还很大，“村村通”要求通到行政村、自然村，所以发展余地还很大。发展农村有线电视网络是县级广播电视的最大优势，也是县级广播电视台扩大生存空间的唯一出路。县级广播电视部门应该把发展农村有线电视网络作为事业兴旺发达的第一要务来抓。就目前来说，广电部门有着得天独厚的优势，现在已是时不我待，机不可失。如果不抓住机遇开拓、占领农村网络市场，别人就会乘虚而入。一个市场丢失容易，夺回难。所以用战略眼光看，农村有线网络的发展，就是既要着眼现实也要把眼光放长远些。前些年，有很多专家就提出县广播电视事业发展的重点应放在网络建设上，网络建设的重点应转移到农村去，这是基于市场和现实提出来的有远见的看法。所以，发展农村有线电视网络，开展有线电视的基本业务是县级广播电视部门今后一个时期内的主攻方向。

整合农村网络，关键是做好两大工程：联网和发展电视用户。

第一，加快乡镇联网，增加经济实力。乡镇广播电视网络是中国广播电视的依托，也是县级广播电视播出机构在目前的传媒竞争中的唯一的、最大的优势。目前，我国城乡区域广电网络基本上仍处于封闭性运作状态，“天上一颗星，地上无数小星”，广电传输网依然是一张低档次的小网、散网。因此，加强广电网络建设的当务之急便是加快建设乡镇联网，然后再整体并入市网、省网。这样才能提升其功能，开发增值业务，抵御来自其他网络系统的竞争压力。所以县级台只有集中精力抓好网络建设，才有可能发挥其优势，为我国广电业的发展壮大贡献自己的力量。

联网是一项十分复杂的工程，它涉及人、财、物的重新组合。要实现联网，一是要进行体制改革，县级广电部门对乡镇广播电视站垂直管理；二是要多方筹措资金，高标准、高起点地对现有的网络进行全面改造，在此基础上，解决网络整体运作问题；三是组建网络公司，实行企业化管网，由网络公司对全县网络资产实行统一管理、统一运营，不断拓展业务范围，使网络真正成为广电产业新的经济增长点。

第二，发展电视用户，做活“农”字文章。发展电视用户是县级广播电视台的一项民心工程。县级广播电视台面对的是广大农村受众市场，这就要求县级广播电视台在“农”字上多做文章，时刻关注农业、农村和农民，除了办好新闻节目外，还要花大力气发展农村有线电视，要采取优惠政策减轻用户负担，采用多种传输方式扩大覆盖面。一方面解决农民群众看电视难的问题；另一方面扩大电视用户量，增加经济收入，实现政治、产业双丰收。

（2）依靠科技进步，提高传输手段。

随着体制和机制改革的不断深入，县级广电部门的工作重点和工作精力将转移到扩大覆盖面、发展用户、拓展新的业务上来，这些都有赖于科学技术的进步。县级广电部门要依靠科技进步，提高传输手段，可以从以下两方面着手：一是抓技术改造，必须充分地认识到现代的媒体革命是一次生产力的革命，而高科技则是生产力的标志，所以广播电视必须引进和利用先进的科学技术，加快自身技术改造的步伐，加快设备特别是网络设备的更新，推进广播电视信号由模拟向数字过渡，传输方式由电缆向光缆方向发展，加快有线电视双向化改造，加强本地化服务，不断为用户提供多方面、个性化的服务。二是开拓综合业务。县级广播电视台仅仅在网络中传输广播电视信号是适应不了形势发展的需要的，必须在网络的整合、技术改造的基础上，把握宽带网的发展先机，积极地推进具有多媒体传播平台的广播电视产业与其他行业的交叉与融合，促进信息产业的发展，拓展广播电视业务，向多媒体进军。通过这些来壮大我们的事业，有效地解放和发展广播电视生产力。

（3）开发多种业务，拓宽经营领域。

有线电视网络具有传输容量大、维护成本低、普及率高等特点，在推动公共文化信息服务进入千家万户方面有着无可比拟的优势。因此，要积极拓展服务领域，满足人民群众的新需求、新期待。目前，县级广播电视台的有线网络业务有两部分：主要业务和基本业务。主要业务是有线电视的业务，基本业务是传输公益性的收费很低甚至不收费的电视节目。广播电视的产业化经营，要求县级台开发多种业务，拓宽经营领域。

首先是拓展业务。一是开展广播式信息服务。在完成基本业务的基础上，多传送电视节目，经物价部门批准收取收视费，开展数据广播式有偿服务来满足部分用户的信息需求。可以通过互联网下载适合本地区社会发展和经济状况及符合用户口味的相关信息，也可以对部分电视节目进行加密干扰以收取收视费，还可以建立信息平台，开展双向互动业务，让用户可以根据自己的需要自由选择所需信息。二是局域网互联。利用有线宽带网实现计算机联网。有线电视可以提供多种速率的计算机联网服务，因为有线电视是宽带网，联网的速度快，加上价格低廉，必然能快速为大众所接受，能够广泛地为社会各界提供联网服务。此项业务是目前县城有线电视能迅速开展并能立即产生社会效益和经济效益的服务。

其次是增值服务。要多渠道探索创收途径，为广播电视发展寻求新的经济增长点。在目前有线电视单向网络条件下，可开展准交互点播服务，满足人民群众的个性化需求。这种业务具有经济适用、容易普及、安全可控等特点，是符合我国国情，以较短时间、较低成本实现农村家家户户共享公共文化信息服务的有效途径。一是开办视频点播（VOD）。利用先进的视频服务器技术和设备，对以宽带接入专线用户开放高 VOD 业务，让用户坐在家中或办公室就能观看所喜爱的电视节目、视频杂志及各种视频节目。通过视频点播系统，同样可以实现远程教育、远程医疗等业务。二是开设证券分析系统。随着证券行业的迅速发展，用户越来越多，而大部分用户目前只能通过电话或者到证券公司进行查询，这给股民带来诸多不便。有线电视网可以与当地证券公司合作，联合提供 Internet 或有线电视网络的证券分析及交易系统。这样，用户在家中就可以享受“大户室”的相同服务。一方面能增加创收，同时也给受众提供大量的实用信息和专业知识。三是开设电子购物平台。电子商务早已经成为大家所熟悉的名词了，有线电视应当积极开展此项业务。可以采取与当地、异地商场合作的方式，开展网上商场或网上交易。四是开通网上电话。网上电话在一些地区发展得很好，发展潜力也很大。因为话费比电信局的便宜得多，而且话音质量也高，有线电视宽带网络能为用户提供方便、快捷、廉价的网上电话服务。五是网上游戏。网络时代的到来使游戏进入了一个新的境界，四通八达的互联网络联系了来自全球各地的游戏玩家。连上互联网，用户就可以和千千万万个素不相识的玩家共同游戏。六是开通网上广播电视新闻。有线网可以开播网上电台、电视新闻节目，让用户有选择性地收视（听）所需要的信息，或者了解当地的最新信息。还可以充分发挥特色，将新闻节目搬到网上来。七是开通网上电台。有线电视台可以为用户提供高品质的音乐点播服务。音频业务是广电部门传统业务之一，音频资源丰富，通过音频工作站采样压缩技术，可以将这些资源转换成高品质的数字音乐资料。提供各种选择方式，让用户能方便、快捷地点播到自己喜爱的音乐。

网络是县级台的最大资源、最大优势。如果说昨天是广告的黄金时间，那么，今天、明天网络就是县级台的黄金季节。中国传媒大学一位教授讲得很好：“广播电视所埋下的不是光纤，而是黄金。”当然，一切美好的愿望都是建立在可能和可行的基础之上的，有线电视网的利用和开发的前提是依法依规经营。

七、创新机制，增强活力

所谓创新机制，就是创新经营机制。从经济学的角度而言，“经营”主要是指人们在社会商品的生产领域和流通领域内进行的社会活动。[①] 经营机制是经营者与经营对象之间发生关系的总和，它是由行业竞争的水平所决定的，是以市场规律为法则，以追求最高利益为目标，从低层次向高层次发展过程中的手段和方法。[②] 在经营机制中，各个经济实体根据自身接触到的信号自主地调节自己行为的内在功能和条件。在不同的环境条件下，各经济实体接触的信号是不相同的。在计划经济条件下，各经济实体接触到的信号多为政府的指令性计划；在市场经济条件下，各经济实体所接触到的信号多为市场信号及在国家经济政策指导下所产生的各种信号。对于政府的指定性计划，各经济实体必须绝对执行，通过行政手段实现；对于市场信号，各经济实体是通过自身内在机制的作用来实现的。这些内在的机制主要有：①动机机制——实现利润最大化是各经济实体经营活动的目标；②约束机制——各经济实体通过自我调控能力和外部行为约束来实现自身的利润目标；③自我发展机制——各经济实体具有长期发展的内在动机，积极主动地为其发展筹集资金和取回生产经营所需的各种生产要素及对生产要素的调蓄能力；④决策机制——各种经济实体应有决策权，应在利润最大化原则的驱动下，自主根据市场信息和其他外部环境的变动，对自身的经营活动作出决策；⑤循环机制——各经济实体要保证产供销畅通，必须实现经营资源（人力、物力、财力、信息资源等）和经营手段的最佳结合，保证其经营活动处在一种良性循环的状态。

机制是我们在实际工作中的操作手段，什么样的机制就会造出什么样的队伍。如果说我们的管理体系是一部电脑的话，“目标”就是我们管理上的“硬件”，“机制”是“软件”，“机制管理”的原则就是研究如何根据工作规律来提高员工的

① 刘爱清，王锋．广播电视概论．北京：中国广播电视出版社，1997. 322

② 褚多锋，奚春雁．媒体经营运作实务全书．北京：清华大学出版社，2001

积极性。

根据经营机制的内容构成和作用来分析，创新县级广播电视台的经营机制，就要适应市场经济的要求。要实现非利益型向利益型转换、要实现被动型向主动型转换、要实现供给型向自力更生型转换、要实现服务型向自主型转换、要实现生产型向生产经营型转换，就必须建立良好的经营机制，就必须让管理机制发挥积极作用，就必须从如何满足员工的基本要求和愿望入手，一切以工作实绩为评判标准。鼓励光明磊落的内部竞争，倡导人格平等、相互尊重、透明愉快的人际关系，根据这一理念的要求，县级广播电视台应建立以下五种管理机制：

（一）目标管理机制

目标管理机制是一种用于把组织的目标转换成个人的目标的方法，它包括部门管理者和下属一起，共同建立下属目标及获得目标的成功经验，作阶段性总结，在一个总结的末尾，又要提出下一阶段的目标。

目标管理方法有很多好处。它能通过对个人的角色和职责的精确化来实现计划和协作的改进，以及员工目标和部门、媒介组织目标的整合。此外，形成员工目标的过程有助于强化员工的动机和承诺，促进媒介组织的价值目标与员工个人的价值目标的统一，是员工创造性工作的合法依据，也是增强和提高员工素质的重要措施。

目标管理机制的指标体系，应分以下四部分：

第一部分：宣传工作。

①宣传指标体系：包括转播上级台节目套数、记者出稿率、公益广告长度；

②作品获奖指标；

③在政治上绝对不能出差错；

④技术性的差错按轻重扣分。

第二部分：经营、量化创收指标。

①将有线电视初装费收入量化到各站、各部门；

②将广告费收入量化到广告部门；

③将有线电视收视费收入量化到站、员工。

第三部分：安全生产指标。

①无技术、政治事故，确保安全播出；

②施工、生产无工伤、死亡事故，确保生产安全。

第四部分：财务管理。

①单位预算管理。单位预算管理是指企事业单位根据事业发展计划任务编制的年度预算报告，其重点是成本预算管理。

②成本预算分级管理。包括全台预算和部门预算。

③单位资金管理。单位资金管理范围主要包括现金及存款管理、资金筹集管理、流动资金管理。

④投资管理。

⑤固定资产管理。

⑥负债管理。

⑦收入管理。

⑧成本核算管理。

（二）激励机制

激励，用心理学的语言说，就是激发人的动机并引起行为。人的有目的的行为都是出自对某种需要的追求。因而人的行为是受到激励而产生的，未满足的需要是激励过程的起点，需要的满足则是激励过程的结束。满足劳动者的需要，是调动劳动者积极性的关键。按美国心理学家马斯洛的观点，人的需要分为生理、安全、社会、尊重和自我实现五个层次，并且逐层递增，依次关联。

媒介从业人员的需要也是如此。管理者应该了解员工的不同需要，运用需要的反复性和竞争性不断刺激新的需要的产生，以新的需要促进新的动机和行为。所以激励机制在我们的管理机制中，有着承上启下的重要作用。如果没有一个好的激励机制，我们的管理机制将是一纸空文。

激励员工奋发向上的方式主要是奖惩。奖是引着员工往前走，惩是打着员工往前走。两者都是一种激励方式，归根到底，激励机制的核心还是有效的分配制度，一个理想的分配制度不仅有助于吸引人才，留住人才，而且能够在合理成本的基础上激励员工取得更大的实效，俗话说得好，“重奖之下出勇兵”。坚持精神奖励和物质奖励相结合的原则，实行“死”工资少，“活”工资多的分配原则，取消平均奖金，采编部门实行按稿计酬，重奖优质稿。经营部门按业绩与工资挂钩，多劳多得。一旦确定了这种激励机制，则有一个质的飞跃，真正达到奖勤罚懒、激励创新、鼓励冒尖、鞭策落后的目的。

（三）竞争机制

建立竞争机制，旨在引导公平竞争。现实生活中的利益冲突是竞争的直接动因。广播电视媒介中，人员比较复杂，不仅有物质利益上的竞争，而且还有精神上的价值实现、社会尊重的竞争。因此，必须引入竞争机制，以规范竞争，实现和谐、有序的竞争。

如果说“激励机制”是机制管理中的原动力，那么“竞争机制”就是驱动力。好比广播电视台是一部汽车，汽油是使汽车行驶的原动力，在管理理念中称“激励机制”，而汽车的行驶是由无数个零件组成的多个系统共同运行的结果，任何一个环节出问题都会影响行驶或行驶的速度。让每一个零件发挥最有效的驱动力，就是机制管理理念中的“竞争机制”，对员工的科学管理时刻都少不了对这两大系统的强化管理。

多年来，管理机制决定了员工的职业是“铁饭碗”，职务是“铁椅子”，职薪是“铁工资”，这“三铁”精神对于目前发达的广电媒体来说，要远远滞后于其他各行各业。在岗人员没有危机感，没有竞争压力，没有进取动力，导致干好干坏一个样。因此，建立竞争机制势在必行。建立竞聘上岗和“双向选择”的用人制度；实行“末位淘汰制”，通过行风评议、量化考核等方法定期对员工作出合理的评价和合理的调整，通过竞争机制实现人员的优化组合后，让优秀的人才脱颖而出，让平庸的人奋力追赶，让休闲的人“辛苦地工作”。让员工有一种“志在顶峰”的感觉。同时，变革现行岗位设置。实事求是地、科学地定岗定编定员，实施人力成本核算，推行岗位薪金制，做到“控制总量，拉开差距，以岗取薪，变岗变薪”，以真正实现奖勤罚懒，消除人浮于事、效率低下的弊端。

（四）监督机制

无论是目标管理机制、激励机制还是竞争机制，其目的都是激发员工的活力，事实也证明了活力出效率，活力出效益，活力出精品，活力出人才。然而，这一切都需要一个科学的监督机制来保证它的落实和完成。因为只有在建立了严格的规章制度和遵循缜密的工作规则的基础上，才能充分体现“目标管理机制”的实效、“激励机制”的优异、“竞争机制”的公平、“监督机制”的公正，形成管理机制的四个环节。因此，对于每一个员工而言，一定要奉行敬业精神，珍惜广电人的职业道德，精诚合作，专注事业和追求，并自觉接受各项管理机制的约束和监督。

监督机制包括两方面的内容，除了对员工的行政管理外，强调更多的是对员工的业务管理，要想对员工进行有效的业务管理，就要对员工涉及的每项工作进行全程监控，这种监督机制除了必要的行政内容外，还包括对不同的部门进行具体的、全程的监控。如对广播电视节目的监控，就必须涵盖节目环节的设置、节目内容的选择，节目流程的畅顺，节目质量的监听（看）及每个记者、编辑、主持人的岗位职责等。

（五）人才管理机制

广播电视事业的发展，伴随着多学科技术的交叉重现，广电系统需要数字、网络、光电等各种新兴学科的复合型的技术人才，随着广播电视产业化的发展，又急需懂经济、懂管理的经营管理人才。而目前的队伍素质、人员结构很难与新技术、新业务的发展相适应，尤其是经营管理人才奇缺，已成为广电发展的一大瓶颈。提高整体队伍的素质，强化人才管理已刻不容缓。

（1）创新重才的舆论环境。营造“尊重知识，尊重人才”

的良好氛围是优秀人才脱颖而出的必要条件。如果知识和人才不被重视或这方面意识淡薄，那么不仅潜在的人才难以得到开发，即使是现有的人才也会逐渐因为怀才不遇，或光华渐逝，流于一般，或“孔雀东南飞”，另攀别枝。因此，要促使人才不断涌现，必须使人才在精神上得到激励，在心理上产生自豪感、荣誉感，在感情上得到被认知感。

①要努力营造尊重知识、尊重人才的氛围，鼓励从业人员刻苦钻研业务，形成“比”、“学”、“赶”、“帮”、“超”的良好环境。

②要强化“人才观”。领导要强化并大力宣传依靠、培养、使用人才的“人才观”。要制定并大力宣传人才战略。要把人才培养作为领导管理工作的一项重要内容，并像抓节目创优那样，像抓基础设施那样，把名记者、名编辑、名主持人、名工程师等培养列入工作的重要议程。

③要树立典型。要培植并大力宣传人才典型，充分发挥优秀人才的示范作用。对脱颖而出的人才多做宣传，形成积极的舆论导向氛围，使人才受到进一步的鼓舞，增强继续前进的动力。同时，也使得其他人员受到鼓舞，学有榜样、赶有目标。

④人尽其才。要认真分析人才的个性差异及其能力大小，量才使用，使人才各就其位，才称其职，显才更加展露才华，潜才逐步脱颖而出。

⑤搭舞台促成才。要大胆培养和使用具有新知识结构的青年人才，创造机会让他们进入关键岗位，主动压担子，使其在实践中锻炼成长。即给人才一个施展才华的舞台，一份与贡献相适应的报酬，一个实现自身价值的空间。

（2）创新用人机制。人是生产力诸要素中最活跃、最富创造性、最具有决定意义的第一要素，在一切资源中，人力资源是最宝贵的资源。要以“人才是第一资源”的理念创新用人机制，构建学习型广播电视台，培养想干事、会干事、干成事的优秀人才。

用工、用人、分配等内部机制改革，每一项都与职工息息相关，都围绕“企业是员工生存之本，员工是企业发展之源”这一目标，都是实现员工价值目标与企业价值目标相统一的重要手段。所以内部机制改革的核心问题是调动人的积极性，激发人的创造性。因此，必须做好以下五方面的工作：

①要完善岗位分类管理。做到以人为本，力争使每一位员工都有一份相对比较合适、比较稳定、比较满意的工作，充分发挥其自身的作用，最大限度地满足员工实现自我价值的要求。

②建立管人机制。对职工进行职业生涯设计，并通过岗位轮换、培训等途径，建设一支政治强、业务精、纪律严、作风正的高素质队伍。

③建立留人机制。做到事业留人、感情留人、适当待遇留人、发展前途留人，特别是要采取特殊的政策留住高级人才。

④规范职工行为模式。要积极探索人性化的管理方式，培育广播电视台企业文化，规范职工的行为模式。实行职称评聘分离，以鼓励创新，创造“自主设岗、自主聘任、自我管理、自我约束”的机制；按照“干部能上能下，职工能进能出，收入能高能低”的原则，对员工实行职级动态转换和职业阶梯制的管理，在单位内部形成既有危机感和竞争意识，同时又不断催生新人的用人机制，以使“使用人”这一人力资源管理循环链中最为核心的一环发挥关键作用。

⑤推行优胜劣汰的用人机制。全面推行聘用合同制，真正做到改政府用工为单位用工，改固定工为合同工。实行全员聘任制，对部门负责人、栏目负责人等签订任期目标责任书；实行聘任首席记者、首席新闻播音员等制度，发挥权威的示范作用；实行全体员工竞争上岗、末位下岗制度，以激发工作热情，营造勤奋努力，积极向上的氛围。

(3）经营为我所用的人力资源。“事在人为”，人力资源至关重要。兼有事业属性和企业属性的县级广播电视机构，必须抓好人力资源的开发，方能取得事业和产业的可持续稳定发展。

①广开才路，招贤纳士。打破地域行业界限，广纳贤才，加速人力资源的优化。加大引进力度，引进高层次的经营管理人才和技术人才。重点引进正处于创造力旺盛阶段的优秀青年人才。选才重学历，更重能力。重点考虑三个方面：人才的综合素质、人才的职业心态及人才的工作经验。用才重资历，更重能力，让更多敢想、敢干、会干的青年人才不受资历的限制脱颖而出。

②注重包装，系列开发。对有潜力的播音员、记者、工程师等，在签订协议的前提下，有计划、有选择地重点实施形象包装和品牌宣传。

③开闸放水，吐故纳新。“铁打的营盘，流水的兵”，市场经济条件下的县级广播电视的人才流动已是大势所趋，完全没有必要设置人为障碍阻止人才流动。要建立开放的人才环境，对其本人认为本单位无发展空间，执意要求流动者，应予欢送；对不适应事业发展的部分人力资源，合同期满时务必及时解聘。流水不腐，户枢不蠹。人才流动是保持队伍旺盛活力的重要前提。

（4）严把进人质量关。“韩信将兵，多多益善”的用人之道，对于需要高科技发展的广播电视事业来说，已经行不通了。在目前的体制下，县级广电的领导们要采取相应的措施，积极协调上级人事部门和业务主管部门，严把人员准入关。对那些要求进入、需要进入广电部门的人，进行公开考试、综合考核，切实选取那些文化层次高、素质高、德才兼备者充实到广电部门队伍中。

（5）营造拴心留人的良好氛围。随着市场经济的发展，人才的自主意识越来越强，“人往高处走”的合理流动已成为顺应时代潮流的大趋势。因此，我们在增强心理承受能力的同时，要积极创建拴心留人的良好氛围，以人为本，凝住人心，增强人才对本单位的归属感。

①以公平竞争的机制慰人心。人才具有强烈的成就感，都希望在实现价值的过程中，有一个公平竞争的机会，那种“干与不干一个样，干多干少一个样，干好干坏一个样”的环境，无疑会扼杀人。首先，要建立和完善人才竞争激励机制，通过单位内部公开、公平竞争，给学有专长者以施展才华的机会；其次，制定一些奖励措施对工作业绩突出者在评先进、晋级、提干等方面给予政策倾斜，让“有为者”有“位”，使真正的人才能够在广电系统留得住、吃得开。

②以和谐的人际关系宽人心。单位的生存与发展之道，在于拥有优秀的员工素质及人力资源的有效利用。正确处理人际关系，是赢得人才并加以有效运用的关键。要尊重人性的尊严，重视个体差异，正确运用激励，以求得“人”与“事”的密切配合，最大限度地发挥人在工作中的潜在效能。

③以全程的跟踪培养安人心。人是唯一能够扩大的资源。在普遍开展在职教育的同时，尤其要对有培养前途的员工进行跟踪培养，不断更新其知识结构，制定科学的人才流向方案，满足其个人发展的愿望。

④以良好的领导示范效应服人心。人才对单位、对工作的失望往往源于其对领导行为的不信服，所谓“士为知己者死”、“道不同不相为谋”就是从正反两个方面作出的极好解释。领导要努力加强修养，提高领导艺术，建立规范的“工作绩效评估系统”，制定具有弹性的相对完整的制度，使得任何人事问题的处理结果都趋于一致和稳定。即所谓“人管人得罪人，制度管人一视同仁”。

（6）要加强人才的培训。目前，县级广播电视台在业人员中，真正科班出身的极少，大多为半路出家，在干中学，在学中干。加强人才的培训，首先要科学地评估人才，要树立“有用即人才”的人才评价标准，建立与绩效相联系的岗位测评模型。这一模型应该以创造高绩效为目标，务必让人才的评估标准与人才的绩效表现产生联系。通过人才评估来促进人才的培训。加强人才培训，要以能为标准，高成效地培训，培养出既懂经营、又懂技术的复合型人才。

①能力化培训。采取交流、轮岗、外派等方式对员工进行岗位能力培训。这种方式既可以使员工扩大工作视野，又可以让员工多掌握专业知识，进一步改善自身知识结构；既可以提高员工的积极性，又可以增强员工工作的创造性；既可以增强员工的危机感，又可以激发员工奋发向上的敬业精神。从培训的角度来看，这种“走出去”的培训方式，既省钱又省工，更重要的是能不断提高员工综合能力，有利于复合型人才的培养。

②专业化培训。根据工作的需要，采取多层次、多专业、多形式，实行重点培训和普遍提高相结合，脱产培训与在职培训相结合，“请进来”与“走出去”相结合，开办培训班与举办知识讲座、专家报告相结合，加强队伍的业务和知识培训。当前特别要加强节目制作、依法管理、广告策划与营销、网络建设与管理等方面专业的培训。

③多样化培训。培养、培训人才要注重多样化，采取“主要人才重点培训，优秀人才优先培训，青年人才全面培训”。可以采用“请进来”的办法，请专业教师进行分类培训；也可以采用“送出去”的方式，分批选派人员参加进修培训。加强员工的培训，还要树立“培训是员工最大的福利”的观念，改变学习培训费用的成本传统观念，将培训视为一种投资，把培训学习制度化，并从人、财、物、时、空等方面予以投资和帮助，实行人力资源向人力资本转化。

(7) 规范人才考核环境。人才的管理是一个动态的管理。在人才的成长过程中，对涌现出来的人才予以一个客观公正恰如其分的认定，是确保优秀人才脱颖而出的一项重要的举措。为此，要本着“公开、平等、竞争、择优”的原则，树立以业绩为取向的人才价值观，努力创造一个规范化、标准化的人才考核环境。

①考核目标化。长期以来，广播电视系统对工作人员的工作缺乏比较细化和量化的考核办法，对“大锅饭”已习以为

常，“没有功劳也有苦劳，没有苦劳也有疲劳，你好我好大家好”的工作和人才环境，极不利于人才的成长。要建立定量与定性相结合的考核办法，实行目标管理责任制。

②奖励实绩化。在实施奖励上要坚持“唯才是举”的原则，遵循“重实绩，看表现”的标准，奖励有功人员。

③管理公正化。加强人才的管理，既要彰其绩，更要揭其短，不袒护有实绩的人才，不鄙视有缺点的人才，以防止员工德才失衡，心理失衡。

人才是事业之本，人才是第一资源，未来广播电视的竞争，说到底是人才的竞争，只要科学地识才、用才、爱才、聚才，我们就一定可以创造千帆竞发、百舸争流、人才辈出的局面，从而使广播电视事业的发展更加健康、有序，在激烈的竞争中立于不败之地。

任何一种机制都是一种运转体系，尽管每一种机制都可能由于它的客观要求和运转惯性在一定时间里产生相互的矛盾，但受上述五种机制牵制的每一个员工，都会从中找到他们成功的支点。因为这五种机制在赋予员工一种心理定式的同时，也赋予员工一个成长的舞台，正是这个舞台成了县级广播电视台生存与发展的土壤和空间。

创新机制是深化县级广播电视内部机制的一种改革，这种改革应把握好以下两点：

（1）以事业统筹发展为中心。改革的最终目的是实现事业全面、协调和可持续发展。因此，实施内部机制改革，一定要牢固树立以事业统筹发展为中心的原则，做到内部机制改革与业务中心工作紧密结合，要服从于业务中心工作；以调动人的积极性、激发人的创造性、提高节目质量、提高服务水准、实现事业统筹发展作为评价标准，衡量内部机制改革的标准绝不可为了改革而改革，切实避免走入纯粹以减员多少，职工下岗多少，中层干部减了多少等作为衡量改革成败标准的误区。

（2）坚持从实际出发，与时俱进，不断创新。机制创新的根本目的是事业的统筹发展，机制创新必须从实际出发，要以创新精神研究新情况，解决新问题，创造新理论，指导新实践。创新既要有量的变化，又要有质的飞跃；既要有适度的改革，也要有大的突破；既要有内容的更新，也要有形式的改变。只有坚持从实际出发，与时俱进，创新才有现实意义。

改革的洪流滚滚向前，发展的态势后浪推前浪，顺者昌，逆者亡。县级广播电视的出路在于改革与创新。只有改革与创新才能找到广播电视生存和发展的空间，只有改革与创新，广播电视才能做强、做大、做精。

参考文献

[1] 黄匡宇. 广播电视学概论. 广州：暨南大学出版社，1999

[2] 吴文虎. 新闻事业管理. 北京：高等教育出版社，1999

[3] 丁淦林. 中国新闻事业史. 武汉：武汉大学出版社，2000

[4] 周鸿铎. 广播电视经济. 北京：经济管理出版社，2003

[5] 周鸿铎. 网络经济. 北京：经济管理出版社，2003

[6] 郑保卫. 论传媒改革与发展. 北京：新华出版社，2004

[7] 周鸿铎. 传媒产业资本运营. 北京：经济管理出版社，2003

[8] 鞠侃彬. 改革中国电视. 北京：中国工商出版社，2002

[9] 胡智锋. 会诊中国电视. 北京：文化艺术出版社，2005

[10] 李良荣. 李良荣自选集——新闻改革的探索. 上海：复旦大学出版社，2004

[11] 鞠侃彬. 经营中国电视. 北京：中国工商出版社，2002

[12] 徐丽玲，王克. 广播电视管理学. 北京：科学社会文献出版社，2002

[13] 陆地. 中国电视产业的危机与转机. 北京：中国人民大学出版社，2002

[14] 张隆栋．大众传媒学总论．北京：中国人民大学出版社，1997

[15] 陈嵩山，孙五三．媒介、人、现代化．北京：中国社会科学出版社，1997

[16] 巩仲平．电视节目策划．北京：中国广播电视出版社，2002

[17] 何永祺，傅汉章．市场学原理（第二版）．广州：中山大学出版社，1997

[18] 褚多锋，奚春雁．媒体经营运作实务全书．北京：清华大学出版社，2001

[19] 中国广播电视学刊（2001—2004 年）

[20] 岭南视听（2000—2004 年）

[21] 电视研究（2000—2004 年）

[22] 新闻记者（2000—2004 年）

[23] 现代传播（2000—2004 年）

后 记

2009年，是不寻常的一年，是辉煌灿烂的一年。

60年，光辉岁月弹指一挥间；60年，中华大地沧桑巨变。2009年，中华人民共和国迎来了她的60岁生日。这特殊的一年，总给人们带来喜庆，带来诗意，带来遐想，带来憧憬，更带来希望。这特殊的一年，总让我心潮澎湃，心花怒放，一缕火热的创作之情伴随着怒放的心花，带着我遨游昨天的辉煌，追溯曾经的拥有。于是，这一年，我的创作欲望达到了极致。随着《声视南方——广东广播电视60年》在9月20日的出版。今天——国庆60华诞纪念日，第二部作品《中国广播电视的县域化生存》在国庆60响礼炮声中杀青。

即将出版的《中国广播电视的县域化生存》已酝酿多年，始稿于2009年年初，完稿于今天——中华人民共和国60华诞，算是我向国庆献上的一份薄礼。

广播电视，是当代一组绚丽的词组；广播电视，是现代一个魅力无穷的行业。多少人向往，多少人追求，多少人在这里出人头地……

斗转星移，日月如梭。也许是梦幻，也许是梦缘，十一年前，四十不惑的我，受领导的“照顾”，踏进了广播电视的大门，来到了这个既陌生又神圣的领域。从此，我很“荣幸”地工作在中国最基层的广播电视机构——县广播电视局，开始了“如今迈步从头越”的广电生涯。

也许，这里是层次最低的广播电视机构，也许，我来得不是时候，初来乍到的我，看不到绚丽多彩的景象，也体会不到那魅力无穷的风光。我面对的是“四级办”弊端带来的折射，承受的是巨大的压力和严峻的挑战。

尽管遭受多方的质疑、各方的挤压，尽管面临严峻的挑战，尽管危机四伏。然而“四级办”管理体制随着整顿、治理、职能调整在不断完善。县级广播电视人不埋怨，不消极，不急躁，在“四级办”的道路上摸爬滚打……

从1998年到2007年，十年的光阴，十年的历程，我目睹、经历了县级广播电视的风风雨雨；十年的含辛茹苦，十年的时空交替，十年的艰苦磨炼，我看到了广电事业在不断发展，看到了广电队伍在壮大，看到了基层广播电视受众对县级广播电视的信任和依赖，更看到了县级广播电视的无限生机和无穷的生命力。于是，我毫不犹豫地、理直气壮地拿起笔杆子，将《中国广播电视的县域化生存》一书写完。

我是一个业外人士，而业内藏龙卧虎，能人辈出，在“真人”面前我深感才疏学浅、“真知”不足。遗憾的是，由于本人理论修养和专业水平不高，对广播电视的方针、政策理解得不够深刻，对广播电视事业发展规律的认识不足和写作时间仓促等原因，有限的知识难以应付这无限的挑战，总觉“力不从心”。书中提出的观点、运用的语句难免缺乏科学性、系统性、逻辑性，甚至存在谬误，恳请各位专家、朋友指正。

毛锦钦

2009年10月26日于榕城